TANJA SCHADE-STROHM

Werde zur besten Version deines Selbst

Aus der Verstimmung in die Bestimmung

tao.de

© tao.de in J. Kamphausen Mediengruppe GmbH, Bielefeld
1. Auflage 2017
Autorin: Tanja Schade-Strohm
Lektorat: Mr. C. D. Wu
Coverillustration: Illustration nach einem Bild von © Vector Tradition/shutterstock
Fotografie der Autorin Umschlagrückseite: © Christian Schade
Printed in Germany
Verlag: tao.de in J. Kamphausen Mediengruppe GmbH, Bielefeld,
www.tao.de, eMail: info@tao.de

Bibliografische Information der Deutschen Nationalbibliothek:
Die Deutsche Nationalbibliothek verzeichnet diese Publikation
in der Deutschen Nationalbibliografie; detaillierte bibliografische
Daten sind im Internet über http://dnb.d-nb.de abrufbar.

ISBN Paperback: 978-3-96051-517-3
ISBN Hardcover: 978-3-96051-518-0

Das Werk, einschließlich seiner Teile, ist urheberrechtlich geschützt.
Jede Verwertung ist ohne Zustimmung des Verlages unzulässig.
Dies gilt insbesondere für die elektronische oder sonstige Vervielfältigung,
Übersetzung, Verbreitung und sonstige Veröffentlichungen.

INHALTSVERZEICHNIS

Einleitung 11

Patch 1 17
Gedanken geben Energie eine Form –
Eine etwas andere Schöpfungsgeschickte

Patch 2 24
Die Herzstrategie –
WERT-volle Lösung bei Entscheidungskonflikten

Patch 3 33
Die Generalprobe für das Erdenleben –
Das kosmische Orchester

Patch 4 43
Von der sinnlosen Motivation zum wahren Antrieb!

Patch 5 51
Sinnhaftigkeit ist das nachhaltigere Glück –
Nicht von etwas, sondern für etwas leben!

Patch 6 57
The day after – der Tag an dem es kein Geld mehr gibt

Patch 7 66
Der gelassene Erfolg!

Patch 8 74
Was wirklich zählt! Aller guten Dinge sind 3

Patch 9 75
Metatron – kraftvoller Begleiter auf dem Weg zum Selbst

Patch 10 82
Star, that's what we call you! –
Ihr macht die Erde zum leuchtenden Stern

Patch 11 86
Die Himmelstreppe, Teil I –
Der Weg zur Stille hinter dem Klang

Patch 12 110
Die Himmelstreppe, Teil II –
Bring' deine Botschaft auf die Erde!

Patch 13 124
Looking for Connection? –
Feinstoffliches Zielgruppenmarketing durch das Resonanzprinzip und Synchronizitäten

Patch 14 130
Von der Verstimmung in die Bestimmung –
Die Klärung deiner (kosmischen) Frequenz

Patch 15 137
Ein Mantra, mit dem wir unsere Werte erkennen

Patch 16 147
Von der Einsamkeit zum All-eins-sein!
Ein grenzenloses Energiephänomen!

Patch 17 152
Giftige Gedanken – ein Experiment

Patch 18 157
Lebenswert? –
Eine Übersicht über unsere Lebens-WERTE

Patch 19 164
Jeder Mensch ist eine Zelle im Weltenkörper

Patch 20 169
Gleich knallt's! –
Verstimmungsfaktor ungelöster Konflikt

Patch 21 177
Von roten und grünen Knöpfen –
Bewusstsein beginnt mit Körperbewusstsein

Patch 22 185
Schmerztabletten unterdrücken nicht nur Schmerzen

Patch 23 188
Glück hat eine große Strahlkraft

Patch 24 191
Was genau ist Geistige Welt? Und ist sie heilig?

Patch 25 198
Die Haltung des friedvollen Kriegers
und der Abschied vom einsamen Sieg

Patch 26 206
Kompromiss versus Konsens –
Übereinstimmung statt Verstimmung

Patch 27 212
Was „ziehen" wir uns da eigentlich „rein"? –
Konfliktenergie und der Ausstieg aus der Reaktivität

Patch 28 221
Worte sind feinstoffliche Akupunkturnadeln:
Sie können krank machen und heilen

Patch 29 229
Frequenz: eine Begriffsklärung mit Weitblick!

Patch 30 233
Paradigmenwechsel: keine Philosophie,
dafür lieber ein gangbarer Weg

Patch 31 238
Lovetuning –
Kann man mit einer Stimmgabel Liebe erzeugen?

Patch 32 246
Kann man Charisma lernen? Und was
genau macht die eigene Strahlkraft aus?

Patch 33 257
Von der äußeren zur inneren Sicherheit, Teil I –
Wie die Macht eines Teilchens ein ganzen System
verändert: Chaos und Neuausrichtung

Patch 34 261
Von der äußeren zur inneren Sicherheit, Teil II –
Selbstbestimmung statt Fremdbestimmung:
ein heilsamer Machtwechsel (Praxisbeispiel)

Patch 35 268
Hat die Zukunft Auswirkungen auf die Vergangenheit? –
Choose Future, Change Past

Patch 36 277
Was glaubst du eigentlich, wer du bist?

Patch 37 283
St. Germain – lachend erwachen

Patch 38 287
Die beste Version meines Selbst ist kein
Zustand, sondern ein Prozess: eine
(R)Evolution des Bewusstseins

Patch 39 295
Von der Kampfsprache zur Heilsprache

EINLEITUNG

Wie dieses Buch entstand

Erkenne dich selbst.

Das Orakel von Delphi

Was glaubst du eigentlich, wer du bist? Diese Frage hat mich schon in meiner Kindheit beschäftigt. Zunächst weniger aus philosophischen Gründen, sondern der Tatsache folgend, dass sich meine Mutter, wann immer ich etwas angestellt hatte, mit der Frage: „Tanja, was glaubst du eigentlich, wer du bist?", Luft machte. Ziemlich nervig war das. Doch hat sie mir mit dieser Frage auch ein immenses Geschenk gemacht. Denn manchmal lag ich abends im meinem Bett und überlegte wie ich herausfinden kann, wer oder was ich wirklich bin oder sein könnte.

Und so war es nur logisch, dass ich mich auf die Suche nach meiner wahren Herkunft machte: „Wer entscheidet eigentlich, dass ich in den Bauch meiner Mutter „gehe" und dort als „Menschling" heranwachse? Woher komme ich wirklich? Und bin ich die Gleiche, wenn ich nicht mehr Kind, sondern selbst erwachsen bin?" Ich hatte so manche Fragen und Ideen.

Viele Lebenskapitel weiter, in einer Spätsommernacht, ich war gerade dabei aufzuräumen, verfolgte ich beiläufig ein Interview mit einer Soulsängerin auf MTV. Ich bekam nur Fetzen davon mit, aber auf einmal hörte ich sie einen Satz sagen, der wie eine Leuchtschrift mitten aus der Dunkelheit auf mich zuraste. Sie sagte: „Weißt du, ich versuche einfach täglich die beste Version meines Selbst zu sein. Das ist alles woran ich mich halte."

Da war es! Als ob ich aus einer Art Alltagstrance oder einem tiefen Dornröschenschlaf erwachte, legte ich alles, was ich gerade wegräumen wollte, zur Seite und sah vor meinem inneren Auge nur noch die Worte: „Die beste Version meines Selbst". Sie zogen mich magisch an und gaben mir einen Lichtblick frei auf etwas, das ich lange vergessen und wonach ich dennoch unbewusst die ganze Zeit gesucht hatte: die Vorstellung, dass es verschiedene Versionen meines Selbst geben muss, die ich proaktiv ansteuern und leben kann. Und, dass mit jeder dieser Versionen ein anderes Leben, eine andere Realität einhergeht. Wie ein Film, den ich aus einem großen Repertoire verschiedener Lebensfilme wie mit einer Fernbedienung ansteuern und wirklich leben kann: ein Realitätswechsel, den ich vielleicht selbst herbeiführen kann?

Plötzlich waren sie alle wieder da, die Fragen, die mich im „Hintergrundmodus" unentwegt beschäftigt hatten: Warum sind wir hier? Woher kommen wir? Wo ist „mein guter Platz" in dieser Welt, wie finde ich ihn? Ist unsere Lebensrealität wirklich nur ein Film, in dem wir die Hauptrolle spielen? Und, wenn ja, wie können wir den Filmkanal bewusst wechseln? Wie viele Kanäle (Realitäten/Kosmen) gibt es überhaupt? Und in welchem halten wir uns gerade auf? Ist Glück nachhaltig? Oder ist Sinnhaftigkeit das „bessere Glück"? Wie erkenne ich meine Berufung? Was ist überhaupt die beste Version unseres Selbst, wo ist sie zu finden und wie wird man zu ihr? Wie schaffe ich es, mir auf elegante, fließende Art die Bahn zu der Lebensrealität freizuräumen, die mir wirklich entspricht? Zu meinem besten Selbst in einem neuparadigmatischen Sinne: einem stimmigen und wahrhaftigen Selbst? Und hat Bestimmung etwas mit Stimmung, Stimme, Klang zu tun? Wenn ja, habe ich dann auch so etwas wie einen eigenen Klang? Und wo kann ich ihn, und damit meine Klangfarbe, meine eigene Tonalität, finden?

Sind diese Überlegungen zu egozentrisch? Nein, ich glaube das sind sie nicht. Denn dieses ganz spezifische Potenzial, das ich – wie jeder von uns – individuell in meinem Wesenskern auf die Erde mitgebracht habe, das sind meine Gaben. Geschenke. Und wenn ich schon Gast auf dieser Erde sein darf, dann ist es doch ganz natürlich, diese Gastgeschenke bzw. Gaben zu nutzen, um damit hier auf der Erde etwas für mich und andere zu tun was hilfreich ist. Denn sonst hätte mich doch Gott, der Kosmos, die universelle Logistik, oder wer auch immer dafür zuständig ist, nicht auf diese Erde geschickt!?!

Wie sieht nun also diese Version des Selbst aus, die ihre Gaben und Potenziale lebt? Was macht sie? Was lässt sie zu? Was lässt sie bleiben? Wozu sagt sie nein? Wie verhält sie sich und, vor allem: Wie lebt sie? Kurz gefragt: Wie würde diese „beste bzw. wahre" Version meines Selbst wohl sein?

Na? Auch Lust, sich auf ein solches Experiment einzulassen? Dann willkommen zu „Werde zur besten Version deines Selbst - Aus der Verstimmung in die Bestimmung". Dieses Buch folgt der Überzeugung, dass jeder Mensch eine in seinem Wesenskern und seiner Persönlichkeit verankerte und ganz spezifische Bestimmung mit auf die Erde bringt, die es sich zu (er)leben lohnt.

Dieser Ansatz folgt weiterhin der Überzeugung, dass jeder von uns ein „Instrument des Kosmos" ist, das, wie ein Musikinstrument, über eine ganz spezifische Frequenz und somit über einen spezifischen Eigen- bzw. Urklang verfügt. Wenn dieser aber, wie bei vielen von uns, durch negativ verarbeitete Kindheits- bzw. Lebenserfahrungen sowie hinderliche Überzeugungen und Glaubenssätze teilweise bis zur Unkenntlichkeit verzerrt und verstimmt ist, dann ist es sehr schwer, wenn nicht sogar unmöglich, die eigene Bestimmung zu finden und zu leben. Denn jeder negative Eindruck hinterlässt Spuren, ähnlich wie bei einem eingedrückten, zerbeulten Musikinstrument, das in Folge seinen spezifischen Klang nicht mehr entfalten kann.

Deshalb zeigt dieses Buch hauptsächlich, dass und wie ein jeder Mensch, der unter solch einer Verstimmung leidet, konkret (wieder) in den eigenen Urklang und somit in die eigene Bestimmung zurückgeführt werden kann. Und, dass dies nicht in erster Linie durch Logik, sondern durch einen Bewusstwerdungsprozesses gelingt, der in seiner Gesamtheit zur besten Version des Selbst führt.

Auch wenn dieses Buch zunächst Antworten auf zentrale Fragen rund um die individuelle Bestimmung ermöglicht, so öffnet es gleichzeitig bereits das Feld für eine tiefe Bewusstseinsentwicklung, die sich der Realität hinter dem Schein unseres Seins stellt, um deren Gesetzmäßigkeiten kennenzulernen und zu verstehen. Denn diese metaphysischen wie physischen Gesetzmäßigkeiten und Dynamiken wirken jeden Tag auf uns und unser Leben ein und be-stimmen es maßgeblich mit.

Dieses Buch ist für Menschen geschrieben, die sich für ihre Bestimmung, Spiritualität, angewandte Philosophie und Bewusstseinsentwicklung interessieren und sich auf individuelle Art inspirieren lassen und weiterentwickeln wollen.

Warum man dieses Buch genauso gut von hinten nach vorne lesen kann

Die Entwicklung zur besten Version des Selbst ist für jeden Menschen ein vollkommen individueller Prozess. Deshalb bietet dieses Buch die Möglichkeit, den eigenen Erkenntnisweg nicht in einer starr vorgegebenen Form zu gehen. Stattdessen kann sich jeder, seiner aktuellen Situation, Interessens- und Bedürfnislage folgend, frei durch das Buch bewegen. Nichts ist vorgeschrieben, alles ist möglich. Denn dieses Buch ist nicht chronologisch in Kapiteln aufgebaut, sondern besteht aus sogenannten Patches, die alle mehrfach miteinander verknüpft sind – ähnlich der Struktur von Wikipedia oder wie das neuronale System unseres Gehirns. Es ist also im Grunde völlig egal, ob man dieses Buch von hinten, von der Mitte oder klassischerweise von vorne zu lesen beginnt. Der eigene Weg findet sich dann wie von selbst.

Natürlich ist jeder Patch dennoch ein in sich abgeschlossener Text und beinhaltet einen Gedanken- oder Gefühlsanstoß, eine kurze Geschichte oder ein Märchen, ein (r)evolutionäres Bild, einen philosophischen oder heilerischen Lichtblick, einen Paradigmenwechsel, eine geführte Bewusstseins- oder Sinneswahrnehmung oder einen Blick in meine Praxis für Psychotherapie, Berufungsberatung und Selbstwerdung. Viele Informationen in den Patches entstammen auch meinem medialen Kontakt mit der geistigen Welt und den Ebenen des reinen Bewusstseins. D.h., mit Wissensfeldern, deren „Daten" ich versucht habe, in eine klare, verständliche Sprache zu übersetzen. Dennoch verwende ich Worte wie bspw. Licht, Resonanz, Energie, Liebe oder auch „beste Version" in einem anderen Bedeutungsrahmen als wir das aus unserem Alltag gewohnt sind. Ich löse sie von ungesunden kollektiven Aufladungen und Bewertungen ab, damit der Weg in ein neues Bewusstsein frei wird.

Allein schon das Wort „beste" hat häufig eine Konnotation zu höher, schneller, weiter, reicher, schöner etc. Und damit landen wir sofort im Vergleich, in dem das Unglück bereits vorprogrammiert ist. Denn sobald ich mich mit etwas oder jemandem vergleiche, wird einer von beiden fast immer verlieren. Der Vergleich öffnet das Feld des Kampfes und letztendlich des Krieges – und birgt somit eine echte

Gefahr. Deshalb trägt dieses Buch dazu bei, in der Tiefe unseres Seins zu erkennen, dass die beste Version unseres Selbst in ihrer Wahrhaftigkeit unvergleichlich mit der besten Version eines jeden anderen Menschen ist. Wie auch die Bestimmung eines jeden Einzelnen einzigartig, nicht diskutierbar und unantastbar durch andere Menschen oder Umstände ist. Beides gibt uns in letzter Konsequenz tiefes Urvertrauen und eine innere, unumstößliche Ruhe und Sicherheit.

Jeder von uns geht also seinen eigenen Weg durch diesen Entwicklungsprozess und kann sich durch dieses Buch und mit ihm vollkommen individuell und im eigenen Tempo in sein wahres Selbst hineinentwickeln: von Version zu Version zu einem immer besseren Selbst. In der IT-Sprache würde man sagen: Jeder installiert sich das Download auf die Festplatte seines Bewusstseins, das er gerade im jeweiligen Moment für die Aktualisierung der Version seines Selbst benötigt.

Viel Spaß dabei!
Herzlich Tanja Schade-Strohm

www.tanja-schade-strohm.de
www.beste-version-deines-selbst.de

PATCH 1

Gedanken geben Energie eine Form –
Eine etwas andere Schöpfungsgeschichte

Ein Gedanke ist eine Welle. Aus diesem Gedanken kann ein Klang werden, wenn wir ihn als Wort aussprechen. Tun wir dies nicht, bleibt er eine Welle und ebenfalls ein Klang, nur dass er sich dem Frequenzbereich unseres menschlichen Ohres und Hörvermögens entzieht.

Schon in der Bibel steht: Im Anfang war das Wort.

Die erste Station der Schöpfung ist die Welle.
Sie gibt dem Nichts eine erste Form. Eine Welle
ist also die erste Form der Energie und stellt
die Verbindung zwischen dem Nichts und der
Schöpfung (= Realisierung) dar.

Doch wie genau organisiert sich Energie, damit all das entstehen kann, was wir Schöpfung nennen? Wie wird aus einer Welle Materie? Hier eine kleine Schöpfungsgeschichte der etwas anderen Art, die uns einen ungewöhnlichen Einblick in diese Thematik geben kann:

„Mir ist langweilig!", nörgelt Sein 6 und lässt seine dicken Beinchen vom Rand der riesengroßen Buddelkiste hinabbaumeln. „Mir auch!", mault Sein 5 und bohrt in der Nase. „Ich weiß was!", erwidert Sein 8. „Was'n?", will Sein 13 wissen und schlägt ein paar Purzelbäume durch die Buddelkiste, um direkt vor Sein 8 zum Sitzen zu kommen. „Wir machen was aus dem Zeug hier in der Kiste!", antwortet Sein 8. „Was willste denn daraus machen?", motzt Sein 6 zurück. „Sobald man das Zeug anfasst, zerrinnt es einem doch zwischen den Händen." „Eben!", erwidert Sein 8.

„Aber stell dir mal vor, wir würden daraus was hinbekommen, was nicht sofort wieder zerfließt, sondern was eine Form bekommt und auch behält, so dass wir damit spielen können!" Mit großen Augen schauen alle kleinen Seins zu Sein 8. „Echt, du meinst das würde gehen?"
„Was ist denn eine Form?", fragt das kleinste aller Seins schüchtern. „Na ganz einfach: Was würdest du dir denn am meisten wünschen, mein kleines Sein?", erwidert Sein 8 und zieht das kleinste aller Seins liebevoll auf seinen Schoß, so dass es sich dort gemütlich niederlassen kann. Das kleinste aller Seins überlegt einen Moment: „Ich wünsch' mir ein Gefäß, damit ich das Zeug aus dem Buddelkasten auch mal woanders hintragen kann!" „Eine sehr gute Idee, kleines Sein", antwortet Sein 8, schnippt mit den Fingern, und vor den vielen kleinen Seins erscheint wie von Geisterhand ein kleines, wunderschönes, blaues Gefäß. Ein großes Raunen geht durch die Gruppe. „So, nun füll mal auf!", fordert Sein 8 das kleine Sein auf. Sofort greift es mit seinen kleinen Händchen nach dem Gefäß und füllt es quietschend vor Vergnügen randvoll mit dem, was in der großen Kiste im Überfluss vorhanden ist. Mit einem Satz hüpft es von Sein 8s Schoß herunter, nimmt das Gefäß, stülpt es um und, siehe da, eine kleine Skulptur, ähnlich einem Sandkuchen, steht in der Mitte der großen Meute. „Wau, das ist ja verrückt, das ist also eine Form?!", ruft Sein 5 fragend in die Runde. Sein 8 nickt zustimmend. „Will auch mal!", mault Sein 6 und greift nach dem kleinen Gefäß. Doch das kleinste aller Seins greift schnell nach „seinem Gefäß", um es in Sicherheit zu bringen. „Gib her!", brüllt Sein 6 und versucht dem kleinsten aller Seins das Gefäß aus den Händen zu reißen! Doch das kleinste Sein hält es mit aller Kraft fest, und als es das Gefäß endlich wieder alleine zu fassen bekommt, haut es das fragile Teil mir voller Wucht Sein 6 auf den Kopf! „Das ist mein Förm-

chen!", schreit das kleinste aller Seins aus Leibeskräften, während es ein klirrendes Geräusch vernimmt und mit zusehen muss, wie das Gefäß in tausend Scherben zerschellt. Totenstille. Alle sind erschrocken, nur das kleinste aller Seins beginnt lauthals zu heulen. Sein 6 steht vor Wut empört auf, läuft auf die kleine Skulptur, die noch auf dem Rand der Buddelkiste steht, zu und haut sie mit einem Hieb platt wie eine Flunder. „So, das hast du jetzt davon!", schreit es zurück. „Hhhhhhhhhh!", alle anderen kleinen Seins halten erschrocken die Luft an.

Da meldet sich Sein 13 zu Wort. „Mensch, jetzt ist es vorbei. Ihr habt alles kaputt gemacht! Es war das einzige Förmchen, das wir hatten. Jetzt ist alles vorbei, oder Sein 8?" „Naja, etwas achtsamer hättet ihr schon mit dieser Form umgehen können. Denn wenn einem etwas wichtig ist oder man es sogar lieb gewinnt, dann sollte man doch auch gut darauf aufpassen, oder?", antwortet Sein 8, während er zum kleinsten aller Seins und zu Sein 6 hinüberschielt. Die beiden schauen betreten an sich herab und ziehen eine Schnute. Doch das kleinste aller Seins nimmt seinen ganzen Mut zusammen und fragt zögerlich: „Sein 8, kannst du uns denn nicht vielleicht noch ein zweites Förmchen machen, so wie eben? Bitte, bitte, nur noch eines, ich mach' es auch nie wieder kaputt!" „Ja, kannst du?", wollen auch die anderen Seins alle wissen. „Nein, kann ich nicht!", antwortet Sein 8. „Und was glaubt ihr was passieren würde, wenn ich euch allen noch ein einziges Förmchen machen würde? Ihr würdet euch wie eben darum kloppen, und ich hätte alle Hände voll zu tun, immer wieder neue Förmchen zu machen! Das könnte euch wohl so passen!" Wieder schweigen alle kleinen Seins und wissen sich keinen Rat. „Das war die schlechte Nachricht!", fährt Sein 8 nach einer Pause grinsend fort. Alle Seins schauen ihn mit großen Augen an. „Die gute Nachricht ist, ich hab' ein Lied

für euch. Wenn ihr das singen könnt, dann könnt ihr – jeder von euch – so viele Förmchen haben wie ihr wollt!"
„Echt?", erwidert Sein 13. „Schieß los!" „Ja, bitte fang an!", rufen alle anderen Seins voller Eifer und hüpfen in der Buddelkiste auf und ab. „Also gut: Heute ist der Anfang von einer ganz großen Sache. Und das Lied, das ich für euch habe, kommt aus der Zukunft. Genauer gesagt: Ungefähr im 20. Jahrhundert der Menschheitsgeschichte wird ein rothaariges Mädchen mit Zöpfen, Sommersprossen, Ringelstrümpfen und viel zu großen Schuhen ein Lied singen, das fast alle Kinder kennen und lieben werden. In diesem Lied geht es um lustige Rechenaufgaben, aber vor allem darum, wie man sich selbst seine Welt so gestaltet wie sie einem richtig gut gefällt. Das Lied geht so." Sein 8 schaut in die Runde und beginnt zunächst ganz leise, fast flüsternd zu singen:

„2 x 3 macht ...."

Langsam aber sicher stimmt ein Sein nach dem anderen in das Liedchen ein, und nach einer Weile singt das ganze Rudel der kleinen Seins aus vollem Herzen und in voller Lautstärke mit, bis sie plötzlich bemerken, dass das Zeug in der Buddelkiste ebenfalls im Rhythmus des magischen Liedchens zu vibrieren beginnt. „Was ist denn jetzt los?", unterbricht Sein 5 das Konzert. „Schaut mal in die Kiste hinein, das Zeug bewegt sich in Wellen und zeigt ganz komische Muster." „Das Zeug, wie du es nennst, mein liebes Sein 5, nennt man Energie", erklärt Sein 8 etwas überklug. „Und Energie reagiert auf jede Form von Schwingung. Egal ob es Musik, Gedanken oder Worte sind. Also versteht es sich von selbst, dass die Energie auf unser Liedchen reagiert, zumal wir uns auch noch zusammengetan und unser Bewusstsein gebündelt haben. Deshalb hat die

Energie so stark reagiert, dass wir das Schwingungsmuster sogar sehen können. Ich glaube, die Energie freut sich darauf, dass wir nun endlich die neue Welt aus ihr zu formen beginnen!" „Aber für eine Welt braucht man doch noch viel mehr als ein Liedchen, z.B. Bäume!", überlegt Sein 13 laut. Und sofort formt sich aus dem Zeug in dem riesigen Energiekasten ein Förmchen in der Form eines stattlichen Baumes. Sein 13 hebt es behutsam auf während es Sein 8 erstaunt anschaut. „Wie, so einfach ist das? Ich denke an einen Baum und schon entsteht die Form?!" „Ja, so einfach ist das, liebes Sein 13! Doch damit der Baum etwas mehr Substanz, oder besser Dichte, bekommt wäre es gut, wenn du die Form mit dem Zeug, das man Energie nennt, auch noch füllen würdest. Die Dinge, die wir aus der Buddelkiste schöpfen, brauchen schon ein bisschen Zuwendung und Aufmerksamkeit, damit sie von Bestand sind und wir sie als Materie wahrnehmen können." „Aber wenn man eine Welt macht, dann braucht man doch auch Tiere!" „Und ich wünsch' mir Berge!" „Und ich mir Häuser! Und … ." Alle kleinen Seins beginnen wild durcheinander zu rufen und ein Förmchen nach dem anderen entsteht, teilweise auch recht groteske Formen.

„Schau mal! Was ist das denn?!", ruft das kleinste aller Seins und hält Sein 8 ein ziemlich verknäultes und verbeultes Förmchen unter die Nase, das ausschaut wie ein Schaf mit zwei Hundeköpfen. „Na, das weiß ich doch nicht, du hast es doch selbst geschaffen!", kontert Sein 8 und streichelt dem kleinsten Sein verständnisvoll über den wirren Kopf. „Ich?", antwortet das kleine Sein verdattert und etwas ungläubig. Alle anderen Seins schauen interessiert herüber, und sie halten einen Moment inne. „Echt, das hat das kleine Sein gemacht? Wie hat es das denn geschafft?", will Sein 21 wissen, das sich eben erst zu der Gruppe hinzugesellt hat.

„Mann, hast du denn nicht zugehört?", knurrt Sein 6 zurück. „Das Zauberwort heißt Schwingung! Das kleinste aller Seins ist eben noch ziemlich verspielt und hat deswegen wahrscheinlich aus Versehen gleichzeitig an ein Schaf und zwei Hunde gedacht, und dann ist halt diese komische Form dabei herausgekommen. Denn unsere Gedanken In-FORM-ieren durch ihre Schwingung die Energie. Geben also die Form vor, wie ein Gefäß, in das dann Energie einfließt, bis sie uns als dichte Materie erscheint. Und dann kann halt – wenn man nicht gut aufpasst – auch mal so was rauskommen wie ein Hunde-Schaf-Förmchen! Stimmt's, Sein 8?" „Stimmt genau!"

„Der Energie ist es nämlich ziemlich egal, was wir aus ihr machen. Wir müssen uns also immer wieder bewusst machen, was wir uns wünschen und was wir denken – sonst haben wir hier bald ein ziemliches Chaos ... ."

Naja, den Rest der Schöpfungsgeschichte kennen wir ja mehr oder weniger gut. Schließlich stecken wir bis heute bis zur Halskrause darin, als Betroffene aber auch *als Schöpfer!* Denn wir alle schöpfen permanent aus dem Raum des Potenzials.

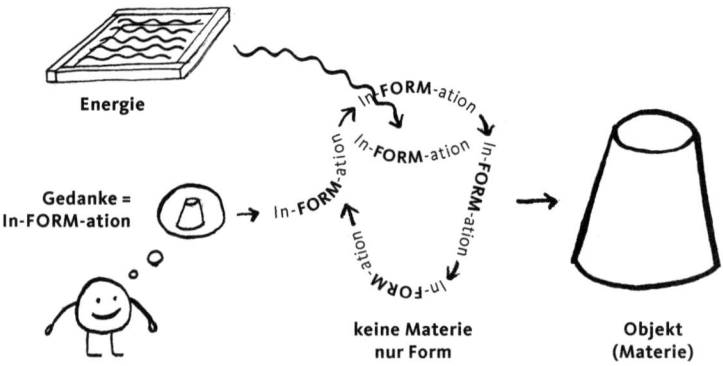

Abbildung 1: **Aus Gedanken werden Formen**

-> *Übersicht über die Patches, auf die in diesem Text verwiesen wurde:* **keine**

-> *Von hier aus weiterführende Patches:*
   Patch 14: *Von der Verstimmung in die Bestimmung*
   – Die Klärung deiner (kosmischen) Frequenz
   Patch 32: *Kann man Charisma lernen? Und was genau macht die eigene Strahlkraft aus?*

PATCH 2

Die Herzstrategie –
WERT-volle Lösung bei Entscheidungskonflikten

Hasso kam zu einem Coaching, nachdem er von einem Headhunter das Angebot erhalten hatte, in einem für ihn wirklich attraktiven internationalen Unternehmen seinen „Traumjob" anzutreten.

Als er mir davon etwas atemlos erzählte, strahlte er über das ganze Gesicht, aber seine Körpersprache wirkte irgendwie fahrig und nervös. Nachdem ich ihm zu diesem tollen Angebot gratuliert hatte, fragte ich ihn: „Und was kann ich nun für Sie tun? Es läuft doch alles ganz wunderbar für Sie, oder?"

Sein Blick wurde ernster und er antwortete: „Ja, Sie haben recht, aber das verblüffende ist, ich kann, seitdem ich dieses Jobangebot habe, nicht mehr schlafen. Ich wache mitten in der Nacht auf und denke, ich schaffe das vielleicht doch nicht. Die ganzen Reisen, das Mehr an Verantwortung. Ich habe die letzten Jahre immer darauf hingearbeitet und jetzt, wo es so weit ist, da habe ich die Hosen voll. Ich möchte rauskriegen, ob meine Angst berechtigt ist oder ob ich einfach Angst vor meiner eigenen Courage und vorm Erfolg habe."

„Was bedeutet Ihnen Erfolg, Hasso? Was stellt Erfolg für Sie sicher?"

Wieder schaute er mich ernst an und schüttelte den Kopf: „Das kann ich Ihnen nicht genau sagen. Ich weiß, ehrlich gesagt, gar nicht so genau was es bedeutet erfolgreich zu leben. Bin ich bis heute erfolgreich gewesen oder nicht? Wer soll das beurteilen? Wenn Sie mich fragen, ob ich mich bis hierher in meinem Leben wohlgefühlt habe, dann kann ich sagen, die letzten drei Jahre waren beruflich die besten, die ich je hatte, aber mit meiner Familie gab es definitiv schon bessere Zeiten. Ist das erfolgreich? Das einzige, was ich Ihnen ganz sicher sagen kann, ist, dass es für mich weitergehen muss. Ich möchte nicht auf der Stelle bleiben, ich will auf jeden Fall weiterkommen, will mich weiterentwickeln."

„Das verstehe ich", antwortete ich. „Würden Sie also sagen, dass Sie erfolgreich sind, wenn Sie ein Leben leben, in dem Sie sich ständig weiterentwickeln und dazulernen?"

Er schüttelte den Kopf: „Nein, das allein wäre es nicht. Das ist ein wichtiger Faktor, aber wenn ich ganz ehrlich bin, ich möchte schon mehr Ansehen in meiner Branche genießen als ich es jetzt habe." Dann überlegte er wieder einen Moment: „Ja, ich denke Erfolg besteht für mich aus den zwei Faktoren: erstens mich weiterentwickeln zu können und zweitens mehr Ansehen zu bekommen. Wobei das Ansehen wahrscheinlich ohne eine Weiterentwicklung gar nicht zu verwirklichen ist."

„Also geht es für Sie in erster Instanz um mehr Anerkennung? Und das Weiterlernen bzw. sich weiterentwickeln ist der Motor, der Sie dorthin bringt?" Diesmal nickt er stumm. Deshalb fragte ich weiter: „Können Sie nun für sich klar formulieren, was für Sie Erfolg bedeutet?"

„Ja, jetzt kann ich es", er machte eine kleine Pause. „Es fällt mir nicht leicht, das mit der Anerkennung zuzugeben. Ich finde das sogar richtig eitel, aber es ist nun einmal wahr. Erfolg bedeutet für mich richtig große Anerkennung in meiner Branche zu haben, und das nicht nur in Deutschland, sondern am besten international!", wieder überlegte er einen Moment, „und dieses Jobangebot ist genau der Schritt dorthin! Es ist wirklich der richtige Job, um zu dieser Anerkennung zu kommen."

Ich schaute ihn durchdringend an. Seine Ausführungen waren ehrlich, logisch und in sich auf den ersten Blick völlig stimmig. Aber was mir in seiner Stimme und in seiner Mimik bei all seinen Überlegungen fehlte, das war die Freude und die Begeisterung. Deshalb fragte ich ihn weiter und diesmal – wie es als unbequemer Coach so oft meine Rolle ist – etwas provokant:

„Na, dann ist doch alles klar. Dann sind wir für heute fertig, oder?"

Irritiert fragte er zurück: „D.h., Sie würden mir dazu raten, den Job anzunehmen?" Ich schwieg einfach und wartete einen Moment ab. Dann fuhr er fort: „Aber warum schlafe ich dann nachts so unruhig und wache manchmal mit Herzklopfen und schweißnass auf?"

„Könnte es sein, dass im Hintergrund Ihres Herzens ein Film abläuft, der vielleicht nicht so richtig zu Ihren Karriereambitionen passt? Vielleicht ist Ihnen dieser Film derzeit noch relativ unbewusst. Aber nachts, wenn es ruhig ist, Sie sich ausruhen und Ihr Intellekt all die logischen und richtigen Argumente für diesen neuen Job absinken lässt, dann kann er sich bemerkbar machen. Dann meldet sich Ihr unbewusster Film aus dem Hintergrund, und die Stimme Ihres wahren Selbst macht sich bemerkbar. Und dann könnte es sein, dass Sie mit diesem Teil ihres Selbst in Konflikt kommen.

Ihre derzeitige, logische „Erfolgsstrategie" den Job anzunehmen ist, objektiv betrachtet, sicherlich richtig. Aber die Frage ist doch, ob diese Strategie für Sie auch stimmig ist. Will sagen, ob diese Entscheidung auch mit Ihrem Wesenskern und Ihren wahren Bedürfnissen auf einer Ebene liegt. Und ich befürchte, da könnte der Hase im Pfeffer liegen, oder besser gesagt: Ihr Herz. Die Frage ist: Folgen Sie allein einer logisch-rationalen Erfolgsstrategie oder auch Ihrer Herzstrategie?"

„Sie meinen, ich brauche so eine Art – wie Sie es nennen – Herzstrategie?" Zum ersten Mal huschte ein leises, wenn auch ziemlich skeptisches Lächeln über sein Gesicht. „Sie treffen den Nagel auf den Kopf! Pragmatisch formuliert, könnte man es auch einfach die Frage nach Ihren Werten nennen. Welche Werte haben Sie in Ihrem Leben? Was lässt Sie jeden Morgen aufstehen und für Ihren Erfolg kämpfen? Was ist sozusagen der Grund dafür, dass Sie so motiviert an Ihrer Karriere feilen? Oder anders gefragt: Was möchten Sie damit sicherstellen?"

„Ja, das sagte ich ja bereits, ich möchte mehr Anerkennung, auch international!"

„Fein, Erfolg bedeutet für Sie mehr Anerkennung. Aber was möchten Sie genau mit dieser Anerkennung sicherstellen? Was ist das Wichtige an mehr Anerkennung?"

Wieder überlegte er einen Moment: „Sicherheit. Ja, ich bin davon überzeugt, dass Anerkennung der Freifahrschein ist, dass ich immer einen guten Job haben werde und immer mehr als genug Geld verdiene."

„Aha, ich verstehe. Und was ist für Sie das Wichtige an der Sicherheit und dem mehr als genug Geld verdienen?"

„Na, dass ich gut für meine Familie sorgen kann, dass es denen wirklich gut geht und es an nichts fehlt und, dass ich nebenher ein kleines Vermögen aufbauen kann." „Okay, das mit Ihrer Familie ist klar nachvollziehbar. Ein kleines Vermögen verstehe ich auch, aber was ist daran so wichtig für Sie? Sie sorgen doch sicher auch schon heute sehr gut für Ihre Familie."

„Ja, natürlich", antwortete er. „Aber ein Vermögen bedeutet für mich einfach Freiheit. Freiheit, irgendwann nicht mehr den vielen äußeren Zwängen nachkommen zu müssen."

„Hm, Freiheit ist ja ein großer Begriff. Können Sie mir sagen, was für Sie persönlich das Wichtige an der Freiheit ist?" Wieder schaute er mich an, und diesmal mit einem strahlenden Lächeln:

„Ja, klar. Endlich mal richtig Zeit für meine Frau und meine Kinder zu haben. Mehr Zeit mit ihnen verbringen zu können. Mit ihnen gemeinsam unter der Woche mal etwas in Ruhe zu kochen, mit meinem Sohn Fußball zu spielen und gesund zu leben, damit ich den Kids ein gutes Vorbild bin. Die sehen mich eigentlich immer nur im Stress und müssen mit mir fast schon einen Termin vereinbaren, wenn sie mit mir gemeinsam für die Ski-Saison einen neuen Schlitten kaufen wollen!"

„Verstehe. Noch was, was zu der von Ihnen genannten Freiheit dazugehört?" fragte ich, um ihn möglichst intensiv in seine Herzenswünsche eintauchen zu lassen.

„Ja, klar. Auch wieder selbst mehr Sport zu machen, mich fit zu halten und auch mal wieder mit Freunden ein Wochenende lang eine Radtour unternehmen zu können. Das letzte Mal ist bestimmt schon zwei Jahre her!" Nachdenklich senkte er den Kopf.

„Das kann ich sehr gut nachvollziehen. Und was mich noch interessieren würde: Wie würden Sie sich fühlen, wenn Sie all das leben könnten, was Sie mir eben beschrieben haben und was Sie mit Freiheit verbinden?"

Ich konnte beobachten, wie er langsam ruhiger wurde und sich sein Körper im Stuhl aufrichtete: „Ich wäre ruhiger. Ich wäre mehr bei mir, und ich hätte das Gefühl endlich wieder am Leben teilzuhaben, so wie früher, als die Kinder noch klein waren. Ich habe kaum mitbekommen, wie meine Große aufs Gymnasium gewechselt ist. – Ja, ich wäre ruhiger und glücklicher." „Ruhiger und glücklicher?" – „Oh, ja, viel ruhiger und glücklicher!"

„Hm, das macht alles ziemlich viel Sinn, wenn Sie mich fragen. Aber noch eine letzte Frage: Wenn Sie ruhiger und glücklicher wären, was wäre daran so wichtig für Sie?" „Das wäre doch schon wirklich klasse, oder?", antwortete er irritiert und führte weiter: „Ich glaube, ich verstehe jetzt nicht so recht, worauf Sie hinauswollen. Ich weiß nicht, was ich darauf antworten soll." Pause. (Als Coach kann ich Schweigepausen gut aushalten und finde sie zuweilen sogar wichtig. Denn es sind oft Zeitpunkte zu denen Klienten etwas klar wird.)

Nach einer Weile gebe ich dann doch einen neuen Impuls in seine Denkpause hinein: „Okay, im Moment wissen Sie darauf keine Antwort, aber mal angenommen, Sie hätten gerade einen tollen, erholsamen Urlaub hinter sich und hätten sich so Ihre Gedanken über Ihre Zukunft und vor allem über ein ruhigeres und glückliches Leben gemacht. Was würden Sie dann wahrscheinlich sagen?"

„Also, dann würde ich wahrscheinlich sagen: Das tolle daran, dass man glücklich und in sich ruhiger leben kann, ist, dass man wahrscheinlich auch noch länger lebt und mehr Zeit mit seiner Familie und seiner Frau verbringen kann."

„Gut. Und noch was?" Ich ließ nicht locker.

„Oh, ja, dann hätte ich auch endlich mal Zeit, wieder Musik zu machen und zu komponieren. Ich habe früher zu jedem Geburtstag meiner Frau ein Stück komponiert. Meine Güte, was ist da nur passiert?"

„Und noch was?" „Ja, ich möchte endlich wieder komponieren und vor allem den Menschen, die mir wichtig sind Freude machen. Ich möchte wirklich mit ihnen wieder in Kontakt kommen. Ich möchte wieder mehr über sie wissen, was sie bewegt und womit sie sich gerade beschäftigen in ihrem Leben."

Wieder schaut er mich eine Weile schweigend an. Jetzt wirkte er zum ersten Mal gelöst und wirklich entspannt.

„Gut, wenn wir das einmal zusammenfassen, dann ist der Wunsch hinter Ihrer Karriere und Ihrem Erfolg – oder, wenn Sie so wollen, Ihre größte Motivation bzw. Ihr größter Wert –, dass Sie irgendwann wieder mehr Zeit für die Menschen haben wollen, die Ihnen am Herzen liegen, um mit ihnen und mit sich selbst in einem echten, guten Kontakt sein zu können. Und Sie möchten ihnen vermehrt Freude bereiten, stimmts?"

„Ja, es ist verblüffend, aber genauso ist es. Ich rackere ich mich jeden Tag dafür ab, damit ich irgendwann mehr Zeit, Ruhe und Nähe für sie und zu ihnen habe!"

„Okay, wir halten fest: Ihre größten Werte sind Zeit und Ruhe für Ihre Lieben und mehr Nähe. Jetzt aber die Gretchenfrage: Wann ist irgendwann? Und was passiert, wenn Sie – verzeihen Sie meine Radikalität – morgen unter einen Laster kommen? Haben Sie dann ein erfolgreiches Leben im Sinne Ihrer Werte von Zeit und Herzensnähe geführt?"

Schweigen. Ich fahre fort: „Und was mich nun noch interessiert: Folgt der neue Job, den Sie in Aussicht haben, Ihren eben genannten Werten? Oder anders gesagt, liegt diese neue Aufgabe auf einer Linie mit Ihrer Herzstrategie zu Ihrem ganz persönlichen Erfolg?"

Soweit der Ausschnitt aus der Sitzung mit Hasso.

Diese „Wertewandlung", wie Hasso dieses Frage-Antwort-Spiel seitdem nennt, hat ihn mit völlig anderen Augen – oder besser gesagt, mit dem Herzen – auf sein Leben, seine Definition von Erfolg und vor allem auf die Entscheidung bzgl. seines Jobangebotes schauen lassen.

Meiner Ansicht nach ermöglicht dieses Frage-Antwort-Spiel allerdings weniger einen Wertewandel, sondern ein Freilegen unserer wahren Werte und unseres wahren Kerns.

Und manchmal kommt es vor, dass wir erkennen, dass wir nach etwas wertvollem jagen, das wir schon längst haben oder auf direkterem Wege haben könnten. Es ist so nah vor uns, dass wir es nicht mehr sehen, so wie bei Hasso, der, um Zeit mit seiner Familie zu haben, erstmal einen großen Karriereschritt in Betracht zog und beinahe alles tat was dem hinderlich ist: Nämlich einen Job anzunehmen, bei dem er noch mehr arbeiten muss als bisher.

Dabei ist das Einzige, das wir haben, das JETZT.

Um das jetzt nicht falsch zu verstehen: Manchmal kann in einer Situation wie der von Hasso eine Entscheidung für so einen anstrengenden Karriereschritt trotzdem kurz- oder mittelfristig die richtige Entscheidung sein, gerade dann, wenn es sich absehen lässt, dass man in nicht all zu ferner Zeit viel erreichen und ernten kann. Und nicht immer lassen sich unsere Werte, die wir erkennen, sofort und einfach und auf eine Weise in unser Leben integrieren wie wir es gerne hätten. Aber durch diese Wertefragen erkennen wir, was uns in unserem wahren Kern bewegt und unserem Leben wirklich Sinn gibt.

*Denn eine Sinn-Frage ist immer
auch eine Wert-Frage!*

So erkennen wir, an welcher Stelle wir welchen Preis zahlen müssen oder wollen, und wir können bewusst entscheiden, ob wir dazu bereit sind oder nicht. Vor allem aber verlieren diffuse Angstgefühle ihre Macht. Denn in dem Moment, in dem – wie eben in Hassos Entscheidungssituation geschildert – klar wird, woher die Angst kommt, haben wir wieder den Überblick und gewinnen unsere Sicherheit und Souveränität zurück.

Der Blick mit dem Herzen ermöglicht also, dass wir eventuelle Täuschungen über das, was wir bis vor kurzem noch für Erfolg hielten, plötzlich durchschauen und uns somit spätere Enttäuschungen über uns und unser Leben ersparen. Wir können mit dem Herzen also, wie mit einem Staubbürstchen, den Staub, der uns den Blick vielleicht schon lange versperrt hat, endlich abbürsten.

Manchmal ist das auch der Staub der Erwartungen, die an uns gestellt wurden, den wir endlich abschütteln –

wie z.B. bei einer Klientin, die auf dem Höhepunkt ihrer Karriere zusammenbrach und feststellen musste, dass sie nur deshalb Zahnärztin wurde, weil ihre Eltern quasi bei ihrer Zeugung beschlossen hatten, dass sie die Praxis ihres Vaters zu übernehmen hätte (-> **Patch 34:** Innere Sicherheit/Selbstbestimmung).

Also ist es auch oft der Staub von anderen, der uns ein Trugbild oder besser Zerrbild von dem Erfolg gezeigt hat, dem wir vielleicht Jahre lang hinterhergelaufen sind und der uns nie dahin geführt hat, wo wir mit unserem wahren Wesenskern und der Essenz unseres Seins wirklich hinwollten.

Frage für Frage wird es deutlicher. Herzblick für Herzblick. Endlich sehen wir klar. Es ist wie eine heilsame Ent-Täuschung, bei der sich das Trugbild auflöst und die Energien wieder, oder manchmal auch erstmals, frei fließen können: Hinein in unseren für uns authentischen und stimmigen Erfolg. Gesteuert und gespeist aus unserem Inneren heraus. Ohne „Fernsteuerung" aus dem Außen. Ohne, dass uns jemand (erneut) vor seinen Karren spannen kann. Egal wer oder was es ist.

-> *Übersicht über die Patches, auf die in diesem Text verwiesen wurde:*
  Patch 34: *Von der äußeren zur inneren Sicherheit, Teil II*
  – Selbstbestimmung statt Fremdbestimmung: ein heilsamer Machtwechsel

-> *Von hier aus weiterführende Patches:*
  Patch 4: *Von der sinnlosen Motivation zum wahren Antrieb!*
  Patch 5: *Sinnhaftigkeit ist das nachhaltigere Glück*
  – Nicht von etwas, sondern für etwas leben!
  Patch 8: *Was wirklich zählt! Aller guten Dinge sind 3*
  Patch 15: *Ein Mantra, mit dem wir unsere Werte erkennen*
  Patch 18 : *Lebenswert? – Eine Übersicht über unsere Lebens-WERTE*

PATCH 3

Die Generalprobe für das Erdenleben –
Das kosmische Orchester

Eniloiv stürzt jubelnd aus dem Büro des Himmlischen Intendanten heraus: „Juhu, der Intendant hat mir gesagt, ich bin eine Violine! Und ich darf im kosmischen Orchester mitspielen. Kann mir jemand sagen, wie ich auf dem schnellsten Weg zum Probensaal komme?" Ein etwas älterer Bass zeigt mit dem Bogen auf die Treppe: „Zwei Etagen nach oben, dann in das Nebengebäude, und von dort aus musst du weiter fragen."

„Danke!", ruft Eniloiv und macht sich in Windeseile auf den Weg. „Nicht so schnell junge Geige, sonst kommst du ja im Probensaal an und bist schon total erschöpft, ehe die Probe begonnen hat. Der Weg dahin ist schon eine ganz schöne Strecke! Viel Glück!" Doch Eniloiv hört nicht weiter zu. Sie hat nur eines im Sinn: So schnell wie möglich mit dem Geigespielen beginnen zu können.

Je näher sie dem Probensaal kommt, umso klarer kann sie die vielen unterschiedlichen Klänge der anderen Instrumente hören, die teilweise schon in den Gängen vor dem kosmischen Probensaal spielen und plaudern. „Wo willst du denn hin? Dich hab ich hier noch nie gesehen", trötet sie eine goldene Trompete an, die neben einer Posaune an der Wand gelehnt steht und sie von oben herab mustert. „Na, in den Probensaal des kosmischen Orchesters, ich werde dort erwartet!" „So, so, erwartet wirst du?" Die Trompete knufft ihrem Kumpel, der Posaune, in die Seite, woraufhin diese lauthals und blechern zu lachen beginnt! „Hast du das gehört, Posaunchen? Die junge Geige wird erwartet!" Nun beginnen sich die beiden vor Lachen auszuschütten. „Ein kleine unbedeutende Geige wie dich?

Und wer bitte soll dich dort erwarten, mein Herzchen? Du träumst wohl vom Urknall!" „Das weiß ich nicht, aber ich soll dort spielen!" „So, so, spielen sollst du dort, wahrscheinlich auch noch die erste Geige, oder was?", prustet die Trompete verächtlich. Eniloiv zuckt mit den zierlichen hölzernen Schultern ihres kleinen edlen Klangkörpers. „Weiß nicht!"

„Lass dich von der Blechdose nicht verunsichern!", flötet ein vorbeikommendes Fagott dazwischen. „Jeder fängt einmal an! Schau mal, der kosmische Probensaal ist da vorne links. Geh einfach rein und schau, ob du deinen Platz findest. „Aha, ihren Platz soll sie finden?!? Das edle Fagott, Euer Hochwohlgeboren, hat wohl sofort seinen Platz zugewiesen bekommen, als es hier vor Äonen aufgeschlagen ist, oder wie? Du lieber Himmel, setz' doch der Kleinen keine Flausen in den Kopf! Eine zweite Harfe, die könnten wir dringend brauchen. Efrah schafft es alleine kaum noch, all die Klänge in den Kosmos zu spielen, die das Universum so dringend benötigt. Aber so eine Harfe kommt halt selten vor. Stattdessen bekommen wir mal wieder eine Geige mehr. Als ob wir davon nicht schon mehr als genug hätten. Wer braucht denn noch eine Geige? Das ist doch Massenware!"

„Ach halt doch endlich mal deine Tröte, du missgünstige Blechgeburt!", schrillt das Fagott zur Trompete herüber. „Wer ist denn Efrah?", möchte die junge Geige nun unbedingt in Erfahrung bringen, und sie fühlt die Anspannung, die sich in ihrem hölzernen Körper aufgebaut hat. Schwer ist ihr zu Mute, sehr schwer sogar, denn ihre ganze Vorfreude ist einer großen Unsicherheit gewichen.

„Na komm, ich will nicht so sein, ich bring dich zu ihr!", süßelt die Trompete der kleinen Geige entgegen und schubst sie den Gang entlang. „Ich zeige dir mal, auf was für ein Instrument hier wirklich alle dringend warten. Aber nun bist du schon mal da, und so wird es auch für dich hunderttausendste Geige noch eine Aufgabe bei uns geben. Arbeitslos ist hier noch niemand geworden. Denn wer nicht spielt muss wieder gehen. Und das willst du doch nicht, oder?" „Nein!", flüstert die kleine Geige erschrocken. „Ich bin doch gerade erst angekommen!" „Siehst du, und da sind wir auch schon angekommen bei Efrah, der Harfe. Sei mal leise, dann kannst du sie schon hören!", scheppert die Trompete und schubst die kleine Geige weiter in einen kleinen separaten Probenraum. Was die junge Geige dort zum ersten mal in ihrem Leben hört und sieht berührt sie so sehr, dass ihr ein paar tiefe, seufzende Geigentöne entgleiten. „Still!", zischt die Trompete sie an und hält dann selbst vor Erstaunen und Erfurcht die Luft an.

Vor ihnen in einem Raum aus Licht und Liebe spielt die Harfe wie in einem Märchen kristallene Töne und Rhythmen, die den Raum mit jedem Klang noch heller und lichter erscheinen lassen. Die Harfe lächelt der kleinen Geige wohlwollend zu und gibt sich dann wieder ganz ihren Klängen hin, die ein jeder Liebe und Wohlwollen in den Kosmos senden. Über der Harfe erstreckt sich der ganze nächtliche kosmische Sternenhimmel und saugt die kristallenen Töne in sich auf, denn das Universum besteht nun einmal aus reinem Klang.

„So, genug für heute! Erst die Arbeit, dann das Vergnügen!", trötet die Trompete leise zu Eniloiv und schubst sie aus dem Raum wieder heraus. „Die Probe beginnt in ein paar Minuten, also mach dich bereit und sieh zu, dass du irgendwo im großen Probenraum unterkommst, wo noch ein Plätzchen in der letzten Reihe frei ist!" „In der letzten Reihe? Aber da sehe ich doch gar nichts!", erwidert Eniloiv. „Das musst du auch nicht. Hör zu und tu, was dir die anderen sagen, sonst wird nichts aus dir!" „Aber was soll denn aus mir werden? Ich bin doch eine Geige!" Verwirrt schaut Eniloiv die Trompete an! „Ja, eine Geige, die keiner braucht. Naja, eine Harfe wird mit Sicherheit niemals aus dir werden. Oder hast du schon mal gesehen, dass eine Harfe mit einem Bogen über ihre Saiten streicht?"

Verächtlich mustert die Trompete die junge Geige, die sie – mehr als ihr lieb ist – um ihre Jugend beneidet. „Weiß nicht!" Eniloiv schaut an sich herab und beginnt sich für ihren hölzernen Körper und die wenigen Saiten zu schämen. „Ich wäre wirklich viel lieber eine Harfe! Meinst du, ich könnte irgendwo noch ein paar Saiten mehr herbekommen? Dann könnte ich es doch wenigstens versuchen!" „Schätzchen, vergiss es. Du bist und bleibst eine einfache Geige. Hör doch selbst, wie du klingen würdest, wenn man versuchen würde auf dir wie auf einer Harfe zu spielen!", und die Trompete beginnt grob an den Saiten der Geige zu zupfen, bis plötzlich eine Saite reißt und der Trompete über den Schalltrichter peitscht. „Au, du kleines Miststück. Schau was du angerichtet hast!" „Tut mir leid! Das wollte ich wirklich nicht!", antwortet Eniloiv eingeschüchtert. „Hach, du bist zu nichts zu gebrauchen. Wie grob du bist! Ich bring dich jetzt zu den Pauken, die sollen auf dich aufpassen, da bist du gut aufgehoben. Die werden schon was aus dir machen." „Aber da gehör' ich doch gar nicht hin! Ich bin doch ein Streich- und kein Schlaginstrument!", versucht Eniloiv klarzustellen. „So, meinst du? Wo du gut aufgehoben bist, das weiß ich wohl um einiges besser als du, schließlich bin ich schon einige Jährchen dabei. Und ein paar Schläge haben noch niemanden geschadet, um das Parieren zu lernen!", und schon schubst die Trompete die junge Geige weiter in den riesigen Probenraum des Kosmischen Orchesters mitten in die Schlaginstrumente hinein. „Hallo ihr Lieben, wir haben einen Neuzugang. Etwas spröde und halsstarrig ist sie. Und ich habe keine Zeit, mich um sie zu kümmern. Könnt ihr das übernehmen?" „Die ist ja schon kaputt! An der kleinen baumelt ja schon eine gerissene Saite herunter", donnert eine Pauke drein. „Naja, so was kann passieren. Dass die bei den Geigen niemand mehr haben will ist klar. Kannst froh sein, dass die dich nicht direkt zurück geschickt haben! Aber für ein Schlaginstrument wird es noch reichen, du hast ja einen stabilen Holzkörper, der hält schon einiges aus!"

Eniloiv fühlt sich erbärmlich. Und so verschweigt sie der Pauke, dass sie ihr Glück bei den Geigen noch nicht einmal probiert hat. Denn die Möglichkeit, von den Geigen abgelehnt zu werden, macht ihr große Angst. Schließlich würde sie vom ersten Tag an Probleme machen, das war ihr inzwischen klar geworden. Und wahrscheinlich nicht nur, weil eine ihrer Saiten schon kaputt war, ehe sie jemals einen Ton bewusst hatte spielen können.

Die erste Orchesterprobe ist für Eniloiv eine Tortur und Schwerstarbeit. Am Abend schmerzt ihr der ganze Körper von den viele rhythmischen Schlägen, die die anderen von ihr verlangen. Und es dauert keine vier Tage, da bekommt ihr Holzkörper erste Risse, derer sie sich schämt. Nachts träumt sie von der Harfe und dem vielen Licht und der Liebe, die ihr ebenso unerreichbar vorkommen, wie jemals einen so schönen Klang aus sich selbst hervorbringen zu können. Am fünften Morgen versammeln sich alle Schlaginstrumente zu einer Krisensitzung, wegen der jungen Geige, die schon jetzt so viele Risse zeigt wie ein uraltes Instrument. „Wir müssen sie mit einem dicken Lack überziehen, der ihr mehr Stabilität gibt!", brummelt eine alte Trommel, die es gut mit der jungen Geige meint. „Sie hält das sonst nicht lange durch!" Und so wird aus der Geige ein mit wunderschönem dunkelrotem Lack überzogenes Schlaginstrument. Zunächst fühlt sich die junge Geige sehr wohl und fast ein bisschen stolz, dass sie nun endlich ein „echtes Schlaginstrument" geworden ist, das nun „dazugehört". Nur in den Nächten, wenn sie sich von den vielen Schlägen erholt, fühlt sie sich so seltsam einsam und fast schon ein bisschen verknöchert. Dennoch probt sie weiter und weiter, denn sie will ja unbedingt eines Tages an der großen Generalprobe für das Erdenleben teilnehmen, zu der man erst zugelassen wird, wenn alle anderen Proben erfolgreich verlaufen sind und man die besten und reinsten Töne aus sich hervorbringen kann. Denn die Generalprobe für das Erdenleben ist die Vorbereitung für alle kosmischen Instrumente, die mit dem Himmlischen Intendanten vereinbart haben, danach als Mensch auf einen Planeten namens Erde zu gehen, um dort ihren ganz eigenen kosmischen Ur-Klang und ihre Bestimmung zu leben und einzubringen.

Eines Tages, Eniloiv ist nun schon viele Monate ein festes Orchestermitglied, da kann sie nicht umhin, ganz früh morgens in den Probenraum der Harfe zu gehen, um ihr für ein paar Minuten zuzuhören und um wenigstens einmal kurz in dem wunderschönen Licht und der Liebe zu baden, nach der sich die junge Geige jeden Tag mehr und mehr sehnt.

Als sie den Raum betritt und Efrah spielen hört, ist es aber keine Wohltat mehr, so wie beim ersten Mal. Stattdessen beginnt es die junge Violine so zu quälen, dass sie nicht mehr ein noch aus weiß. Das Licht ist zu hell, die Musik zu schön. Kaum auszuhalten! Als Efrah die Geige erblickt und wahrnimmt, wie unglücklich sie aussieht, da hält sie inne und fragt: „Wer bist du, ich hab dich hier noch nie gesehen?" „Ich bin Eniloiv, die Schlaggeige!" „Eine Schlag ... was? Das habe ich ja noch nie gehört!"

„Aber du kennst mich doch, ich war vor ein paar Monaten schon mal bei dir. Als ich gerade neu angekommen war, da hat die Trompete mich zu dir gebracht. Und seitdem träume ich davon so zu sein wie du. Doch jetzt bin ich offiziell ein Schlaginstrument!", und Eniloiv klopft rhythmisch mit dem Bogen auf ihre vom Lack verschmierten Seiten. „Oh Gott, das klingt ja furchtbar! Was hast du nur mit dir machen lassen Eniloiv? Du bist aus so edlem Holz, ich erinnere mich gut an dich. Ich könnte mir vorstellen, dass du eine Stradivari bist! Was für ein Frevel, dass man dich mit dickem rotem Lack überzogen hat. Eine Schlaggeige, wer hat dir denn so einen Unsinn eingeredet!

DU BIST DU!!!

Weder eine Pauke, noch eine Harfe! Du bist eine wundervolle, edle Violine und lässt dich jeden Tag deines Lebens so schlecht behandeln? Warum tust du das Eniloiv?" Wenn Eniloiv gekonnt hätte, so hätte sie ihre zarten hölzernen Schultern hochgezogen, aber der starre Lack lässt diese Bewegung nicht mehr zu!
„Ich bin ich!", hallt es in ihrem Klangkörper nach.
„Aber wenn ich ich werde, dann habe ich keine Freunde mehr. Dann bin ich ganz alleine! Was soll ich denn ohne die ganzen Pauken machen?" Ungläubig schaut Eniloiv die Harfe an. „Du kannst sie ja ab und an besuchen, aber du solltest unbedingt dahingehen, wo du hingehörst und wo deine Klänge für den Kosmos so wirken können, wie es vom Himmlischen Intendanten vorgesehen ist: nämlich gemeinsam mit und bei den Geigen und nirgendwo anders!"
„Aber Geigen gibt es doch schon so viele! Die wollen mich doch gar nicht!" „Wer hat dir denn so einen Unsinn erzählt, es fehlt schon seit Monaten die 23. erste Violine in unserem kosmischen Symphonieorchester. Natürlich können wir auch mit nur 22 ersten Geigen in unserem Orchester schon eine kosmische Symphonie bestreiten, doch glaubst du, unser Himmlischer Intendant schickt eine Violine hierher, wenn sie nicht drin-

gend in unserem Orchester gebraucht würde? Geh' zu unserem Notenentschlüssler, dem Hüter aller Ursprungsfrequenzen, und lasse dir helfen, dass du das wirst, was du schon immer warst: eine Violine, die allerdings gerade bis zur Unkenntlichkeit maskiert und verstimmt ist. Der Alltag hier bei uns hat dir ganz schön zugesetzt!" Dann überlegt die Harfe einen Moment und fragt Eniloiv: „Sag mal, wie findest du eigentlich den eleganten schwarzen Flügel in unserem Orchester?"

„Großartig! Ich liebe seine Töne!" „Siehst du, er geht in regelmäßigen Abständen zum Notenentschlüssler und lässt sich immer wieder stimmen. Er passt gut auf sich auf. Doch das war nicht immer so. Dem Flügel hat man Anfangs auch ganz schön zugesetzt. Als er noch ganz jung war, hat er in einer stürmischen Nacht Zug abbekommen und war darauf hin sehr krank und verstimmt. Und dann haben ein paar aus dem Orchester es gut mit ihm gemeint und dachten, sie würden ihm helfen, wenn sie ihn – statt ihn einfach wieder stimmen zu lassen – abschmirgeln und mit einer dickeren Schicht aus Lack überziehen, damit der Zug ihm künftig nichts mehr anhaben kann. Das mit dem Lack scheint in Mode gekommen zu sein, wenn ich dich so anschaue, meine wunderbare angepinselte Eniloiv. Naja, gut gemeint ist halt nicht immer gut getan. Nicht jeder, der vorgibt helfen oder gar heilen zu können, hat wirklich Ahnung davon. Es hat lange gedauert, bis der Flügel das begriffen hat und dann endlich den Weg zu einem unserer wunderbaren Stimmer und Notenentschlüssler gefunden hat, der die Urklänge von einem jeden von uns freizusetzen vermag, der verstimmt und somit krank geworden ist. Denn wer nicht mehr so klingt, wie er klingen soll, kann auch seiner Bestimmung nicht mehr nachkommen. Verstehst du Eniloiv?" Eniloiv nickt nachdenklich und schöpft fast ein bisschen Hoffnung.

Dann fährt die Harfe fort: „Unsere Urklänge, die wir durch unser Sein mitgebracht haben, machen einen jeden von uns zu dem was er ist. Egal ob Flügel, Harfe oder Violine. Das ist ein kosmisches Gesetz. Jedes Wesen hat seinen eigenen Klang. Und auch wenn es schon weitere 22 erste Violinen gibt, so wirst du sehr bald feststellen, dass keine der anderen gleicht, sondern jede eine ganz eigene Frequenz und Klangqualität hat. Jede von ihnen wird gebraucht. Lass dich nicht davon abbringen du zu sein.

Du bist du! Und niemand und nichts dürfen dich jemals davon abhalten, auch wenn du verstimmt bist und bis zur Unkenntlichkeit maskiert. Unter deiner – verzeih', wenn ich es einmal so sage – etwas lächerlichen Schlaginstrument-Verkleidung steckst immer noch du: Eine Violine mit ihrem ganz eigenen Klang und somit ihrer Be-Stimmung. Das wird sich niemals ändern und niemals ändern lassen! Vergiss das nie!"

An manchen Abenden, wenn alle ihre Freunde nach Hause gegangen waren, saß Momo noch lange alleine in dem großen steinernen Rund des alten (Amphi-) Theaters, über dem sich der sternfunkelnde Himmel wölbte, und lauschte einfach auf die große Stille. Dann kam es ihr vor, als säße sie mitten in einer großen Ohrmuschel, die in die Sternenwelt hinaushorchte. Und es war ihr, als höre sie eine leise und doch gewaltige Musik, die ihr ganz seltsam zu Herzen ging.

In solchen Nächten hatte sie immer besonders schöne Träume. ...

Aus „Momo", Ende, 1973

-> Übersicht über die Patches, auf die in diesem Text verwiesen wurde: **keine**

-> *Von hier aus weiterführende Patches:*
* **Patch 10:** *Star, that's what we call you!*
  – Ihr macht die Erde zum leuchtenden Stern
  Patch 11: *Die Himmelstreppe, Teil I*
  – Der Weg zur Stille hinter dem Klang
  Patch 14: *Von der Verstimmung in die Bestimmung*
  – Die Klärung deiner (kosmischen) Frequenz
  Patch 19: *Jeder Mensch ist eine Zelle im Weltenkörper*
  Patch 34: *Von der äußeren zur inneren Sicherheit, Teil II*
  – Selbstbestimmung statt Fremdbestimmung: ein heilsamer Machtwechsel
  Patch 36: *Was glaubst du eigentlich, wer du bist?*

PATCH 4

**Von der sinnlosen Motivation
zum wahren Antrieb!**

Ich möchte hier von einem Phänomen berichten, das ich in meiner Arbeit immer wieder beobachten kann: Für viele meiner Klienten ist es sehr einfach, aufzuzählen, was sie nie (mehr) tun oder erleben möchten. Weg-von ist eine Bewegung, die – meist geprägt durch schlechte Erfahrung – leicht fällt. Doch nähere ich mich dem Thema von der anderen Seite, mit der Frage: „Was für einen konkreten Job, für einen Partner, für ein Lebensszenario wünschen Sie sich, welche Ziele verfolgen Sie mit Leidenschaft und voller Überzeugung?", so fällt die Antwort meist um einiges diffuser aus.

Die Bewegung bzw. Frage nach dem Hin-zu-Etwas führt viele Menschen in ein scheinbar undurchdringliches Labyrinth der Möglichkeiten, das zusätzlich durch unsere Glaubenssätze (-> **Patch 17:** Giftige Gedanken) verzerrt wird. Beispiele für typische Glaubenssätze sind: „Das schaff' ich ja doch nicht!" oder „Wie soll ich damit jemals meinen Lebensunterhalt verdienen können?" Auch unbewusste Aufträge, die wir aus unserer Kindheit „mitgenommen" haben, wirken wie Fußangeln, in denen man sich auf seinem Lebensweg ganz schön verfangen kann. Auch hierfür ein Beispiel: „Nur wenn man hart arbeitet, dann ist man es auch wert Erfolg zu haben. Aber mehr Erfolg als Papa – das darf auch nicht sein, sonst verstößt dies gegen ein ungeschriebenes Familiengesetz!"

Da kann man sich leicht vorstellen, wie schwer es vielen von uns fallen muss, Lebensziele überhaupt erst einmal klar zu formulieren, um dem eigenen Tun eine kraftvolle Ausrichtung zu geben. Und selbst bei klarer Formulierung erreichen wir manche Ziele partout nicht. Obwohl sie machbar und realistisch sind. Warum ist das so? Wir wählen gerne attraktive, bunte Ziele, die uns sexy erscheinen, die sich aber weder mit unseren Werten, noch mit unseren Bedürfnissen im Einklang befinden. Und das, weil wir meist über unsere Bedürfnisse und Werte viel zu wenig wissen.

Ein Bedürfnis ...

... ist der Wunsch, einen persönlichen Mangel (z.B. Mangel an Zeit für die Familie, Mangel an Geld, Mangel an frischer Luft und Natur oder Mangel an Anerkennung) auszugleichen. Unsere Bedürfnisse sind von unserer aktuellen Lebenssituation, aber auch von unserer individuellen Persönlichkeit und unserem Wesenskern abhängig.

Der Wert (einer Sache, einer Handlung oder eines Ziels) ...

... ist umso höher, je stärker er der Befriedigung eines subjektiven Bedürfnisses dient.

(So könnte z.B. das Ziel, von einem Vollzeitjob auf einen gut bezahlten Halbtagsjob zu wechseln, dazu dienen, den Mangel an Zeit für die Familie auszugleichen. Wenn der Wert „Zeit" höher wäre als der Wert „berufliche Anerkennung", so wäre dies ein stimmiges Ziel.)

Wenn wir unsere Ziele nicht mit unseren Bedürfnissen und Werten abgleichen, so können einige dieser Ziele für uns zu gefährlichen Fallen werden. So wie unsichtbare Fesseln, die uns denken lassen, dass wir am rechten Ort das richtige tun. Weil sie uns steuern, ohne dass wir es bemerken, können sie uns von unserer wahren Bestimmung fernhalten (-> **Patch 14:** Klärung deiner Frequenz). Unsere Ziele sollten daher, im Sinne der besten Version unseres Selbst und damit unserer Persönlichkeit und unserer aktuellen Werte (-> **Patch 15:** Das Werte-Mantra), regelmäßig überprüft werden!

Denn: Unsere Bedürfnisse verändern sich im Laufe unseres Lebens mehrfach. Sobald ein Bedürfnis (z.B. nach Bildung) gesättigt ist, verliert der entsprechende Wert einer Sache, Handlung oder einer Tätigkeit (z.B. ein Zweitstudium) an Wichtigkeit.

Nun kann sich ein anderes Bedürfnis – bspw. nach mehr finanzieller Freiheit oder nach Selbstverwirklichung – zeigen. Das hat wiederum Auswirkungen auf unsere Lebensplanung und damit auf unsere Ziele.

Betrachtet man die Sache hierarchisch, so steht also das Bedürfnis ganz oben, der Wert in der Mitte und das Ziel unten.

(Mehr zu Bedürfnissen, Werten und Zielen: -> **Patch 5:** Sinnhaftigkeit finden; **Patch 15:** Das Werte-Mantra)

Ich habe schon mit einigen Menschen gearbeitet, die zuvor auf den Pfaden etwaiger „Motivationsgurus" dazu angehalten wurden, ihre vermeintlichen Ziele mit täglichen Affirmationen künstlich aufzupumpen, und die damit das Freiticket ins Dilemma erhielten. Niemand hatte mit ihnen vorab geprüft, ob ihre Ziele mit ihrem Wesenskern (-> **Patch 11:** Die Himmelstreppe) und ihren Werten übereinstimmten, zumindest aber verträglich waren. Geschweige denn hatte sie jemand darauf aufmerksam gemacht bzw. mit ihnen gemeinsam gecheckt, ob sie hinderliche Glaubenssätze oder unbewusste, aber hinderliche familiäre Aufträge – so wie oben beschrieben – mit sich herumtrugen.

Einige dieser, logischerweise frustrierten, Menschen tauchen also bei mir im Coaching auf, und sie halten sich nicht selten für Versager und/oder sind kurz davor, mit ihrem heiß gelaufenen Hamsterrad ins Burnout zu kippen. Manchmal funkt ihnen dann auch noch die eigene Ratio bzw. ihre „innere Disziplin" hinein und verstärkt den Konflikt zwischen innen und außen: „Jetzt machst du schon täglich diese Affirmationen, und es wird immer noch nichts mit dem Erfolg. Du bist eine Flasche! Reiß' dich endlich mal zusammen und gib Gas!"

Kann man liebloser mit sich umgehen? Mal ganz ehrlich: Unsere Seele, unser Unbewusstes und unser Wesenskern lassen sich nicht gerne für dumm verkaufen. All diese Anteile unseres Selbst sind intelligent und an Wahrheit interessiert. Wenn wir ihnen also permanent etwas vorplappern, was für sie weder stimmig, noch wahr, noch unter den gegenwärtigen inneren Bedingungen leistbar ist, dann ist es doch ganz natürlich, dass Affirmationen nicht nur nicht wirken, sondern uns auch noch den nächsten Misserfolg garantieren. Wie soll man sich bitte jeden Tag großartiger und entspannter fühlen, während parallel, tief im Inneren, die Überzeugung tobt, dass wir den täglichen Lebenskampf nur überstehen, wenn wir permanent am Limit unserer Leistungsfähigkeit agieren (= Glaubenssatz). Also ist es doch klüger, sich mit dem eigenen Wesenskern, den aktuellen Werten und hinderlichen Glaubenssätzen zu beschäftigen und letztere durch entsprechende Maßnahmen zu transformieren.

Als Coach habe ich im Rahmen von Firmenprojekten miterleben können, wie in Seminaren die Motivation ganzer Belegschaften künstlich „aufgepumpt" wurde. Niemand hatte die Angestellten wirklich befragt, ob die Werte, die sie im Unternehmen täglich mit Energie beleben sollten, auch zu ihren eigenen Werten passten.

Ob sie am richtigen Platz innerhalb des Unternehmens auch das richtige täten, um ihre Persönlichkeit, ihre Potenziale, Stärken und ihre Essenz mit einzubringen. Niemand hatte sie gefragt, ob sie sich wertgeschätzt fühlten. Wen wunderte es da noch, dass die teuer bezahlte Motivation nach ein paar Tagen im Unternehmen genauso wieder in sich zusammenfiel wie die Hülle einer luftgetragenen Tennishalle, aus der der Stöpsel herausgezogen wird.

Damit mich hier niemand falsch versteht: Natürlich liegt es nicht allein in der Verantwortung des Arbeitgebers, dass ein Mitarbeiter passgenau zu seinen Stärken und Werten auf einer bestimmten Stelle landet, sondern in der Verantwortung beider Seiten. So sollte sich eben auch ein potenzieller Arbeitnehmer nicht nur über seine eigenen Fähigkeiten, Werte und Ziele bewusst sein, sondern auch über die Werte, Ziele und Vision eines Unternehmens und das Profil der betreffenden Stelle, bevor er seinen Vertrag unterzeichnet. Den „falschen Job" zu machen, das ist also immer eine – wenn auch unausgesprochene – „Verabredung" zwischen Arbeitgeber und Arbeitnehmer. Dennoch, liebe Motivationstrainer: Eure Motivationsshows bringen mehr Schaden als Gewinn! Denn die Menschen im Unternehmen fühlen sich nicht selten in die Irre geführt, um es gelinde auszudrücken. Dagegen bringt eine ernsthafte Beschäftigung mit den Werten von Menschen Energie, Vitalität und sogar Liebe in unser Leben. Egal, ob es sich um ein Unternehmen oder um die Unternehmung einer Einzelperson handelt.

WERT-lose Motivation ist sinnlos!

Sie ist nicht nachhaltig. Sie verbraucht sich in kürzester Zeit. Und sie fordert und verbraucht unsere Lebensenergie! Man kann also einen Haufen Zeit und Geld sinnlos mit Strategien zur Zielerreichung verbrennen, wenn man sich nicht mit dem Urstoff dahinter beschäftigt.

Deshalb nehme ich mit meinen Klienten zu Beginn eines Coaching-Prozesses immer eine genaue Zielanalyse vor. Nur wenn wir die Beweggründe – und ggf. auch die Blockaden – hinter den Zielen wirklich verstehen, kann ein Klient entscheiden ob er sein Ziel in dieser Form als wert verfolgt zu werden einschätzt oder nicht. Wenn nicht, dann ist es an der Zeit, aus den Beweggründen für das ursprüngliche Ziel eine neues, stimmigeres zu formulieren.

Ich gebe ein Beispiel: Nehmen wir einen jungen Klienten, der leidenschaftlich gerne Opernsänger werden möchte, obwohl seine Stimme – nachweislich – dazu nicht gut geeignet ist.

Nun die Frage: Sollte dieser Klient sein Leben damit verbringen, seine Stimme mit viel Geld und unter hohem Einsatz zu einem Mittelmaß hochzutrainieren? Oder würde es ihm vielleicht besser gehen, wenn er die Motivation hinter seinem Wunsch/Ziel – also seine wahren Werte und Bedürfnisse – erkennt und aus dieser Ursubstanz etwas Neues formt? Denn noch einmal zur Erinnerung:

Unsere Bedürfnisse entscheiden darüber, was uns motiviert, uns wichtig und wertvoll ist:
Damit formen Bedürfnisse unsere Werte.

Werte wiederum legen die Grundlage für das Ausformulieren und Finden stimmiger Ziele, die uns selbst in unserem Kern entsprechen.

Was könnte in diesem Fall also (beispielsweise) dabei herauskommen?

Szenario 1
Wir finden heraus, dass seine Hauptmotivation darin besteht, den Lebenstraum seiner Mutter, die selbst gerne Opernsängerin geworden wäre, zu erfüllen, um sie damit zu ehren und ihr seine Dankbarkeit zu zeigen und vielleicht auch aus einem schlechten Gewissen ihr gegenüber heraus etwas gut zu machen. So stünde hier wahrscheinlich der Wert „Liebe" (aber vielleicht auch eine Schuldthematik) im Vordergrund seiner Motivation.

Eine solche Erkenntnis macht die Bahn recht schnell frei, denn nun könnte er endlich damit aufhören, seine Energie in den Lebenstraum seiner Mutter zu investieren und stattdessen eine erwachsene und gesunde Form der liebevollen Zuwendung zu seiner Mutter zu finden.

Szenario 2
Wir finden heraus, dass dieser Klient künstlerisch tätig sein möchte, um Freude in das Leben anderer Menschen zu bringen, und dass er einfach einen immensen Spaß am – wenn auch zugegebenermaßen „falschen" – Singen hat. Dann wären die Werte hinter seiner vermeintlichen Opernkarriere z.B. Spaß und (Lebens-) Freude.

Was könnte hier die Lösung sein? Er singt (1) als Laie weiter in einem Chor o.ä. und er (2) findet heraus, mit welchen seiner Fähigkeiten und Stärken er beruflich die meiste Freude (= Wert) in das Leben anderer Menschen bringen kann. Vielleicht statt als Sänger als Schauspieler, als Komiker oder Eventmanager oder, oder …

Die wahren Werte hinter einem vermeintlichen Ziel zu erkennen, das gibt uns die Chance, ein neues, stimmiges Szenario unseres Lebensfilms zu erschaffen, das sich neben unseren Werten auch mit unserem Wesen im Einklang befindet.

Wer seine eigenen Werte erkennt, der verfügt über eine immense innere Sicherheit bei einem maximalen Gewinn an äußerer Freiheit.
Denn unsere Werte lassen sich nie nur in einem Ziel, sondern in unterschiedlichsten Szenarien und Zielen stimmig zum Ausdruck bringen.

-> Übersicht über die Patches, auf die in diesem Text verwiesen wurde:

Patch 5: Sinnhaftigkeit ist das nachhaltigere Glück
– Nicht von etwas, sondern für etwas leben!

Patch 11: Die Himmelstreppe, Teil I
– Der Weg zur Stille hinter dem Klang

Patch 14: Von der Verstimmung in die Bestimmung
 – Die Klärung deiner (kosmischen) Frequenz

Patch 15: Ein Mantra, mit dem wir unsere Werte erkennen

Patch 17: Giftige Gedanken – ein Experiment

-> Von hier aus weiterführende Patches:

Patch 2: Die Herzstrategie
– WERT-volle Lösung bei Entscheidungskonflikten

Patch 18: Lebenswert? – Eine Übersicht über unsere Lebens-WERTE

Patch 34: Von der äußeren zur inneren Sicherheit, Teil II
– Selbstbestimmung statt Fremdbestimmung: ein heilsamer Machtwechsel (Praxisbeispiel)

PATCH 5

Sinnhaftigkeit ist das nachhaltigere Glück – Nicht von etwas, sondern für etwas leben!

Unsere Werte sind der Treibstoff für unseren inneren Motor. Sie sorgen dafür, dass wir morgens schnell und voller Energie aus dem Bett kommen und uns auf den Tag freuen oder, wenn wir sie ignorieren oder gar gegen sie leben und handeln, dass wir lieber auf den Wecker hauen und uns die Decke über den Kopf ziehen. Kein Wunder, denn auch unser innerer Motor braucht den zu ihm passenden Treibstoff.

Niemand würde auf die Idee kommen seinen Benzinmotor, nur weil die Gelegenheit gerade besonders günstig ist, mal mit Diesel zu betanken! Dennoch sind wir überrascht und zuweilen ratlos, wenn unser innerer Motor nach dem Betanken mit den für uns völlig unpassenden Werten spätestens auf der Zielgeraden streikt.

Ein „innerer Motorschaden", so wie gerade beschrieben, ist also meist ein „Sinnschaden": Ende, aus! Keine Kraft mehr, keine Lust mehr, müde, ausgebrannt, innere Leere, unglücklich, energielos, das Gefühl, die falsche Rolle im falschen Film zu spielen und die quälende Frage: Wo bitte ist der Sinn geblieben?

In einem solchen Moment hilft es dann auch wenig weiter, von einem Freund oder Kollegen mit den Worten: „Mensch, du bist aber doch so erfolgreich!", oder: „Du hast doch so lange eine gute Ehe geführt!", getröstet zu werden.

Viele von uns tun aus gesellschaftlicher
Sicht das „Richtige", aber außerhalb
des Bereiches der eigenen Bestimmung
und der eigenen Werte!

Die positive Wahrnehmung, die andere dann von uns haben, ist, wenn überhaupt, nur ein kurzfristiger Vitaminstoß, der aber wenig an der inneren Leere und dem Zustand des „Nicht-Mehr-Könnens" ändern kann.

Für jemanden, der an diesem Punkt seines Leben angekommen ist, für den spielt es, nach meiner Beobachtung, kaum noch eine Rolle, ob er, nach gesellschaftlich anerkannten Kriterien, zu den Erfolgreichen gehört und ob er sein Leben damit verbracht hat, Karriere zu machen, viel Geld zu verdienen oder um die halbe Welt zu reisen, um Erfüllung und Glück zu finden.

Den Begriff Glück in seiner gegenwärtigen Bedeutung verwende ich, nicht nur in diesem Zusammenhang, übrigens ungern. Ich finde ihn irreführend. Ich bevorzuge den Begriff der Sinnhaftigkeit.

Sinnhaftigkeit ist das nachhaltigere Glück.

Denn die Jagd nach dem „Glück" bedeutet für viele Menschen: „Wenn ich dieses oder jenes geschafft bzw. erreicht habe, dann wird alles gut. Dann kann ich von meinem Erfolg leben, dann bin ich da angekommen, wo ich hinwollte." Doch von dieser Art des Glücks zu leben, das ist so, wie von einem sehr flüchtigen Rohstoff zu zehren, der schnell verbraucht ist. Und so wird der Jäger zum Gejagten.

Ganz anders ist es, für etwas zu leben, das uns wertvoll ist und uns Sinn (-> **Patch 4:** Wahrer Antrieb) gibt. Denn das setzt eine sich selbst erneuernde Energie frei, die unseren inneren Motor mit Leichtigkeit am Laufen hält und uns sogar Blockaden, Talfahrten oder immense Anstiege als sportliche Hürde nehmen lässt, wenn wir einen klaren Fokus auf das haben, was für uns wirklich zählt (-> **Patch 8:** Was wirklich zählt!).

*Wer ein Warum zum Leben hat,
der erträgt fast jedes Wie.*[1]

Friedrich Nietzsche

Wenn wir also keine Energie mehr mit der der Frage: „Warum in Gottes Namen muss ich das tun?", verlieren, dann können wir entspannt unsere Aufmerksamkeit nach vorne richten. Und die Chancen frühzeitig erkennen, die uns das Leben vor die Füße spült, um das zu „(er)schaffen", was uns wirklich entspricht.

*Sinnhaftigkeit bedeutet, nicht von etwas, sondern
für etwas zu leben. Sinnhaftigkeit setzt eine sich
selbst erneuernde Energie in uns frei, die wir
nachhaltig und dauerhaft nutzen können.*

Also geht es darum, Antworten auf folgende Fragen zu finden: Was für ein Lebensszenario ist für mich wert- und sinnvoll? Welche Art des Treibstoffs zündet und bewegt meinen Lebensmotor nachhaltig?

Um die verschiedenen „Arten des Treibstoffes" kennenzulernen und dabei gleich den passenden für sich selbst herauszufinden, habe ich in Patch 18 (-> **Patch 18:** Lebens-WERT?) einen Überblick über die zentralen Werte erstellt, die in den Sessions mit meinen Klienten immer wieder zu Tage treten und die eine gute und konkrete Orientierungshilfe geben. Doch was sind eigentlich Werte und wie entstehen sie?

*Unsere Bedürfnisse entscheiden darüber, was uns
wichtig und wertvoll ist. So formen unsere Bedürfnisse
unsere Werte bzw. die Rangfolge unserer Werte.
Je stärker unser Bedürfnis durch ein Verhalten, eine
Tätigkeit oder eine Sache gestillt wird, umso höher*

ist für uns der Wert dieses Verhaltens, dieser Tätigkeit oder dieser Sache.

Unsere hohen Werte legen somit die Grundlage für das Finden und Ausformulieren stimmiger Ziele, die uns selbst entsprechen. Für diese Ziele verfügen wir über hohe Energie und hohe Motivation, um sie zu erreichen.

In diesem Zusammenhang möchte ich noch etwas ins Bewusstsein rufen, das einigen von uns, die auf der Suche nach der besten Version ihres Selbst sind, unbekannt sein wird: Unser Wesenskern, und damit auch unsere Persönlichkeit, ändert sich, sobald wir ins Erwachsenenalter kommen, nur noch marginal. Es sei denn, wir erleben etwas extrem Positives oder Negatives, wie bspw. über Nacht sehr berühmt zu werden oder im negativen Falle z.B. eine Traumatisierung. Also sind massive Persönlichkeitsänderungen eher die Ausnahme. Dagegen ändern sich unsere Werte im Laufe unseres Lebens mehrfach. Z.B. werden ein junger Familienvater oder eine junge Mutter wahrscheinlich einen hohen ökonomischen Wert haben, sprich, sehr motiviert sein, für die eigene Familie eine gute Basis in Form von finanzieller Sicherheit zu schaffen. Doch wenn die Kinder aus dem Haus und die Kredite abgezahlt sind, dann ist der ökonomische Wert häufig gesättigt, und dafür treten andere Werte, wie bspw. das Erleben von Abenteuern oder die persönliche Weiterentwicklung, in die erste Reihe.

Den eigenen Wertewandel im Auge zu behalten, das spielt also eine erhebliche Rolle, und das sogar für die Erhaltung unserer Gesundheit. So kann ein Burnout oder die sogenannte „Zielerreichungsdepression"[2] häufig auf einen unbemerkten oder gar unbewussten Wertewandel zurückgeführt werden. Wenn also das äußere Leben nicht (mehr) mit unseren inneren Werten übereinstimmt, dann geraten wir über kurz oder lang in ein Spannungsfeld, in dem wir heißlaufen können. Wir schuften und arbeiten für etwas, das zwar für alle anderen Beteiligten sinnstiftend erscheint, aber nicht (mehr) für uns selbst.

So liegen wir bspw. mit dem Unternehmen, für das wir tätig sind, und/oder mit unserem Partner, was unsere Werte anbelangt, nicht (mehr) auf einer Wellenlänge. Vielleicht ist es unserem Geschäftspartner wichtig, in einem Bereich die Nummer 1 zu werden und dadurch Prestige zu erlangen, während wir selbst beispielsweise in erster Linie eine positive gesellschaftliche Veränderung durch weniger Umweltbelastung oder Förderung von Benachteiligten sicher stellen möchten (= hoher sozialer Wert). Ein Wertkonflikt entsteht. Dass ein solcher Wertkonflikt auch in einer Liebesbeziehung oder Ehe gefährlich werden kann, das ist leicht vorstellbar. Auch hier ein Beispiel: Sie will Unabhängigkeit, er will jedoch, der Tradition folgend, ein Familienunternehmen weiterführen.

Wer sich mit seinen Werten von Zeit zu Zeit beschäftigt und seine Lebensziele entsprechend feinjustiert, der kann sich mit den Menschen in seiner Familie und in seinem Umfeld ehrlich auseinandersetzen, so dass beide Seiten entscheiden können, ob und wie sie gemeinsam an einem Strang ziehen wollen. Wer sich dieser Auseinandersetzung stellt, der hat im Nachgang große Klarheit und ein immenses Reservoir an Energie zur Verfügung. Und eine berechtigte Hoffnung darauf, dass es sich lohnt, für ein wahrhaftiges, wertvolles Ziel und für die Erfüllung seiner Herzenswünsche aktiv zu werden.

Ein solches Vorgehen nenne ich deshalb auch Herzstrategie (-> **Patch 2:** Die Herzstrategie; -> **Patch 15:** Das Werte-Mantra), denn unsere Werte hinter den oftmals irreführenden Wünschen und Zielen lügen nie. Sie zeigen uns den wahren Sinn oder Unsinn unseres Handelns, und sie beleuchten, wann es sinnvoll ist, für eine Sache zu kämpfen oder es besser sein zu lassen.

-> *Übersicht über die Patches, auf die in diesem Text verwiesen wurde:*
   Patch 2: *Die Herzstrategie*
   – WERT-volle Lösung bei Entscheidungskonflikten
   Patch 4: *Von der sinnlosen Motivation zum wahren Antrieb!*
   Patch 8: *Was wirklich zählt! – Aller guten Dinge sind 3*
   Patch 15: *Ein Mantra, mit dem wir unsere Werte erkennen*
   Patch 18: *Lebenswert? – Eine Übersicht über unsere Lebens-WERTE*

-> *Von hier aus weiterführende Patches:*
   Patch 11: *Die Himmelstreppe, Teil I*
   – Der Weg zur Stille hinter dem Klang
   Patch 23: *Glück hat eine große Strahlkraft*

[1] *Ich möchte an dieser Stelle kurz anmerken, dass ich mir den Weg zur besten Version des Selbst keineswegs leid- und qualvoll vorstelle!*

[2] *Was ist eine „Zielerreichungsdepression", und was hat sie mit unseren Werten zu tun? Eine Zielerreichungsdepression tritt häufig ein, wenn wir jahrelang auf ein Ziel hinarbeiten, das wir für lebensentscheidend halten, und das wir dadurch mit so vielen Erwartungen aufladen, dass der Zustand nach dessen Erreichung diesen nicht standhalten kann. Beispiel 1: Ein Paar will unbedingt ein Kind, nicht weil der Wert Familie so hoch eingestuft wird, sondern, um die kriselnde Ehe zu retten. Das Kind ist da, und die Ehe wird sogar noch schlechter. Beispiel 2: Eine Familie verschuldet sich in einem ungesunden Ausmaß, in der Annahme, dass ein Eigenheim Ruhe ins Leben bringt. Das Haus ist da, doch statt Ruhe bekommt die Familie großen Finanzierungsstress und hat kein Geld mehr für gemeinsame Familienurlaube.*

PATCH 6

The day after – der Tag, an dem es kein Geld mehr gibt

*St. Germain[1] in Kooperation
mit Tanja Schade-Strohm*

Ihr Lieben, einen schönen guten Morgen!
Ich habe mich gerade zu meiner lieben Freundin Tanja an den Schreibtisch gesetzt, und wir hören gemeinsam Mozart und genießen es miteinander zu sein. Unsere Stimmung ist heiter und gelöst. Und Eure?

Lasst uns aus unserer Heiterkeit heraus ein Thema ansprechen, das manchen von euch so düster wie die Nacht erscheint. Das liebe Geld.

Ihr sorgt euch darum, dreht euch darum, meint, die ganze Welt drehe sich darum. Doch das ist eine Illusion. Vielmehr können wir behaupten: Gott sei dank, dass sich die Welt noch weiter dreht – trotz Geld. Denn mal ganz ehrlich: Es wäre doch auch schon längst denkbar gewesen, dass ihr Menschen wegen des Geldes so viel Mist gebaut hättet, dass ihr die ganze Welt in die Luft gesprengt hättet, oder? Denn so ein Szenario ist und war doch schon mehrfach fast real.

Ihr habt wegen Geld schon gemordet, verletzt, zerstört, eure Liebe verraten, euch auf faule Kompromisse eingelassen, euch verkauft und prostituiert. Jeder von euch, ob in diesem oder in einem anderen Leben. Hand aufs Herz! Denkt mal darüber nach.

Das ist überhaupt nicht schlimm. Ich bzw. Tanja schreiben diese Zeilen an euch, nicht um euch zu beschuldigen, sondern um euch klar zu machen: Dieses ganze Thema Geld ist nur eine Charade, ein Spiel, das ihr als Menschen auf dieser Erde spielen wolltet. Es hat sozusagen den Schwierigkeitslevel dieses virtuellen Erdenspiels, das ihr Leben nennt, enorm angehoben.

Und es hat euch an Erfahrungen herangeführt, die ihr ohne das liebe Geld in dieser Form nicht hättet machen können. Doch jetzt läuft die Sache irgendwie aus dem Ruder. Nicht weil ihr jetzt größere Gefahr lauft, die Erde in die Luft zu sprengen als jemals zu vor.

Ach was! Nein, nein, es geht eher darum, dass ihr in diesem Jahrhundert alle in die Wahrhaftigkeit geführt werdet und der Schwierigkeitsgrad des virtuellen Erdenspiels, in dem ihr alle eine Rolle wie in einem Action-Film spielt, nochmals angehoben wird. (Ihr wolltet es so, niemand sonst, bitte vergesst das nicht!) Ich möchte euch einen Ausblick geben:

Das Projekt Geld könnte eventuell recht schnell abgeschaltet werden. Also, sagen wir: aus Schwierigkeitslevel 4 wird Schwierigkeitslevel 5, wie bei einem Computerspiel. Und dann?

Stellt euch mal vor, dass es gestern noch Geld gab, und heute erfahrt ihr in den Nachrichten: Es gibt kein Geld mehr. Aus, vorbei! Es ist einfach nicht mehr da, die Finanzmärkte sind alle zusammengebrochen, das Geld ist einfach wie von Geisterhand verschwunden, Euer Portemonnaie ist nur noch voller Spielgeld, das nichts mehr wert ist. Also ist es leer, so wie das der Anderen auch!

Könnt ihr diese Vorstellung einmal zulassen und euch kurz hineinspüren?

Wirklich spüren, meine ich. Es ist nämlich interessant, was sich da für Empfindungen einstellen. Alles ist denkbar: von Angst über Erleichterung, endlich frei in den Bauch atmen zu können, bis hin zu Abwehr, sich auf so einen „Mumpitz" gedanklich einzulassen. Aber versucht es trotzdem mal. Bitte, es schadet euch nicht, ganz im Gegenteil.

Und da ich ja auch mehrfach als Mensch auf der Erde zugegen war und mit Geld zu tun hatte, möchte ich mal sagen: Es könnte sich auch eine leichte bis schwerere Form von Verwirrung und Unsicherheit bei euch breit machen, wenn es kein Geld mehr gibt, oder?

Mal ganz davon abgesehen, dass es möglich ist, dass es zunächst zu Plünderungen kommt und für ein paar Tage mit verstärkter Kriminalität zu rechnen ist, was nur die erste Welle der Veränderung ausmacht. Und die geht schnell vorbei, wenn Ihr euch da einfach raushaltet und in dieser Zeit einfach ganz bewusst zu Hause bleibt und nicht dem Hamsterinstinkt folgt, jetzt auch zu horten, was ihr noch bekommen könnt. Das ist sowieso keine Lösung. Es gibt euch höchstens ein paar Tage mehr Aufschub, um euch der neuen Situation zu stellen. Es wird keiner verhungern, keiner zu Schaden kommen, es sei denn, ihr lasst euch in diesen ersten Tumult hineinziehen. Wenn ihr ihn aber an euch vorbeiziehen lasst, dann werdet ihr sanft durch diese Veränderung getragen. Und kommt dann, und das ist angemessen und gewollt, zunächst in der Phase der Verwirrung an. Ihr werdet, wie alle anderen auch, ein bisschen wie ziellose und aufgescheuchte Hühner hin- und herlaufen, gackern und mal hier und da ein Korn aufpicken. Aber euch wird nichts anderes übrig bleiben, als ins Vertrauen zu gehen, wie eben echte Hühner auch. Ins Vertrauen, dass es weiter geht, die Sonne weiterhin auf- und wieder untergeht, und dass ihr weiter Nahrung und Wärme bekommt und die Erde sich weiter dreht.

Das ist Level 5 des Spiels: das Chaos aushalten und ins Vertrauen gehen. Denn es kann sich nur etwas neu formen, wenn es zuvor seine alten Strukturen, seine alte (Gesellschafts-)Form aufgibt und in die Zerstörung und ins Chaos fällt, damit sich alle Bausteine dann in einer neuen Ordnung wieder zusammenfügen können.

Dies ist dann der Zeitpunkt, ab dem Level 6 ins Spiel eingeschleust wird. Ihr werdet es nur ganz allmählich merken, doch das ist der Kern, um den es wirklich geht. Und hier könnte die ganze Sache wirklich erstmalig aus dem Ruder laufen, wenn es nicht ein paar Menschen gäbe, die dann in dieser Zeit, auch gemeinsam mit uns[2], für die nötige Orientierung und seelische Sicherheit derer sorgen, die erstmals in ihrem Leben nackt auf sich selbst zurückgeworfen werden. Ich meine wirklich nackt, so wie ihr auf die Erde gekommen seid: mit nichts. Babies, die sich voller Vertrauen den Eltern und den vielen anderen Menschen anvertraut haben, die auch euch groß gezogen, genährt haben, euch Dinge beigebracht haben, allerdings auch: euch beigebracht haben, dass es gut ist, euch selbst und euren wahren Kern zu vergessen, das Selbst zu leugnen, um in diesem Spiel der „Erwachsenen und des Geldes" mitzuspielen zu können, um auf dieser Erde bestehen und überleben zu können.

Ihr werdet also nun wieder nackt wie Neugeborene dastehen und nichts haben. Ihr werdet nochmals durch den Prozess des „Erwachsenwerdens" hindurchgeschleust, egal wie alt ihr seid. Doch in den dann folgenden Wochen und Monaten werdet ihr nicht mehr von euch selbst weggezogen, um in dem gesellschaftlichen Spiel um Mammon und Ansehen mitzuspielen und eine Rolle anzunehmen, die gar nicht zu euch passt. Nein, das ganze Gegenteil wird der Fall sein. Ihr werdet zu 100% auf euch selbst zurückgeworfen und gezwungen, ganz und gar ihr selbst zu sein. Euch selbst zu erkennen, wie es das Orakel von Delphi besagt: „Erkenne dich selbst." Und das ist der härteste Prozess, der gefährlichste Prozess, den einige von euch jemals durchlaufen haben und in der dann folgenden Zeit durchlaufen werden. Es gibt kein Zurück mehr, bzw. es gibt nur noch ein Zurück. Nämlich das zu euch selbst. Es gibt keine Charade mehr, die euch von euch selbst ablenkt, denn das Geld-Spiel ist dann vorbei!

Ich möchte euch einen ganz realistischen Einblick in den ersten Tag auf Erden ohne Geld geben. Mitten aus eurem gegenwärtigen Leben heraus. Es ist nur ein Beispiel, das zunächst sehr banal klingt, aber es ist eines der Szenarien, die sich abspielen werden:

In eurer gegenwärtigen Kultur boomen die Fitness-Studios. Ihr wollt alle schön, jung und durchtrainiert sein, um gesund und leistungsfähig auszuschauen, und das ist ja auch völlig in Ordnung. (Auch wenn viele von euch nur leistungsfähig und gesund ausschauen und innerlich mehrfach gebrochen und krank sind. Verzeiht, das ist nur eine kleine Anmerkung von mir, St. Germain, die ich mir nicht verkneifen konnte, so es doch mein Augenmerk auch als Heiler ist, dass ihr wirklich gesundet und in Harmonie mit euch selbst und der Welt lebt.)

Doch nun stellt euch vor, es ist Donnerstag und der erste Tag, an dem kein Geld mehr vorhanden ist. Ihr geht also in euer Fitness-Studio und wollt die von euch gebuchte Stunde mit eurem Personal Trainer wahrnehmen. Ihr kommt herein, und die zuverlässige Dame am Counter begrüßt euch freundlich mit den Worten: „Hallo, schön, dass du da bist. Allerdings ist dein Personal Trainer heute nicht zur Arbeit erschienen. Überhaupt sind außer mir und dem Chef nur ganz wenige Trainer heute hier. Die meisten sind weggeblieben. Wahrscheinlich, weil sie kein Geld mehr für ihre Arbeit bekommen." „Hm, verstehe, dann besuch' ich heute einfach die Gym-Stunde bei Nurea, geht das?" „Ja, das kannst du gerne, sie hält auch ihre Stunde, aber sie macht kein Gym, sondern Tanzunterricht, denn das ist das, was sie eigentlich immer schon machen wollte!" „Aha", antwortest du verwundert. „Ja, der Chef ist auch außer sich. Aber er hat ihr jetzt, wo das Geld weg ist, gar nichts mehr zu sagen, denn sie hat einfach gemeint, entweder gibt sie eine Stunde Tanzunterricht, oder sie geht auch nach Hause! Das war harter Tobak für den Chef!"

„Kann ich mir vorstellen", antwortest du. „Naja, eigentlich weiß er grad' gar nicht, wie das alles hier weitergehen soll. Aber wer weiß das schon?" „Und du, warum bist du hier?", fragst du die Dame am Counter. „Du hättest doch auch zu Hause bleiben können, oder wie all die anderen auf Raubritterzug gehen können." „Ja, hätte ich, aber ich mache das hier einfach zu gerne. Für mich sind die Menschen hier das Wichtigste, und ich bin zu neugierig gewesen was hier heute passiert. Und außerdem dachte ich mir, egal wie, irgendwo wird jemand schon meine Hilfe brauchen. Sei es der Chef, der durchdreht, oder die Trainer oder einer von euch Gästen hier im Fitness-Studio, die die Welt nicht mehr verstehen!" „Aber du verstehst sie, was?", forderst du sie heraus. „Nö, tu' ich nicht, aber ich hab' sie auch vorher, als wir alle noch mit Geld rumhantiert haben, nicht verstanden. Und irgendwie hab' ich das Gefühl, dass ich jetzt eine Chance habe, sie ein bisschen besser zu verstehen, und dass es jetzt für alle ein ganzes Stück einfacher wird, auch wenn es heute gerade ganz nach dem Gegenteil aussieht."

„Und, was glaubst du wie es weitergeht?", fragst du besänftigt nach. „Naja, was weiß ich schon? Ich glaube, dass der Chef, wenn er den Schock darüber, dass das Geld abgeschafft wurde, verkraftet hat, in ein paar Tagen auch nicht mehr kommt. Denn ganz ehrlich, ich glaube, er hat das alles hier nur wegen des Geldes gemacht. Dem ist es in Wahrheit ziemlich schnuppe, wie gesund oder fit die Leute hier werden." „Im Ernst? Findest du das nicht übel?" „Nö", antwortet sie, „das ist doch bei vielen Menschen so! Er hat eine Rolle gefunden und sich darin häuslich eingerichtet. Aber das Kartenhaus bricht jetzt halt zusammen.

Jetzt wird er sich wohl zum ersten Mal in seinem Leben fragen müssen, wo der Sinn in allem steckt, wenn es nicht mehr um Geld geht. Und wer er wirklich ist, wenn er sich hinter all seiner Kohle nicht mehr verstecken kann. Und ich würde ihm gerne helfen, wenn er es will, herauszufinden, was der Sinn für ihn ist!" „Meinst du, so einfach ist das wirklich? Einfach mal auf die Schnelle herauszufinden, wer man wirklich ist und welchen Sinn das Leben hier für einen hat?", bohrst du nach. „Für manche ja, für andere bestimmt nicht. Schau mal, dahinten ist Stefano." Sie deutet auf einen Trainer, der einen älteren Herrn, der auf einer Massageliege ruht, behandelt. „Er ist eigentlich Physiotherapeut, aber der hat sich wegen des Geldes nie getraut eine eigene Praxis aufzumachen. Sein Vater hat mal 'ne Pleite geschoben, und er hat mir erzählt, dass er wahnsinnige Angst davor hat, dass ihm so was auch passiert. Also hat er den Traum von der eigenen Praxis gesteckt und hat stattdessen hier von morgens bis abends Leute trainiert, obwohl er wirklich goldene Hände hat und ein begnadeter Heiler ist. Auch wenn ich ihn echt nicht besonders mag, muss ich zugeben, dass er mir schon oft meine Kopfschmerzen in Minuten „weggezaubert" hat! Das macht er wirklich großartig!", fügt sie strahlend hinzu.

„Super", antwortest du. „Aber darf der denn hier im Fitness-Studio jetzt einfach so Leute behandeln?" „Wer sollte was dagegen haben? Er nimmt ja kein Geld dafür!", kichert sie. „Stimmt. Wenn er so gut ist, kann ich ja vielleicht mal zu ihm gehen, ich hab nämlich ein Problem mit meiner linken Achillesferse. Oder meinst du, dass er jetzt, wo das Geld kein Thema mehr ist, seine eigene Praxis aufmacht?" „Hat er doch schon", grinst sie dich an. „Du bist doch schon der nächste Patient, der hier wartet, oder?" „So hab ich das gerade gar nicht gesehen, aber es stimmt!" „Siehste", strahlt sie dich erneut an: „Für manche ist es jetzt ganz einfach, endlich zu tun, was sie am meisten lieben und am besten können. Für die anderen wird es ein bisschen länger dauern, aber wenn sie ihres gefunden haben, dann bekommt doch alles zum ersten Mal eine natürliche und friedvolle Ordnung, oder?" „Hmhm", antwortest du abwesend, denn auch du beginnst gerade darüber nachzudenken, was du jetzt, da das Geld abgeschafft wurde, am besten kannst und am liebsten tun würdest.

So, ihr Lieben, das war jetzt eine Gemeinschaftsproduktion von meiner verehrten Freundin Tanja und mir. Eine kleine, feine und simple Geschichte, die euch auf Level 6 vorbereiten soll.

Ob es so kommt? Lasst euch überraschen. So oder so ist Level 6 vorgesehen. Ob auf diese oder eine etwas andere Art. Was spielt das für eine Rolle?

Auf jeden Fall: Bereitet euch darauf vor, dass ihr bald vor euch selbst stehen werdet und euch selbst erkennen müsst, weil es nichts anderes mehr für euch zu tun gibt. Und das ist keine Drohung, sondern ein ernst gemeintes, aufrichtiges Geschenk. Und ein ganz wundervoller Ausblick auf das, was bald möglich ist, auch wenn es vielleicht erstmal etwas rauer zugehen wird.

Doch ihr werdet sehen: Nichts ist so wie es derzeit scheint. Und hinter dem ganzen Tumult werdet ihr nichts anderes finden als Stille, Frieden und Liebe zu euch selbst, zu den vielen Menschen, Tieren und Pflanzen und zu eurer gegenwärtigen Heimat: der Erde.

Gott zum Gruße für heute und fröhliches Weitertrainieren eurer mentalen und Vertrauens-Muskeln auf dem Weg zu euch selbst!

Eine kleine Anmerkung von Tanja: St. Germain hat hier, vielleicht auf eine etwas eigenwillige und krasse Art, eine innere Wertediskussion angeregt und natürlich, so wie er nun einmal ist, direkt an einem sehr speziellen Wert angesetzt. Denn Geld ist ein Wert, der nicht für sich selbst, sondern immer für etwas anderes steht: Wir versuchen uns Freiheit, Liebe, Sicherheit, Anerkennung, Schönheit und manchmal paradoxerweise sogar Ruhe durch das Geld zu erkaufen, und wir sind nicht selten bereit, einen hohen Preis dafür zu bezahlen: Stress, Überstunden bis hin zum Burnout, etc.

-> *Übersicht über die Patches, auf die in diesem Text verwiesen wurde:*
   Patch 37: *St. Germain – lachend erwachen*

-> *Von hier aus weiterführende Patches:*
   Patch 4: *Von der sinnlosen Motivation zum wahren Antrieb!*
   Patch 5: *Sinnhaftigkeit ist das nachhaltigere Glück*
   – Nicht von etwas, sondern für etwas leben!
   Patch 33: *Von der äußeren zur inneren Sicherheit, Teil I*
   – Wie die Macht eines Teilchens ein ganzen System verändert: Chaos und Neuausrichtung

[1] *Für diejenigen, die St. Germain noch nicht kennen und wissen möchten, mit wem sie das Vergnügen haben, empfehle ich* **Patch 37** *(->* **Patch 37:** *St. Germain – lachend erwachen).*
[2] *Gemeint ist hier die Geistige Welt.*

PATCH 7

Der gelassene Erfolg!

In diesem Patch möchte ich eine Antwortmail veröffentlichen, die ich vor einiger Zeit spontan an einen Freund geschrieben habe, der zu diesem Zeitpunkt seit gut einem Jahr in den USA verbissen und ohne nennenswerte Erfolge an seiner Karriere arbeitete, dafür aber kurz vorm Burnout und vor der Pleite stand. Er „funkte" mich an, ob ich für ihn ein paar Tipps hätte, wie er aus seiner verkanteten Situation zumindest ein Stück weit herauskommen könnte, in dem Wissen, dass ich von seiner Branche keinerlei Ahnung hatte, um inhaltlich etwas Sinnstiftendes beizutragen. Seinem Impuls und seiner Erlaubnis entsprechend, darf ich hier meine Mail an ihn, in leicht veränderter Form, abdrucken:

Lieber K.,
du weißt ja, dass ich mich aktuell mit dem Thema „Die beste Version des Selbst" beschäftige, und du kennst ja einige meiner Ideen dazu. Und natürlich geht es dabei auch um das große Wort Erfolg. Doch heute, in dieser Mail, geht es einzig und allein um dich, um deine Situation und deine Erfolgsgeschichte. Aber Vorsicht: Ich werde das Thema mit dir anders betrachten und durchdringen, als du es bis jetzt vielleicht jemals getan hast oder von mir erwartet hättest.
Der Begriff Erfolg ist von unserer Gesellschaft so dermaßen mit Missverständnissen und Vorurteilen, mit Schweiß, Stress, Veräußerung und Lieblosigkeit aufgeladen, dass ich ihn am liebsten in die Wüste schicken oder, im Sinne der Entwicklung von Menschen zur besten Version ihres Selbst, mit einer neuen Energie und Codierung überschreiben würde. Denn machen wir uns mal nichts vor: Die Idee

vom Erfolg, mit all ihren inhaltlichen Aufladungen und vermeintlichen Bedeutungen für uns und andere, kann zu einer der schädlichsten, giftigsten und gemeinsten Fallen werden. Sie kann uns sogar dazu bringen, dass wir wie ferngesteuert in eine Richtung rennen, die uns weit weg von uns selbst bringt. Und dazu, dass wir extrem viel Energie verlieren, im schlechtesten Falle sogar unsere Lebensenergie an Menschen und Inhalte verschenken, mit denen wir in völliger Dissonanz stehen. Da kann man nicht nur erschöpfen, sondern auch sauer und frustriert werden. Nach dem Motto: Verstimmung statt Bestimmung (-> **Patch 14:** Klärung deiner Frequenz).

Da du, lieber K., wie du es in deiner Mail beschreibst, eigentlich in genau so einer Situation steckst und immer mehr Energie verlierst, mache ich dir nun einen verwegenen Vorschlag. Er lautet: Vergiss deinen Erfolg! Ja, das meine ich wirklich ernst. Vergiss' alles, was du bis jetzt getan hast, wofür du hart gearbeitet hast. Mach' die Festpatte leer.

Im Sinne der besten Version deines Selbst möchte ich dich ermutigen, all den Druck, all das Müssen und all das Kämpfen einfach genau jetzt in diesem Moment loszulassen und dich wirklich völlig zu entspannen. Im Großen wie im Kleinen. Lehn' dich zurück, mach' es dir gemütlich. Relax. Tu' einfach so, als wäre alles gut. Ich weiß, das ist eine verrückte Vorstellung, gerade in einer Situation, in der einem das Leben zu entgleiten scheint. Aber ich meine es ernst. Versuche einfach einmal das Gefühl, dass alles gut ist, alles geregelt ist und du dich völlig entspannen kannst, in dir „hochzuladen". Und versuche dann, dieses Gefühl ganz groß und stark in dir werden zu lassen. Nimm' es WAHR, wie es sich anfühlt, dass alles gut ist. Sehr gut sogar.

In vielen schamanischen Schulen und Ausbildungen ist es eines der wichtigsten Dinge, etwas (manchmal sogar alles) sterben zu lassen, ehe du etwas Neues beginnst. So habe ich bei einer Fortbildung einmal alles auf einen großen Zettel schreiben müssen, was mich zum gegenwärtigen Zeitpunkt bedrückt und was ich demnach gerne gehen lassen möchte, um es danach im Feuer zu verbrennen. Das war der erste Teil der Übung. Und sehr entlastend.

Doch als ich gerade dachte, dass diese Übung nun zu Ende ist, da ging sie erst richtig los. Nun sollten wir alles aufschreiben, was uns wichtig ist, extrem wichtig sogar. Wofür wir leben, kämpfen, was wir lieben, was wir erreichen wollen. All' unsere Leidenschaften und vermeintlichen Leidenschaften. Ich war total motiviert und dachte mir: „Super! Freu' mich, so etwas endlich mal in Ruhe tun zu können, und ich bin gespannt, wie wir damit weiterarbeiten werden."

Nach einem ganzen Tag harter Arbeit und jeder Menge Hirnschmalz, mit dem ich mehrere Zettel gefüllt hatte, ging ich erwartungsvoll zurück zu meiner Ausbilderin. Sie lächelte mich an und fragte: „Na, Tanja, geht's dir gut und bist du zufrieden mit dem, was du aufgeschrieben hast?" „Ja, sehr", antwortete ich müde aber glücklich, „war 'ne ziemlich intensive Auseinandersetzung mit mir und meinen Wünschen. Ich glaube, ich habe einen Plan entwickelt, wie es gehen kann." Sie nickte anerkennend mit den Worten: „Gut, Tanja, geh' zum Feuer und verbrenn' die Zettel."

Zuerst dachte ich, dass sie mich veräppelt, aber dann merkte ich, dass das ihr völliger Ernst war. Ich überlegte kurz, wie ich die Zettel dezent verschwinden lassen könnte, um stattdessen „Placebos" ins Feuer zu werfen, aber sie lies mich nicht mehr aus den Augen und ich musste wirklich alles, was mir lieb und wichtig war, wenn auch nur auf dem Papier, verbrennen. Ich hätte treten, kratzen, spucken und beißen können. Ich wollte das nicht, auf gar keinen Fall! Und als das Feuer meine Blätter in seine Klauen genommen hatte, wurde mir heiß und ich dachte: „Oh mein Gott, das kannst du doch nicht machen!"

Diese Erfahrung war für mich schräg und einer der größten Lernschritte, die ich je durchlaufen habe. Denn ich gehöre, wie du ja weißt, eher zu den Jägern und Sammlern. Und Beute, nicht nur die eines Tages, einfach wieder freizugeben, das ist schon eine harte Nummer. Ich habe die ganze darauf folgende Nacht nicht geschlafen, ich war unruhig und in der Versuchung, mich möglichst an jedes Detail meiner Arbeit zu erinnern, um ein „Duplikat" anzufertigen, was – und das war der ausdrückliche Wunsch unserer Ausbilderin – nicht geschehen sollte. Irgendwann in den frühen Morgenstunden bin ich dann vor Erschöpfung eingeschlafen. Als ich ein paar Stunden später wieder zu mir kam, habe ich mich gefühlt wie ein junger Phönix, der gerade aus der Asche fliegt. Sehr leicht und frei. In meinem Herz und meinem Kopf war endlich einmal Ruhe, und es war ganz friedlich in mir.

Zu vergessen und loszulassen, das ist ein wichtiger Akt, wenn man wirklich eine Veränderung braucht oder gar in einen tiefen Transformationsprozess einsteigen möchte. Das Feuer, in das ich meine Zettel geworfen habe, ist hierfür ein gutes Symbol. Es zeigt, dass alles jeden Tag im Wandel ist. Es verwüstet und schafft gleichzeitig den besten und nahrhaftesten Boden für das Wachstum von Neuem. An bestimmten Strukturen starr festzuhalten und diese, komme was wolle, mit zu viel Aufmerksamkeit und Energie zu versorgen, das bringt uns in Stagnation und Blockade.

Energie folgt der Aufmerksamkeit.
Worauf richtest du sie?

Wie willst du etwas Neues in dein Leben holen, wenn du mit beiden Händen Altes hältst? Und wie willst du aus dem Raum des Potenzials schöpfen, wenn in deinem Leben gar kein Platz für Neues ist? Und wie willst du, mal ganz praktisch, deine neuen Drehbücher für deinen Lebensfilm im Regal unterbringen, wenn du die alten alle darin stehen lässt und die Fächer verstopfst??

Wenn du alles loslässt, hast du beide Hände frei für Neues!
Asiatisches Sprichwort

Wenn du mich heute fragst, ob die beste Version deines Selbst erfolgreich ist, dann kann ich dir mit Sicherheit sagen: Ja, ganz bestimmt! Aber wahrscheinlich auf andere Art als du jetzt denkst und erwartest. Nämlich authentisch (du bist du und dir treu!), sinnhaft (im Sinne deiner Werte; -> **Patch 4:** Wahrer Antrieb; **Patch 15:** Das Werte-Mantra) und kongruent (deine Bewegungen im Außen passen zu deinen inneren Bewegungen und damit zu deinem Bewusstsein!).

Doch wie sieht der Weg dorthin aus? (Ab hier, lieber Leser, kann man sich in den Prozess einklinken.)

Mach' dir zuerst bewusst, was Erfolg für dich persönlich zum gegenwärtigen Zeitpunkt bedeutet. Dann schreib' deine Definition von Erfolg bitte auf ein Blatt Papier.

Und jetzt kommt's: Verbrenne diese Definition! Tue es wirklich, physisch, nicht nur in Gedanken! Lass' sie los. Lass' deine aktuelle Erfolgsdefinition sterben. Such' dir ein feuerfestes Gefäß, geh' nach draußen und verbrenn' sie! Komplett!!!

Ich weiß ja, lieber K., dass auch du ganz gerne an Altem festhältst. Das Gute ist, dass das, was wirklich zu der besten Version deines Selbst passt, sowieso wieder zu dir zurückkommt. Und was hinderlich ist, das hast du endlich über Bord geworfen.

Danach, lieber K., lass' ein paar Tage vergehen und denk' über das Ganze möglichst überhaupt nicht nach. Tu' einfach, was du täglich tun musst, wie in einer Art Zwischenmodus. Alle Sorgen, alle nervigen Gedanken und Fragen, die in dieser Zeit „hochpoppen", kannst du einfach erst einmal verschieben, sie in einen Zwischenspeicher stopfen. Denn nach ein paar Tagen kommt der Punkt, an dem du die ganze Sache von einer völlig neuen Seite aufrollen kannst. Wie? Dazu ein paar konkrete Empfehlungen:

Werde dir über deine aktuellen Werte klar (-> **Patch 18:** Lebens-WERT?; -> **Patch 15:** Das Werte-Mantra) und erforsche deine Bestimmung (-> **Patch 11:** Die Himmelstreppe)! Und, lieber K., befasse dich mit deinem einzigartigen Wesen und deinem Charisma (-> **Patch 13:** Feinstoffliches Zielgruppenmarketing; -> **Patch 32:** Charisma lernen). (Für den Leser sei hier erwähnt, dass sich mein Freund K. durch unsere vielen Unterhaltungen mit diesen Begriffen bereits ein bisschen auskannte. In diesem Buch führen die jeweils angegebenen Patches weiter!)

So erfährst du, großes Ehrenwort, mehr über die beste Version deines Selbst als du bis heute schon weißt. Danach wirst du feststellen, dass sich deine Definition von Erfolg, solltest du sie dann noch einmal schriftlich festhalten wollen, ziemlich anders lesen und anfühlen wird und du vielleicht zum ersten Mal in deinem Leben dem folgen kannst, was für dich sinnhaft und wertvoll ist. Denn:

Er-FOLG bedeutet zunächst nichts anderes, als einem Zielbild zu FOLGEN und es zu erreichen.

Und im Sinne der besten Version deines Selbst entspricht dieses Zielbild deinen Werten, deiner Bestimmung und deiner persönlichen Energie bzw. Frequenz.
*(-> **Patch 14:** Klärung deiner Frequenz)*

Auch wenn das hier vielleicht noch ein wenig verfrüht ist, und du für dieses Konzept möglicherweise noch einige Schritte hin zur besten Version deines Selbst gegangen sein solltest, so möchte ich dir hier schon einmal einen Ausblick auf einen Zustand geben, der unsere althergebrachten Erfolgskonzepte obsolet macht, den des proaktiven Nichtstuns.

Im Zustand des proaktiven Nichtstuns lässt du den Kosmos für dich arbeiten. Du kannst dir das ein bisschen so vorstellen, als wäre der Kosmos künftig dein Mitarbeiterstab, der für dich alles recherchiert und heranschleppt, was du so brauchst, wenn du deine Absichten klar genug formulierst, so dass du als beste Version deines Selbst auf das Allerbeste versorgt bist.

Also, so viel für heute. Denn, ganz ehrlich, bei diesem Transformationsprozess kann es einem schon mal schwindelig werden. Es ist völlig normal, wenn du dich mittendrin fragst: „Wie soll das konkret funktionieren? Wie soll auf diese Weise alles gut werden?"

Oder wenn du schlichtweg Angst bekommst, alles nicht zu schaffen oder nicht umsetzen zu können, was nun wichtig ist. Ich kenne das nur zu gut. Aber, „don't worry". Denn die Devise ist: Ein Schritt nach dem anderen.

Bald mehr – wenn du magst.

Herzlich aus Berlin, Tanja

-> *Übersicht über die Patches, auf die in diesem Text verwiesen wurde:*
    Patch 4: *Von der sinnlosen Motivation zum wahren Antrieb!*
    Patch 11: *Die Himmelstreppe, Teil I*
    – Der Weg zur Stille hinter dem Klang

Patch 13: Looking for Connection?
– Feinstoffliches Zielgruppenmarketing durch das Resonanzprinzip und Synchronizitäten
Patch 14: Von der Verstimmung in die Bestimmung
– Die Klärung deiner (kosmischen) Frequenz
Patch 15: Ein Mantra, mit dem wir unsere Werte erkennen
Patch 18: Lebenswert?
– Eine Übersicht über unsere Lebens-WERTE
Patch 32: Kann man Charisma lernen? Und was genau macht die eigene Strahlkraft aus?

-> Von hier aus weiterführende Patches: **keine**

PATCH 8

Was wirklich zählt!
Aller guten Dinge sind 3

*Unsere Be**ruf**ung zu er**hören**,*

*um unseren Lebens**sinn** zu **finden** und*

*uns und unser **Herz** für liebevolle,
tiefe Partnerschaften voller gegenseitigem
Vertrauen zu **öffnen**.*

-> *Übersicht über die Patches, auf die in diesem Text verwiesen wurde:* **keine**

-> *Von hier aus weiterführende Patches:*
   Patch 3: *Die Generalprobe für das Erdenleben*
    – Das kosmische Orchester
   Patch 5: *Sinnhaftigkeit ist das nachhaltigere Glück*
    – Nicht von etwas, sondern für etwas leben!
   Patch 6: *The day after – der Tag an dem es kein Geld mehr gibt*
   Patch 9: *Metatron – kraftvoller Begleiter auf dem Weg zum Selbst*
   Patch 11: *Die Himmelstreppe, Teil I*
    – Der Weg zur Stille hinter dem Klang
   Patch 14 : *Von der Verstimmung in die Bestimmung*
    – Die Klärung deiner (kosmischen) Frequenz
   Patch 31: *Lovetuning*
    – Kann man mit einer Stimmgabel Liebe erzeugen?

PATCH 9

**Metatron – kraftvoller Begleiter
auf dem Weg zum Selbst**

Teils zum Erstaunen, teils zum Schrecken meiner Eltern bin ich als hellfühliges Kind auf die Welt gekommen. Ich konnte manche Dinge fühlen, vorhersehen, vorherträumen und hatte plötzlich Informationen, die mir niemand zugetragen haben konnte, da sie erst in der Zukunft transparent und ersichtlich wurden.

Irgendwie war ich zeitweise mehr „in einer anderen Welt" als hier auf dieser Erde. Ich kann mich gut daran erinnern, wie ich als Kind versucht habe, Gegenstände zu levitieren (was mir nicht gelang), weil ich es so mühsam fand, all diese ganzen vielen Dinge, mit denen man es täglich zu tun hatte, anfassen, pflegen und aufräumen zu müssen. Allein für das Essen Teller schmutzig zu machen, dann wieder zu säubern, um sie ein paar Stunden später wieder zu verkleckern, all das kam mir irgendwie absurd, wenig elegant und äußerst „mühselig" vor.

Ich wollte es leichter, eleganter, wie bspw. in meinen Träumen, in denen ich mühelos fliegen und unter anderem Geburtstags- und Weihnachtsgeschenke „ausspionieren" konnte, die meine Eltern immer in unserem Esszimmer ganz hinten auf einem für mich als Kind sehr hohen Schrank versteckt hielten. Das interessante war, dass die Dinge, die ich im Traum gesehen hatte, genau die waren, die meine Eltern auch wirklich dort versteckt hatten und mir später schenkten.

Lange Rede, kurzer Sinn: Ich war als Kind noch mehr in den feinstofflichen, geistigen Sphären zu Hause – aus denen wir ja alle kommen – als hier auf der Erde, dem Planeten der Dichte und der „Materie". Man könnte sagen: Ich hatte Probleme hier auf der Erde anzukommen und sprach deswegen oft stundenlang mit den Sternen.

Dann kam die Schulzeit, und meine irdische Entwicklung nahm ihren Gang. Ich kann mich gut daran erinnern, wie ich mich langsam aber sicher, wie bei einer Zellteilung, von der „Anderswelt meiner Identität und Herkunft" löste (ich hätte es damals nicht so ausdrücken können, aber an das Gefühl dieser Ablösung kann ich mich erinnern, als wäre es gestern gewesen) und mich in die mir große Fremdheit dieses irdischen Seins hineinfallen lies. Das war nicht einfach und auch kein angenehmes Gefühl, aber ich wusste: „Wenn ich das nicht mache, komme ich hier in diesem Leben auf der Erde nicht durch!" Also hängte ich meine – wenn man es so nennen darf – „übersinnlichen Fähigkeiten" gleich mit an den Nagel, was ein schwieriges Unterfangen ist. Denn man kann diese Fähigkeiten nur für eine gewisse Zeit ausblenden. Irgendwann drängen sie wieder heraus.

Also versuchte ich „normal zu werden", was mir für eine ganze Weile auch ganz gut gelang. Was aber blieb – IMMER –, das war die unstillbare Neugier, den Geheimnissen des Lebens auf die Schliche zu kommen, die Suche nach Wahrhaftigkeit und meine – wie es heute einige Freunde von mir nennen – scannerhafte, fotografische Beobachtungsgabe, verbunden mit dem „Modus", hinter die Kulissen und Augen zu schauen, und mich nicht von dem, was auf der Showbühne des Lebens gerade laut und bunt lärmt, ablenken zu lassen oder gar zu glauben, dass das die (einzige) Realität oder gar Wahrheit sei.

Dabei ging und geht es mir nicht darum rechtzuhaben. Es ist wie ein mich immer wieder begleitender „Such-Modus" nach der Dynamik hinter den Begebenheiten unseres Lebens und nach Wahrhaftigkeit, der mir, wie ein Detektor, – bis heute – rückmeldet, ob eine Sache oder Begebenheit stimmig ist oder nicht.

Als ich dann Mitte zwanzig war, nahm die geistige Welt zum ersten Mal ganz konkret Kontakt zu mir auf und ich wurde – weil ich mich nicht traute, damit an die Öffentlichkeit zu gehen – ein „Under-Cover"-Sprachmedium. Viele Freunde, Unternehmer, Ärzte, Hausfrauen, Liebeskummrige nahmen zu dieser Zeit über mich Kontakt mit der geistigen Welt auf.

Ich saß wochenlang mit geschlossenen Augen in meinem Zimmerchen und „channelte" Drehbücher für Kinofilme und Konzepte für Kliniken und Unternehmen. Ich muss zugeben: Damals schreckte mich diese ganze „Eso-Szene" ziemlich ab, auch wenn es darin sicherlich einige sehr begabte Lehrer gibt, die einen guten Job machen und Menschen wirklich helfen können. Dennoch wollte ich einen anderen Weg gehen. Also habe ich zunächst eine klassische Karriere als Therapeutin und Coach hingelegt, um Menschen in ihre Wahrhaftigkeit und Bestimmung zu begleiten, und darüber bin ich sehr froh.

Erst als ich über vierzig war, meldete sich eines schönen Morgens – ich frühstückte gerade mit meinem Mann – Metatron namentlich bei mir. Er gab uns – von jetzt auf gleich – gezielt Informationen zu einem Problem, für das wir schon länger eine gute Lösung suchten. Ich fühlte seine Worte und sah seine Bilder, die er mir „einspielte", wie einen inneren Film. Und die Informationen rasten nur so über den Nachrichtenticker! Mit einer unglaublichen Klarheit, Präsenz und Kraft. Da ich weder religiös erzogen wurde noch mich mit Mystik oder spiritueller Literatur intensiv beschäftigt hatte, hatte ich keine Ahnung, wer oder was „dieser Metatron" sein sollte. Für mich war der Begriff Metatron recht technisch und hätte gut zu einer Elektronikmarktkette gepasst. Also fing ich an zu recherchieren wer oder was Metatron ist.

Wie ich herausfand – nicht dass Metatron es mir selbst einfach verraten hätte, wer er genau sei, nein, das ist nicht sein Stil ;-) – handelte es sich also in keinster Weise um eine Elektronikmarktkette, sondern um einen Erzengel. Wenn man so will, um den Chef der Engelsschar – der Gott und dem Licht am nächsten ist.

Bestimmte religiöse Schulen besagen, dass er von Gott zum höchstrangigen Mitglied in der himmlischen Hierarchie nach dem Schöpfer selbst, zum „Statthalter des Himmels" und „König der Engel" erhoben wurde. Er gilt als Engel des Anfangs und des Endes, der Geburt des Lichts aus der göttlichen Leere, aus der Einheit. Hinter ihm liegt der Raum, in dem alle Möglichkeiten enthalten sind. Metatron schreibt und liest in der Akasha-Chronik (dem kosmischen Gedächtnis) und kennt somit alle Seelen aller Welten. Und er selbst war schon als Mensch (Mann und Vater) auf der Erde inkarniert.

So weit, so gut. Jeder möge sich hier sein Bild machen. Ich selbst schwankte auf jeden Fall zwischen Zweifeln und Irritation, gerade weil ich religiös nicht verankert bin und war. Doch heute weiß ich, dass gerade das von Vorteil sein kann, um als Medium zu arbeiten: kein Dogmatismus, Religionsfreiheit und große Toleranz gegenüber Glaubensrichtungen und Philosophien. Denn im Kern geht es nur um eines: Erkenntnis, Wahrhaftigkeit und Bewusstsein.

Jedenfalls begann die Zeit meiner Unterweisungen, in denen Metatron – und später dann auch St. Germain (-> **Patch 37:** St. Germain) – zu mir immer häufiger Kontakt aufnahm. Ich konnte jedes Mal spüren, dass seine Energie klar ist wie ein Kristall.

Und so ist auch seine Sprache: liebevoll, aber immer Klartext mit teilweise sehr direkten, gnadenlos ehrlichen Aussagen, die einen schon einmal zum Schlucken bringen können. Nichts liegt ihm ferner, als um den heißen Brei zu reden, denn das ist Zeitverschwendung und Energieverschmutzung! ;-). Durch ihn habe ich verstanden: Alles, was wabert und unklar ist, macht Angst. Angst wiederum schürt Unruhe und Unfrieden. In jedem Menschen, im innen wie im außen.

Alles was klar wird, sichtbar, fassbar (nicht immer „anfassbar"), sorgt für die innere und äußere Ordnung und damit für Ruhe und Frieden. Er liebt es, in seiner wunderschönen, intelligenten Bildsprache alles Unklare verständlich zu erklären und pflegt einen virtuosen Umgang mit Metaphern. Er schreibt heilsame Geschichten in den Raum, die uns im Kern berühren und ist dabei voller Liebe, wie ein weiser, alter Freund, dem es im Kern seiner Botschaften um eines geht: uns selbst, aber auch das wahre Selbst eines Menschen oder einer Sache (eines Projektes, eines Problems oder eines Ereignisses) zu erkennen!

Ich bin voller Dankbarkeit und aufrechter Demut, dass ich für ihn und mit ihm arbeiten kann, von ihm lernen und sein immenses Wissen vermitteln darf. Durch ihn habe ich auf einer tiefen Seinsebene verstanden, dass Flow und Strategie, Metaphysik und Pragmatismus, Intuition und Ratio und viele andere Gegenpole nur einen Sinn haben: Hand in Hand zu gehen.

Denn ohne Himmel keine Erde. Ohne Licht kein Dunkel. Ohne Yin kein Yang. Das eine bedingt das andere, schreibt den Kreislauf des Lebens und ist – wenn am richtigen Platz – weder bedrohlich noch bekämpfenswert, sondern bewegter Frieden, der sich ins Leben ergießt.

Also heißt die Devise: Kein Entweder-oder, sondern ein Sowohl-als-auch zu finden, kein kämpfen gegen Missstände, sondern ein Einsetzen für Verbesserung und Heilung als kosmisches Prinzip der Ordnung. So kann die Energie zwischen scheinbaren Gegenpolen lebensbejahend und nährend fließen, statt sich zu bekriegen oder zu kränkenden Stagnationen zu führen, die sich dann wieder unheilsvoll entladen müssen.

Durch Metatron habe ich Zugang zu einem immensen Wissen, das ich oftmals (weil ich kritisch und nicht gerade leichtgläubig bin) im Nachgang recherchiere. Dabei bin ich von dem Wahrheitsgehalt und der Stimmigkeit immer wieder beeindruckt. Heute ist mir klar, dass ich zu vielen meiner Ausbildungen und meiner Erfahrungen von ihm geführt wurde, lange bevor ich mit ihm bewusst in Kontakt war. Es kommt mir manchmal so vor, als wäre ich durch eine Reifezeit und Vorbereitungsphase gegangen, die – vereinfacht ausgedrückt – den Bezugsrahmen aufgespannt hat, um all das Wissen, zu dem ich durch ihn Zugang bekomme, auch verdauen und im Sinne der kosmischen Ordnung verstehen und zuordnen zu können. Als ich Metatron einmal fragte: „Warum ich?", da sagte er mir: „Weil du eine alte Seele bist, deine Energie hoch und klar ist und du die Wahrhaftigkeit suchst und den Geheimnissen des Lebens auf die Spur kommen willst! Und weil du eine bekennende Liebende bist." Ja, es stimmt: Meine Religion ist die Liebe. Ich bin eine bekennde Liebende. Nichts weiter.

Inzwischen übersetze ich – je nach Thema – für einige weitere wunderbare Geist- bzw. Engelwesen, die ich hier jetzt nicht im Einzelnen aufführen werde. Da oft 10 bis 20 Geistwesen gemeinsam agieren, kanalisiert mein „Boss" Metatron freundlicherweise deren Botschaften, so dass ich bei Channelings nicht mit 10 oder 20 Geistwesen zur gleichen Zeit Energie und Kontakt halten muss, sondern durch ihn gesammelt Informationen von verschiedenen Geistweisen erhalte. Deshalb spricht Metatron oftmals in Wir-Form, wie in einigen Patches auch hier in diesem Buch ersichtlich wird.

-> *Übersicht über die Patches, auf die in diesem Text verwiesen wurde:*
  Patch 37: *St. Germain – lachend erwachen*

-> *Von hier aus weiterführende Patches:*
   Patch 3: *Die Generalprobe für das Erdenleben*
   – Das kosmische Orchester
   Patch 10: *Star, that's what we call you!*
   – Ihr macht die Erde zum leuchtenden Stern
   Patch 24: *Was genau ist Geistige Welt? Und ist sie heilig?*
   Patch 36: *Was glaubst du eigentlich, wer du bist?*

PATCH 10

Star, that's what we call you! – Ihr macht die Erde zum leuchtenden Stern

Metatron[1] in Kooperation mit Tanja Schade-Strohm

Ihr pflegt gegenwärtig noch einen Starkult auf eurem Planeten, der uns irritiert. Denn die heutigen Stars, die ihr durch die Medien hochjubelt, sind eine Verzerrung, die einer Welt des alten Paradigmas entsprechen, die lange vorbei ist! Wodurch auf eurem Planeten derzeit noch Menschen zu Stars avancieren, verzeiht, das ist eine Wirrung und Verirrung. Die meisten Stars sind Pseudostars, die zwar bekannt sind, aber ihr inneres Licht in keinster Weise zum Leuchten gebracht haben. Natürlich gibt es Ausnahmen, versteht uns bitte nicht falsch, aber das, worum es geht bei einem Star, nämlich die eigenen Gaben im Sinne der eigenen Bestimmung zu erkennen und zu leben und dadurch das Licht in sich zu entfachen, das ist bei den wenigsten Stars der Fall. Die meisten sind künstliche Stars, weil man mit ihnen und durch sie Geld verdienen kann und eine Maschinerie in Gang setzen kann, die zwar jede Menge Geld abwirft, aber letztendlich menschenverachtend ist. Die armen Pseudosternchen werden dann durch diese Maschinerie geschleust und im wahrsten Sinne des Wortes verheizt. Wie eine Stradivari, die man, statt sie erklingen zu lassen, als Heizholz verfeuert (->**Patch 3:** Das kosmische Orchester).

Besonders anfällig für so einen Pseudostarstatus sind diejenigen von euch, die noch ein sehr hungriges Ego haben (-> **Patch 2:** Die Herzstrategie). Sie werden derzeit (noch) zum Star, weil es ihnen schmeichelt, bekannt zu sein, und weil das Ego-Ballett um sie herum ihnen Honig einträufelt, und sie glauben, durch diesen Honig endlich satt zu werden. Doch werden sie abhängig von dem süßen Nektar, der ihnen von außen eingeflößt wird. Und so sind sie bereit, fast alles für diesen Honig zu tun, sogar sich selbst zu verraten und Dinge zu machen, die ihnen komplett widersprechen und sie mehr schwächen als alles andere.

Ihr Licht wird also nicht von innen – so wie bei einem echten Stern – genährt, sondern von außen. Und wenn der süße Honig nicht mehr fließt, weil ein paar Unternehmen, bspw. durch fallende Einschaltquoten, das Interesse an ihnen verlieren, dann verglühen diese armen Pseudosternchen und zerfallen zu Staub und Asche, ohne jemals wirklich von innen heraus geleuchtet zu haben. Sie wurden verkannt und verbrannt. Sie zerbrechen und liegen am Boden. Natürlich haben sie unser größtes Mitgefühl, da sie nicht für das gewürdigt wurden, was sie wirklich sind und ausmacht. Für ihre Gaben, ihre Berufung und für ihr wahres Licht, für das sie hierher, in dieser Zeit, als Lichtarbeiter auf die Welt gekommen sind.

Doch genau das steht an. Denn sobald ihr als menschliche Wesen eure Gaben und euch selbst erkennt und in Liebe annehmt und diese Gaben zu leben beginnt, dann beginnt ihr aus der Liebe heraus, der Liebe zu euch und zur gesamten Erde, zu leuchten. Und dieses Leuchten kann euch weder jemand wegnehmen noch kann es sich verbrauchen. Denn Liebe ist die nachhaltigste – ach was: die unendliche! – Energiequelle der Welt und des gesamten Kosmos. Sie ist die höchste Energie.

Versteht ihr jetzt, warum die Energieanhebung auf dieser Erde – eurem momentanen Mutterplaneten – nach wie vor ein großes Thema ist? Es ist eine synchrone Entwicklung, die ihr als Menschen steuern könnt. Kultiviert ein jeder von euch sein Bewusstsein und geht in die Liebesfrequenz, so erhöht sich eure Energie jeweils individuell, aber auch kollektiv in der Menschheit und somit auf Erden. Ihr habt es in der Hand, wie hoch und liebevoll euer Planet schwingt.

Im Großen wie im Kleinen – im Kleinen wie im Großen!

Sobald ein jeder von euch durch die Entscheidung für die Liebe und die damit verbundene Frequenzanhebung zu leuchten beginnt, so wird die Erde wie von tausenden, nein Millionen kleinen Lichtern erhellt und wir können vom Kosmos aus sehen, wie der Planet Erde zum strahlenden Stern wird. Die Erde wird also deshalb zum Stern, weil ein jeder von euch als strahlender Stern sein Licht entfacht.

Sind das nicht wunderbare Aussichten? Wir von unserer Seite des Vorhangs fragen uns wie man dazu nein sagen kann.

Bitte verzeiht, dass wir dies so gelassen aussprechen. Wir wissen, dass es für viele von euch ein kräftezehrender Prozess ist, das eigene Potenzial und Licht und somit die beste Version eures Selbst zum Leuchten zu bringen. Dafür gilt es für viele von euch, sich großen Ängsten zu stellen, um diese zu heilen und zu transformieren. Wir unterstützen euch von Herzen, wo wir nur können, so ihr es möchtet. Ihr könnt uns jederzeit darum bitten. Einfach durch eure ehrliche Absichtserklärung, eure ganz eigene Welt (denn jeder Mensch ist eine eigene Welt) und euer Sein zum Strahlen zu bringen.

Es ist also komplett unangemessen, dass manche von euch auf eurer Erde die „Gnade" erhalten, ein Star zu sein, und andere nicht. Ein jeder von euch ist ein geborener Star. Es ist sogar eure Verpflichtung, ein leuchtender Stern zu sein. Dafür seid ihr schließlich auf die Erde gekommen und in dieser Zeit als Menschlinge inkarniert. Erinnert ihr euch allmählich? Es ist also geradezu lachhaft, zwischen Stars und Nicht-Stars zu unterscheiden!

Wer hat also das Recht, euch darin zu hindern, euren inneren Stern zum Leuchten zu bringen?

Wenn jeder sein Licht leuchten lässt, wird es für alle heller.

So sei es.

In Liebe zu euch Sternen, die ihr zu strahlen beginnt.
Euer Metatron

-> *Übersicht über die Patches, auf die in diesem Text verwiesen wurde:*

Patch 2: *Die Herzstrategie*

  – *WERT-volle Lösung bei Entscheidungskonflikten*

Patch 3: *Die Generalprobe für das Erdenleben*

  – *Das kosmische Orchester*

-> *Von hier aus weiterführende Patches:*

Patch 8: *Was wirklich zählt! Aller guten Dinge sind 3*

Patch 11: *Die Himmelstreppe, Teil I*

  – *Der Weg zur Stille hinter dem Klang*

Patch 19: *Jeder Mensch ist eine Zelle im Weltenkörper*

Patch 36: *Was glaubst du eigentlich, wer du bist?*

Patch 38: *Die beste Version meines Selbst ist kein Zustand, sondern ein Prozess: eine (R)Evolution des Bewusstseins*

---

[1] *Siehe* **Patch 9** *(-> **Patch 9:** Metatron – kraftvoller Begleiter auf dem Weg zum Selbst)*

PATCH 11

Die Himmelstreppe, Teil I –
Der Weg zur Stille hinter dem Klang

Der Weg über die Himmelstreppe ist einer der effektivsten und wichtigsten Streckenabschnitte auf dem Weg zur Besten Version Deines Selbst. Und einer der persönlichsten. Denn auf den folgenden Seiten geht es darum, wie du deinen Wesenskern und damit dich selbst besser erkennst.

Ein solch intensiver Prozess braucht Zeit und Raum. Deshalb bitte ich dich, dir ca. ein bis zwei Stunden (am Stück oder in zwei Etappen) zu gönnen, die du vollkommen ungestört mit dem wichtigsten Menschen in deinem Leben verbringen wirst: mit dir selbst!

Ich empfehle dir, dass du den nachfolgenden zweiten Teil der Himmelstreppe möglichst innerhalb von zwei bis drei Tagen nach dem ersten Teil durchläufst, um deine hier gewonnenen Erkenntnisse möglichst zeitnah und frisch in dein Leben zu integrieren. Für den zweiten Teil der Himmeltreppe solltest du ebenfalls ein bis zwei Stunden einplanen. Und nun genieße deine Session, bei der ich dich auf den folgenden Seiten begleite.

Hast du jemals eine Klangschale oder ein Kristallglas angeschlagen und so lange gelauscht, bis du die Stille hinter dem Klang hören konntest?

So wie diese Stille hinter dem Klang, so führt dich die Himmelstreppe zu dem, was hinter deiner gegenwärtigen Lebensrealität liegt.

Sie führt dich über Stufen hinter das tägliche Grundrauschen all deiner Gedanken und Handlungen, und zwar mit dem Ziel, dich selbst (wieder-) zu finden:

Der Zustand der gedankenlosen Stille ist „wie ein Bad in einem Ozean der Glückseeligkeit. ... Man muss ihn selbst erfahren haben. ... Hier wird der Geist in seiner Quelle ... aufgelöst ... . Wenn alle Gedanken vernichtet sind ... [folgt] der Zustand absoluter Unabhängigkeit."
Sivananda, 2008

Dabei kommst du – im übertragenen Sinne – zurück an den Ort deines Ur-Sprungs. Dorthin, wo alles begann: Von wo aus du in dieses Erdenleben gestartet bist. Ich spreche hier nicht von dem Ereignis, als sich ein Ei und eine Samenzelle zusammentaten, um dich als Mensch entstehen zu lassen, sondern von einem Punkt noch lange vor diesem.

So, wie das Wesentliche eines Atoms Zwischenraum ist, so ist der Ur-Sprung allen Seins Schwingung. Klang, Frequenz und damit Information.

In der ayurvedischen Tradition und ayurvedischen Psychologie geht man davon aus, dass jeder Mensch, sobald er aus dem „kosmischen Mutterwasser" der Schwingungen und Frequenzen hervorgeht, einen sogenannten Primordial Sound hat. Also einen vorgeburtlichen Klang. Der Primordial Sound ist unsere Ur-Frequenz, in der die Ur-Sprungs-Informationen zu unserem Wesen und unseren Gaben enthalten sind. Dieser Klang verleiht uns die Möglichkeit unseres ganz individuellen Ausdrucks (-> **Patch 32:** Charisma lernen): Er gibt uns, wenn man einmal für einen Moment die Vorstellung zulässt, dass wir Menschen Instrumente des Kosmos sind, eine Klangqualität, Klangfarbe, Stimme, und damit auch Be-STIMMUNG (-> **Patch 3:** Das kosmische Orchester).

Mit Hilfe der Himmelstreppe ist es nun möglich, sich mit dem eigenen Ur-Klang erneut zu verbinden und zu synchronisieren.[1] Denn unser Ur-Klang kann sich, wie in Patch 13 beschrieben (-> **Patch 13:** Feinstoffliches Zielgruppenmarketing), aus vielen Gründen völlig verzerren. Und damit kommen wir, verbunden mit großem Stress, statt in unsere Be-STIMMUNG in einen Zustand der Ver-STIMMUNG. Wir entfremden uns quasi von uns selbst.

Die Himmelstreppe, so wie du sie in diesem Patch erleben wirst, geht zunächst auf die „Logischen Ebenen" von Gregory Bateson und Robert Dilts zurück. Allerdings habe ich dieses Format im Wesentlichen dadurch erweitert, dass ich eine spirituelle Ebene eingezogen habe, die über unser Leben hinaus geht und den Blick und unser Bewusstsein weitet.

Auch gefällt mir die Bezeichnung „Logische Ebenen" für die Art und Weise, wie ich das Konzept weiterentwickelt habe und anwende, nicht. Denn meist ist das, was wir dabei über uns selbst in Erfahrung bringen, sehr intuitiv, emotional und sinnlich. Wir nutzen nicht unsere Logik, wenn wir unseren „heiligen Raum hinter der Realität" betreten. Wir spüren, fühlen, werden beseelt und folgen unseren inneren, manchmal geradezu chaotischen Wahrnehmungen, die sich dann allmählich ordnen. Mein Motto lautet deshalb: Ein wirksamer Veränderungsprozess ist in erster Linie PSYCHO-logisch, nicht unbedingt logisch! Doch unabhängig davon ist es doch das wichtigste, dass er für dich im wohlgemeinten Sinne Veränderungen ermöglicht und dich in Berührung mit der besten Version deines Selbst bringt.

Der tiefere Sinn der Himmelstreppe liegt also darin, sich zu „erinnern, wer wir wirklich sind". Gleichzeitig dient diese „Session" dazu, uns auf der feinstofflichen bzw. energetischen Ebene wieder mit unserem Ur-Klang zu verbinden und zu synchronisieren. Ich frage mich immer wieder, warum die Möglichkeiten einer Synchronisation mit unserem Ur-Klang und unserer Ur-Quelle nicht viel bekannter sind und nicht, wie etwa das Zähneputzen, in unserer

Alltagroutine verankert sind. Schließlich lassen wir ein Klavier ja auch stimmen, sobald es verstimmt ist (-> **Patch 14:** Klärung deiner Frequenz). Und tagtäglich synchronisieren wir irgendwelche Daten auf unseren Tablets und Laptops, damit sie gut funktionieren.

Obwohl ein jeder Urklang, d.h., eine jede Bestimmung und damit Frequenz, individuell ist wie unser Fingerabdruck: Auf einer bestimmten Ebene sind wir alle gleich und teilen ein und dieselbe übergeordnete Aufgabe. Wir alle sind „kosmische Botschafter", die auf das „Raumschiff Erde" (denn nichts anderes ist unser blauer Planet, wenn man ihn einmal aus der Perspektive des Universums betrachtet) gekommen sind, um hier unseren jeweiligen Job zu machen und damit unsere individuelle Funktion und unseren rechten Platz im Raumschiff Erde und in der natürlichen Ordnung unseres Lebens zu finden und einzunehmen. Denn das sind unser Lebenssinn und unsere Bestimmung.

Eines sei an dieser Stelle vorweggeschickt. Unsere kosmische Botschaft bzw. Bestimmung lautet nie: „Werde Reiseleiter in Spanien, gründe eine Familie und baue ein Haus." Die kosmische Botschaft ist vielmehr ein Schlüssel, der in mehrere Türen passt, hinter denen sich verschiedenste „Lebensfilme" bzw. Lebenskonzepte finden lassen. Auf welche Art und in welcher Form du also deine kosmische Essenz in dich hinein und dann durch dich hindurch ins Leben hier auf der Erde fließen lässt, das steht dir frei. Hauptsache, du tust es. Ob als Reiseleiter, Kioskbesitzer oder Heiler, ob mit eigenen Kindern, anderen Menschen, denen du hilfst, sich zu entwickeln oder mit geistigen Kindern, ob in einem Haus am Meer oder in einer Mietswohnung mitten in der Stadt: Dem Kosmos ist das wirklich ziemlich egal.

Du kannst also jeden Tag entscheiden, ob du den vor dir liegenden Lebensweg geradeaus weitergehst oder ob du links oder rechts abbiegst. Und in welchem Kostüm du hier in diesem Erdenspiel deine Rolle spielst. Niemand entscheidet über dein Lebensszenario, außer dir selbst und deine Gedanken.

Natürlich hat jeder die Freiheit, seine Bestimmung zu ignorieren und so zu tun, als wären wir Menschen völlig unabhängig von dem großen wissenden Ganzen. Allerdings habe ich am eigenen Leibe und bei vielen meiner Klienten festgestellt, dass man sich damit selbst eine Menge verwehrt. Denn nach dem Synchronisieren mit der eigenen Bestimmung und Ur-Frequenz läuft das Leben bei den meisten flüssiger und leichter, Blockaden lösen sich, und die Bahn wird frei!

Deshalb möchte ich dich jetzt einladen, die Himmelstreppe, begleitet durch meine Fragen, hinaufzusteigen. Dabei verlassen wir, im übertragenen Sinne, die Schwerkraft der physischen Welt, bewegen uns „Step-by-Step" auf die Ebene der reinen Energie zu. Dort angekommen, werden wir einen Moment verweilen, um uns mit neuen In-FORM-ationen ausstatten zu lassen und um uns zu synchronisieren bzw. feinzujustieren. Danach treten wir wieder die Rückreise in die Welt der Materie an.

Ich empfehle dir übrigens, die Himmelstreppe wirklich „zu betreten", indem du dir für jede Stufe, die wir gemeinsam hinauf- und später wieder herabsteigen, einen Zettel auf den Boden legst und dich auf den jeweiligen Zettel mit der jeweiligen Aufschrift der entsprechenden Stufe stellst. Dafür bräuchtest du dann insgesamt fünf Zettel mit folgenden Aufschriften: „Verhalten" (Zettel 1), „Fähigkeiten/persönlicher Stil" (Zettel 2), „Glauben/Werte" (Zettel 3), „Identität" (Zettel 4) und „Mission/kosmische Botschaft" (Zettel 5).

Diese fünf Zettel lege bitte, einen nach dem anderen, in einer Linie chronologisch auf den Boden. Im Folgenden werde ich dich außerdem bitten, einige Aufzeichnungen vorzunehmen.

Du beginnst mit Stufe 1: Also „betrete" nun bitte die Stufe deines VERHALTENS. Bei den nun folgenden Fragen liegt der Fokus auf dem, WAS du gegenwärtig in deinem Leben im jeweiligen Zusammenhang TUST.

Bitte schreib' deine Antworten auf. Vielleicht hilft dir dabei die Vorstellung, dass dich ein Kamerateam für einige Tage begleitet, um ein Feature über dich und dein gegenwärtiges Leben zu drehen: Wie eine Bestandsaufnahme, eine Dokumentation über die gegenwärtige, aktuelle Version deines Selbst.

Meine erste Frage an dich: WAS tust du zurzeit gemeinsam mit Menschen? WAS tust du für sie? (Gemeint sind konkrete Handlungen! Welche Handlungen könnte ein Kamerateam für eine Reportage über dich aufzeichnen?)

_____

_____

_____

_____

WAS tust du für dich und mit dir? (Auch hier geht es wieder um konkrete Handlungen!)

_____

_____

_____

_____

_____

WAS tust du in Bezug auf die Welt, also Umwelt, Gesellschaft, Kultur, etc.? (Handlungen!)

_____

_____

_____

_____

_____

Lass' uns nun auf die nächste Stufe gehen (Zettel 2): Die Stufe deiner FÄHIGKEITEN und deines persönlichen STILS! WIE oder auf welche Art und Weise TUST du etwas? Die nachfolgenden Fragen zielen also im Kern darauf ab, zu erkennen, was du besonders gut kannst oder welches dein persönlicher „Fingerabdruck" in deinen Handlungen ist. Vielleicht hast du besondere Talente oder Strategien oder einen besonderen „Touch". All das hat hier seinen Platz. Hier liegt der Fokus also nicht mehr darauf, WAS du machst, sondern darauf, WIE du es tust.

Wenn du glaubst, völlig „talentfrei" zu sein – was nicht der Fall ist, da kannst du dir sicher sein, auch wenn du vielleicht gerade felsenfest davon überzeugt bist –, dann macht das überhaupt nichts.

Egal, ob du in dem, was du tust, begnadet bist oder nicht, du hast auf jeden Fall eine bestimmte Art, wie du an die Dinge herangehst und wie du sie tust. Und das ist alles, was hier im Moment zählt!

WIE verhältst du dich gegenwärtig mit Menschen? WIE gehst du mit ihnen um? Welche Fähigkeiten hast du dabei und welcher Stil ist für dich kennzeichnend?

_____

_____

_____

_____

_____

WIE gehst du mit dir selbst um? Welche Fähigkeiten und welcher Stil sind hier für dich kennzeichnend?

_____

_____

_____

_____

_____

WIE verhältst du dich in Bezug auf die Welt, also Umwelt, Gesellschaft, Kultur, etc.? Wie gehst du mit der Welt um? Über welche Fähigkeiten verfügst du hier, welchen Stil zeigst du dabei?

_____

_____

_____

_____

Verfügst du über weitere Fähigkeiten, die hier noch nicht erwähnt wurden? Gibt es etwas, das du gut kannst aber vielleicht schon lange nicht mehr getan hast und das deshalb in Vergessenheit geraten ist?

_____

_____

_____

_____

Nun geh' bitte direkt auf die nächste Stufe: die Stufe deines GLAUBENs und deiner WERTE (Zettel 3). Wovon bist du überzeugt, an was glaubst du? Was ist dir wichtig?

Auf dieser Stufe geht es nicht vorrangig um dein Glaubenssystem im religiösen Sinne. Natürlich hat auch das hier einen Platz. Doch in erster Linie geht es darum, zu klären, wovon du zum gegenwärtigen Zeitpunkt überzeugt bist. Was dir WICHTIG und WERT-voll erscheint. Schließlich messen wir am Wert eine Sache oder einer Handlung, ob wir sie für sinnvoll halten bzw. in welchem Maße.

[Wenn du das Bedürfnis hast, mehr über Werte zu wissen, dann kannst du später die **Patches 15** und **18** lesen (-> **Patch 15**: Das Werte-Mantra; -> **Patch 18**: Lebens-WERT?). Bitte bleib' aber an dieser Stelle zunächst auf der Himmelstreppe!]

WORAN GLAUBST du in Bezug auf die Menschen in deinem Leben? Was glaubst du über sie? Wovon bist du in Bezug auf sie überzeugt?

[Wenn du hier auf unangenehme Erinnerungen oder Gedanken stößt, dann schreibe auch diese einfach auf, aber gebe ihnen – wenn es dir gelingt – an dieser Stelle nicht zu viel Beachtung. Auch wenn es bis jetzt in deinem Leben hart für dich war, du bist kein Opfer mehr. Du bist der Regisseur deines Lebensfilms und lernst mehr und mehr diese Tatsache zu nutzen. Wenn du an diesem Punkt Unterstützung suchst, dann lies' zu einem späteren Zeitpunkt bspw. Patch 34 (-> **Patch 34:** Innere Sicherheit/ Selbstbestimmung). Doch jetzt mache bitte zunächst hier auf der Himmelstreppe weiter.]

Außerdem: Was ist dir WICHTIG und WERT-voll in Bezug auf die Menschen in deinem Leben und auf das Leben mit ihnen?

_____

_____

_____

_____

_____

WORAN GLAUBST du in Bezug auf dich selbst? Was glaubst du über dich? Wovon bist du in Bezug auf dich selbst überzeugt?

[Wenn du hier Gedanken denkst, die dir nicht gut tun, oder wenn du auf Glaubenssätze stößt, die du für schädlich erachtest, dann schreib' sie einfach auf, gebe sie in die „Zwischenablage" und schenke ihnen nicht zu viel

Beachtung an dieser Stelle. Schließlich sind wir der Schöpfer unserer Gedanken. Gedanken sind Worte und wirken entweder wie heilsame/aufbauende oder wie kränkende/krankmachende feinstoffliche Akupunkturnadeln in dem sehr feinen und sensiblen Energie- und Befindlichkeitssystem eines jeden Menschen (-> **Patch 28:** Akupunktur mit Worten). Wenn du also gegenwärtig schädigend mit dir umgehst, dann sei versichert, dass du in diesem Buch an vielen Stellen gute Impulse findest, um das zu ändern. Bitte bleibe jetzt hier im Prozess der Himmeltreppe. Es ist das kraftvollste, was du jetzt gerade für dich selbst tun kannst. Vor allem, wenn du nun deine Gedanken und deinen Blick wohlwollend auf dich selbst lenkst.]

    Außerdem: Was ist dir WICHTIG und WERT-voll in Bezug auf dich und dein Leben?

_____

_____

_____

_____

_____

    WORAN GLAUBST du in Bezug auf die Welt, also Umwelt, Gesellschaft, Kultur, etc.? Was glaubst du über die Welt? Was ist dir WICHTIG und WERT-voll in Bezug auf die Welt?

_____

_____

_____

_____

_____

Bitte geh' jetzt direkt auf die nächste Stufe, die Stufe der IDENTITÄT (Zettel 4): WER bin ich zum gegenwärtigen Zeitpunkt?

Das ist scheinbar eine einfache Frage, doch ich weiß, sie hat ihre Tücken. Als kleine Hilfestellung: Es ist gut, diese Frage mit „ICH BIN" zu beantworten. Denn es ist ein großer Unterschied, ob jemand sagt: „Ich fliege mit einer Rakete in den Weltraum", oder ob er von sich behaupten kann: „ICH BIN Astronaut".

Das eine beschreibt eher eine Tätigkeit. Ein „Ich-bin-Satz" hat dagegen mehr Kraft: Ich bin mit der Sache EINS! Noch ein Beispiel? „Ich initiiere Prozesse" oder „ICH BIN ein Initiator".

Noch einfacher wird es, wenn man zunächst mit der Beschreibung von Lebensrollen beginnt: Also, welche Rollen habe ich inne?

ICH BIN Sohn/Tochter, Freund/Freundin, Zuhörer, ...

_____

_____

_____

_____

_____

Doch nun zurück zu der eigentlichen Frage, die eventuell noch zu tieferen, anderen Erkenntnissen führt: WER oder was alles bist du zum gegenwärtigen Zeitpunkt? In

Bezug auf dich, auf andere, auf deine Familie, auf deine Freunde, auf die Welt?

_____

_____

_____

_____

_____

So, und nun zünden wir – im übertragenen Sinne – eine Rakete, in der wir für eine kurze Zeit gemeinsam die Erde und die Welt der Materie hinter uns lassen. Mach's dir dafür bitte bequem, damit du dich entspannen kannst. Es geht nun auf die nächste Stufe der Himmelstreppe: die Stufe deiner MISSION, deiner KOSMISCHEN BOTSCHAFT (Zettel 5).

Stell' dir vor, wie du von diesem Punkt aus beginnst, deinen Lebensfilm rückwärts laufen zu lassen. Du wirst immer jünger und kleiner. Du wirst wieder Kind. Vielleicht kommen dir sogar Situationen ins Bewusstsein, in denen du ganz versunken in eine Sache (malen, basteln, lesen, klettern, was auch immer) warst und dabei ganz mit dir sein konntest. Situationen, in denen du die Zeit vergessen hast. In denen du einfach nur warst.

Und dann geh' noch ein Stück weiter zurück in deinem Lebensfilm. Geh' immer weiter zurück, bis du ein Baby bist. Und sogar noch kleiner: bis du wieder als kleiner Fötus im Leib deiner Mutter ganz schwerelos im wohlig warmen Fruchtwasser schwebst. Und noch weiter zurück bis zu dem Moment, in dem deine Seele in diesen kleinen Körper im Leib deiner Mutter eingezogen ist. Als du deinen Tempel „beseelt" hast. Nimm' diesen Moment einmal ganz bewusst war, spür' einfach hinein. Auch wenn du nur ganz feine und sanfte Nuancen wahrnimmst oder es dir „irgendwie" vorstellst, ohne ein genaues Bild davon zu haben. Das ist völlig in Ordnung. Vertiefe dich einfach auf deine ganz eigene Art weiter in die Energie deiner Seele und lasse den Film noch weiter rückwärts laufen bis zu dem Moment, in dem du nur reine kosmische Energie bist. Vielleicht siehst du „dich" dabei als helles, goldenes Licht im Kosmos, vielleicht kannst du die Sterne am nachtblauen Himmel sehen, vielleicht fühlst du aber auch nur ein Schweben und eine große, freie Leichtigkeit.

Nimm' einfach nur den Raum wahr, von dem du kommst. Und wie du von dort auf die Erde blickst, mit dem Wissen, dass du dort als Mensch bald landen und leben wirst. Vielleicht kannst du von hier aus die Schönheit des Kosmos und dieses blauen Planeten erkennen, den die Menschen Erde getauft haben. Vielleicht kannst du von hier aus auch die Energie dieses Planeten spüren, seine Strahlkraft wahrnehmen.

Und während du diesen blauen Ball, auf dem du bald landen wirst, weiter auf dich wirken lässt, spüre in dich hinein. Nimm' deine Energie, die du bald auf die Erde bringen wirst, ganz sanft und klar wahr. Dein Strahlen, die energetische Essenz deines Seins. Dein Urskript, das du mitbringen wirst. Hör' in deine Energie hinein, tief eingebettet in das All. Hör' den Klang hinter deiner Energie. Berühre ihn sanft und spüre die Botschaft in dir aufsteigen:

Welche Energiequalität bringst du mit auf die Erde?
Mit welcher Mission wirst du auf die Erde kommen?
Vielleicht sogar mit einer Botschaft?
Oder einem Auftrag?
Kannst du deinen Klang hören?

Vielleicht sogar in Worte übersetzen?
Kannst du die Quelle in dir spüren?
Was wird sich durch dein Leben auf der
Erde/für die Erde verändern?
Was wird sich bei den Menschen, denen du begegnen
oder die du berühren wirst, verändern?
Was wird anders sein, wenn du irgendwann die
Erde wieder verlässt und wieder als Energiewesen
hierher an diesen Punkt zurückkehrst, von dem
aus du gerade auf die Erde schaust?
Was für einen Unterschied wirst du dann, von hier,
vom Kosmos aus betrachtet, auf der Erde gemacht
haben? Und wie und woran wird man diesen
Unterschied erkennen können?

Alles, was du jetzt wahrnimmst, ist gut. Es kann ein Klang sein, ein Duft, ein Geschmack, ein Geräusch, ein einzelnes Wort, ein ganzer Satz, ein inneres Bild, ein Symbol, ein Gefühl. Nimm' es einfach wahr. Und lass' es ein bisschen größer, heller, lauter, klarer werden.

Lass' das, was du dort WAHR-nimmst, in dich hineinfließen. Erspür' es einfach. Nimm' es in dich auf. Vielleicht ist es einfach nur hell und angenehm oder Wärme und wie ein sanftes Vibrieren. Vielleicht hörst du einen ganzen Satz oder nur ein Wort. Oder eine Melodie.

Wenn du möchtest, dann schließe für eine Weile deine Augen und spüre …

Abbildung 2: **Blick auf die Erde**

Und wenn du soweit bist, dann schreibe, in deinem Tempo, übersetzt in deine Worte oder deine Art der Aufzeichnung, was du hier und jetzt gerade über dein Selbst, deine Ursprungsenergie erfährst. Deine Sätze, Worte oder Bilder müssen weder logisch noch vollständig sein. Du kannst sie malen, summen, aufnehmen, aufschreiben, was auch immer dir gerade einfällt und für dich am leichtesten ist.

_____

_____

_____

_____

_____

Was immer du nun über dich und die Essenz deines Seins in Erfahrung bringen konntest: Nimm' es in Liebe an. Auch wenn du dir unsicher bist, ob du überhaupt etwas wahrgenommen hast: Auch das ist völlig okay. Genau so nah, wie du heute an deine Essenz herankommst, genau so ist es gut. Du kannst dir sicher sein, dass du bereits in den Prozess des „Gestimmtwerdens und der Synchronisation mit deiner Ur-Frequenz" eingetreten bist, hundertprozentig. Denn

Energie folgt der Aufmerksamkeit!

Und du hast deine Energie nun gerade in diesen Prozess sehr konzentriert eingebracht und dich mit der Urquelle verbunden.

Womit du dich verbindest, das verbindet sich mit dir.

Also kannst du dir sicher sein, dass die „Bluetooth-Übertragung" deiner Ur-Frequenz bereits läuft. Du bist auf dem Weg, als kosmisches Instrument feinjustiert zu werden und damit auf dem Weg zur besten Version deines Selbst. Vielleicht macht es schon bald „klick", und deine Synchronisation ist voll und ganz abgeschlossen. Vielleicht gerade in diesem Moment. Manchmal hört und spürt man das gar nicht. Und dann – ein paar Tage später – bist du ganz überrascht, weil du so eine Art „Eingebung" bekommst. Oder ein bestimmtes Gefühl, das dir vielleicht neu und trotzdem vertraut ist. Das Einzige, was in diesem Moment wirklich zählt, das ist, dass du diesen Prozess durchlaufen hast. Damit kommt alles in Bewegung.

Manchmal macht es Sinn, sich in den nächsten Stunden oder Tagen noch ein paarmal auf diese oberste Stufe der Himmelstreppe zu stellen. Was aber besonders wichtig ist: Du solltest auch einige Male zwischen den beiden obersten Stufen – also der Stufe deiner Identität und der Stufe deiner Mission, deiner Essenz – immer wieder einmal hin- und hergehen. Gedanklich und physisch, indem du die beiden Stufen (Zettel 4 und Zettel 5) abwechselnd betrittst. Gerade durch diese Wechsel wird vielen Menschen klar, dass ihre Identität eine andere ist, als die, die sie für viele Jahre als solche gesehen haben.

Was ich bis jetzt miterleben konnte, wenn ich gemeinsam mit Klienten die Himmelstreppe hinaufgestiegen bin, waren Gefühle von Freude, die Wahrnehmung von hellem Licht, ein schöner Klang …

> *„Der Geruch nach Zimt und Weihnachten", mit dem plötzlichen Ausspruch von: „Ich bin ein Engel. Du hältst mich bestimmt für bekloppt, aber ich bin ein Engel. Wie ein Weihnachtsengel."*

… bis hin zu …

> *„Ich bin ein heller Leuchtturm, der Menschen – nein, warte mal … –, der Kindern und Jugendlichen Orientierung geben soll im Wirrwar des Meeres bzw. des Lebens. Ich bin ein Orientierungsgeber und lotse Durchgeschüttelte, die abzusaufen drohen, in den Hafen."*

Ich habe Sätze gehört wie:

> *„Ich spüre mich in Landschaften und Pflanzen ein und gebe ihnen ihren ursprünglichen Lebensraum zurück."*

> *„Ich bin ein König und werde anderen helfen, sich auch als König und Königin zu fühlen. Boah, das ist so schön! Tanja, wie lange haben wir heute Zeit, wie lange kann ich in diesem Gefühl für heute bleiben?"*

Oder:

„Ich sorge für Kommunikationsfluss in Lichtgeschwindigkeit. Ich bin so eine Art Helpdesk und Controlling-Pult für das frühzeitige Melden von Störungen. Das ist wichtig für alle Prozesse, die ich steuere – in meinem Unternehmen. Aber (Denkpause) ... eigentlich auch in meiner Familie. Das macht gar keinen Unterschied.
Ich hab' immer gedacht, das ist nur wichtig für meinen Job, aber jetzt merke ich: Ich erfasse auch zwischenmenschliche Situationen viel schneller als andere.
Ich hab' unsere Tochter vor dem Abrutschen bewahrt, lange bevor meine Frau auch nur in Ansätzen mitbekommen hat was da läuft. Ich bin wie ein rasendes Trüffelschwein. Ich glaube, ich sollte das auch in anderen Bereichen meines Lebens zum Einsatz bringen. Ich bin echt ein Frühwarnsystem. Und indem ich früh warne, kann ich viel Mist verhindern."

Dann wieder:

„Ich bin wie eine kichernde, rumalbernde Lichtwolke. Ich soll Spaß machen und rumblödeln. Das fühlt sich an wie ein Scherz. Und das ist es auch ... . Nein, Tanja, das ist doch kein Scherz. Ich weiß, ich bin da, um andere zu erheitern und andere mitzunehmen in dieses Heitere. Ich bin die Heiterkeit in Person! Eine Heiterkeitssonne!"

Und dann:

„Ich bin zuständig für Schönheit. Ich finde schöne Lösungen für die Probleme, die zu lösen sind. Was heißt schön? Schön im Sinne von nachhaltig, von langfristig, von im ersten Moment vielleicht anstrengend *und unangenehm, aber langfristig mit den Menschen und meinem Umfeld im Einklang. Und ich helfe dabei, das Schöne im zunächst Hässlichen zu finden. Wenn ich das tue, bin ich selbst schön. Klingt ulkig, als Typ, oder? Aber ich spür' das grad' so. Da werde ich irgendwie ganz aufrecht und hab' Kraft. Ja, ich bin echt ein Verschönerer. Als Verschönerer sollte ich ... ; vielleicht sollte ich am Wochenende erstmal meine Bude renovieren, Tanja, was meinst du?"* (... und kichert ...)

Bis hin zu:

„Tanja, ich bin gar keine toughe Managerin, wie ich immer dachte. Die Wahrheit ist: Ich bin eine Initiatorin. Ich kann jetzt endlich mal loslassen und den anderen die Chance geben, so zu sein, wie sie sind. Und sie wirklich zu schätzen und einzusetzen, wie es für sie und damit für uns gut ist. Wow, was für eine Chance! Mir fallen Steine von den Schultern. Irgendwie wird grad' alles leichter dadurch, wenn ich darüber nachdenke. Irgendwie eleganter. (... Pause ...) Vielleicht fange ich jetzt endlich auch mal an, meine Kinder mehr zu „lassen". Ich hatte all die Jahre so eine Angst, dass die sich nicht so gut entwickeln, wie ich es gehofft habe. Und all das eigentlich nur, weil ich so wenig Zeit mit ihnen verbringen kann. Aber die machen das schon gut. Anstatt ihnen zu vertrauen und sie zu „lassen" ... ; ach, was erzähl' ich dir, Tanja. Auf jeden Fall werde ich sie sanfter berühren und lenken. Mehr schauen, welches Potenzial sie haben. Wie bei meinen Mitarbeitern auch. Ich glaube, meine Mission ist es, Potenzial in Menschen zu erkennen und sie bestmöglich zu fördern. Ich werde sofort damit beginnen, und ich werde ganz bewusst aufhören, die Leute um mich herum in eine Schablone

zu pressen, so wie ich denke, dass es für sie am besten ist. Ja, ich bin eine sanfte Initiatorin und Potenzial-Erkennerin. Ich weiß zwar nicht, ob das noch meine Ehe rettet, aber das ist ein anderes Thema … . Schließlich muss ich jetzt erstmal in diese neue Version meines Selbst hineinwachsen."

Ich könnte noch viele solcher Beispiele aus Himmelstreppe-Sessions anfügen. Doch was die hier geschilderten bereits klar zeigen, ist, dass jeder Mensch auf ganz eigene Art mit seiner Essenz und seiner Bestimmung (wieder) in Kontakt kommt und dass dies Konsequenzen für die von ihm wahrgenommene, eigene Identität hat. Und dass es selbst auf den beiden obersten Stufen der Himmelstreppe im Großen und Ganzen recht „bodenständig" zugeht. Denn wir streifen auch hier Themen wie Job und Familie, Ehekrisen oder „die schon länger anstehende Renovierung der eigenen Bude". ;-)

Dennoch kommen die meisten Menschen, die ich in einer Himmelstreppe-Session begleitet habe, auf den beiden obersten Stufen in eine tiefe Ruhe und in Frieden mit sich selbst. Denn das, was sie dort – wenn auch vielleicht zunächst nur in Fragmenten – über sich erfahren, fließt ab diesem Moment in ihr Sein ein. Es surrt als Klang im Hintergrund mit.

Als Grundschwingung für alles, was sie ab nun tun, realisieren oder vorhaben. Und das unabhängig davon, ob sie sich früher oder später entscheiden, bspw. ihre Beziehung zum Positiven zu verändern oder sich von ihrem Lebenspartner nach langen Jahren des Überlegens endlich zu trennen, ob sie sich entscheiden, ihrem Job und ihrem Wirken eine andere Energie (wie einer meiner Klienten so gerne sagt: „einen anderen Drall") zu geben, oder entscheiden, dass ein anderer Job ihr Licht besser zum Strahlen bringt. Jeder Weg ist so einzigartig wie der Mensch, der ihn geht.

Wie auch immer dein Weg ab heute weitergeht und in welchen Bereichen du als erstes merken wirst, dass „etwas neues einfließt, sich etwas verändert", so möchte ich dich jetzt bitten, dich noch ein weiteres Mal auf den beiden obersten Stufen (kosmische Botschaft und Identität) in deine Ur-Energie und das zu vertiefen, was du auf diesen beiden Stufen heute in Erfahrung bringen kannst. Vielleicht will dir die Ur-Quelle allen Seins heute noch etwas mitteilen. Schließlich bist du ein wichtiger Mensch, ein Botschafter des Kosmos, der hier auf der Erde gebraucht wird. Indem du dir hier und heute Zeit für dich nimmst, ehrst du dich und dein Selbst. Und mal Hand aufs Herz: Hast du das jemals zuvor gemacht? Dich selbst zu ehren? Also nutze diese wunderbare Chance, dich selbst mehr und mehr zu erkennen. Denn schließlich bist du – ob du es nun wahrhaben möchtest oder auch nicht – ein Geschenk des Himmels für diese Erde! :-) Auch der (wiederholte) Wechsel auf die Stufe der Identität ist sehr wichtig, da du hier erspürst, wie du die Frage danach, wer du bist, aus einer neu gewonnenen Perspektive beantworten kannst.

Also, gib' dem, was sich da heute vielleicht schon gezeigt hat oder noch zeigen will, nochmals einen Raum. Und fühle dich nun erneut ein, was du sagen oder aufschreiben kannst, wenn du den folgenden Satz vervollständigst:

ICH BIN ...

_____

_____

_____

Wenn du merkst, „so, jetzt ist es gut für heute", und du eine Pause einlegen willst, so möchte ich dich bitten, zeitnah (also möglichst in den nächsten zwei bis drei Tagen) mit mir den Rückweg, die Himmelstreppe wieder hinab, einzuschlagen, damit du nicht zu lange in den oberen Gefilden der Himmelstreppe bleibst, und bald wieder Boden unter die Füße bekommst! ;-) Schließlich dient die Himmelstreppe nicht nur dazu, dass du deine Botschaft erkennst, sondern auch dazu, dass du sie auf die Erde bringst! Falls du jetzt Lust hast weiterzumachen und dich im Anschluss an deine Synchronisation mit deinem Selbst direkt auf den Rückweg machen willst, dann gehe bitte weiter zu **Patch 12** (-> **Patch 12:** Die Himmelstreppe II).

-> *Übersicht über die Patches, auf die in diesem Text verwiesen wurde:*
   Patch 3: *Die Generalprobe für das Erdenleben*
   – Das kosmische Orchester
   Patch 12: *Die Himmelstreppe, Teil II*
   – Bring' deine Botschaft auf die Erde!
   Patch 13: *Looking for Connection?*
   – Feinstoffliches Zielgruppenmarketing durch
   das Resonanzprinzip und Synchronizitäten
   Patch 14: *Von der Verstimmung in die Bestimmung*
   – Die Klärung deiner (kosmischen) Frequenz
   Patch 15: *Ein Mantra, mit dem wir unsere Werte erkennen*
   Patch 18: *Lebenswert?*
   – Eine Übersicht über unsere Lebens-WERTE
   Patch 28: *Worte sind feinstoffliche Akupunkturnadeln: Sie können*
   krank machen und heilen

Patch 32: Kann man Charisma lernen? Und was genau macht die eigene Strahlkraft aus?
Patch 34: Von der äußeren zur inneren Sicherheit, Teil II
– Selbstbestimmung statt Fremdbestimmung: ein heilsamer Machtwechsel (Praxisbeispiel)

–> Von hier aus weiterführende Patches:
Patch 12: Die Himmelstreppe, Teil II
– Bring' deine Botschaft auf die Erde!

Literaturangaben: Narayanasvami Aiyar, K. (trans.) (2012) [1914]: Nādabindu-Upanishad of Rgveda. In: Thirty Minor Upanishads. Ulan Press.

[1] *Ich möchte an dieser Stelle erwähnen, dass die Himmelstreppe nicht die einzige Möglichkeit bzw. Methode ist, um sich mit dem eigenen Ur-Klang zu verbinden. Es gibt u.a. die sogenannte Primordial-Sound-Meditation, die Deepak Chopra in den USA lehrt.*

PATCH 12

Die Himmelstreppe, Teil II – Bring' deine Botschaft auf die Erde!

Dieser Patch baut ausnahmsweise und als einziger in diesem Band direkt auf einem anderen Patch auf, in diesem Fall auf Patch 11 (-> **Patch 11:** Die Himmelstreppe I), den man zunächst gelesen haben sollte, bevor man sich mit diesem Patch befasst. Wenn du gerade von Patch 11 kommst und die Himmelstreppe bereits hinaufgestiegen bist – und so ist es ja gedacht! –, dann geht es hier also direkt weiter.

Vielleicht hattest du beim Hinaufsteigen der Himmelstreppe auf der Stufe der Identität ein wenig Mühe, klare „Ich bin ..."-Formulierungen zu finden. Was du aber sicherlich leicht spüren konntest, das war die Veränderung, die sich einstellte, als du von der obersten Stufe, also der Stufe der kosmischen Botschaft/Mission, das erste Mal wieder auf die Stufe der Identität zurückgekehrt bist. Mit jedem „Hin-und-her-Switchen" zwischen diesen beiden Stufen konntest du wahrscheinlich wahrnehmen, wie deine Essenz angefangen hat, in deine Identität hineinzufließen, sie neu auszurichten und „feinzujustieren".

Die Amerikaner haben für dieses „Einfließen" einen tollen Begriff, der exakt beschreibt, was nun in deinem Leben passieren wird, wenn wir die Treppe gemeinsam wieder hinabsteigen: Der Begriff lautet „Cascading down"! Wie bei einer Kaskade, so wird deine Essenz aus der Ur-Quelle des Kosmos über die einzelnen Treppenstufen mühelos in alle wichtigen Bereiche und Facetten deines Lebens hineinfließen und dein Sein neu ausrichten.

Diese Bewegung mündet in ein stimmiges (gestimmtes) authentisches Leben. Auch, und das möchte ich an dieser Stelle nicht verheimlichen, wenn es dadurch zunächst einmal ein wenig chaotisch werden kann. Denn Veränderungen bringen manchmal vorübergehend eine gewisse Unordnung mit sich, damit sich eine neue, bessere Ordnung einstellen kann. (Mehr über Chaos, Neu-Ordnung und den Umgang damit findet sich in Patch 33 (-> **Patch 33:** Chaos/Sicherheit/Neuausrichtung).)

Bitte steige nun mit den Informationen über dich, deine Mission und deine Identität, die du auf den oberen zwei Stufen der Himmelstreppe gewonnen hast, wieder auf die Stufe deines GLAUBENS und deiner WERTE (Zettel 3) zurück. Wie fühlt es sich jetzt für dich an, wenn du mit diesem neuen, vielleicht noch unvollständigen, Wissen über dich auf die Stufe deines GLAUBENS und der WERTE gehst und die Energie aus deiner Ur-Quelle dort einfließt?
WORAN GLAUBST du jetzt in Bezug auf die Menschen in deinem Leben? Was glaubst du jetzt über sie? Wovon bist du in Bezug auf sie nun überzeugt? Was ist dir nun WICHTIG und WERT-voll in Bezug auf die Menschen in deinem Leben und auf das Leben mit ihnen? (Hinweis: Bitte schaue hier und bei allen folgenden Stufen erst dann in die Aufzeichnungen, die du auf dem Hinweg gemacht hast, wenn ich dich darum bitte! Dann ist es allerdings interessant zu sehen, ob sich in dir und deiner Wahrnehmung etwas verändert hat, und wenn ja, was.)

_____

_____

_____

_____

_____

WORAN GLAUBST du jetzt in Bezug auf dich selbst? Was glaubst du nun über dich? Wovon bist du in Bezug auf dich selbst jetzt überzeugt? Was ist dir ab heute WICHTIG und WERT-voll in Bezug auf dich und dein Leben?

_____

_____

_____

_____

WORAN GLAUBST du jetzt in Bezug auf die Welt, also Umwelt, Gesellschaft, Kultur, etc.? Was glaubst du nun über die Welt? Was ist dir von jetzt an WICHTIG und WERT-voll in Bezug auf die Welt?

_____

_____

_____

_____

Und wenn du nun in die Aufzeichnungen schaust, die du auf dieser Stufe auf dem Weg die Himmelsleiter hinauf gemacht hast: Hat sich etwas in Bezug auf deinen Glauben über die Menschen in deinem Leben, über dich, über die Welt verändert? Und findest du diesbezüglich nun etwas anderes wertvoll?

_____

_____

_____

_____

Bitte betrete nun die Stufe deiner FÄHIGKEITEN und deines persönlichen STILS (Zettel 2)! WIE oder auf welche Art und Weise TUST du etwas? Lasse damit deine Essenz auch in diesen Bereich deines Lebens einfließen.

WIE verhältst du dich ab heute mit Menschen? WIE gehst du nun mit ihnen um? Welcher Stil ist nun für dich kennzeichnend? Welche deiner existierenden Fähigkeiten rufst du ab heute dafür ab, und welche Fähigkeiten willst du nun dafür entwickeln? Was stellst du damit für die betreffenden Menschen ab heute sicher?

_____

_____

_____

_____

_____

WIE gehst du mit dir selbst ab heute um? Welcher Stil ist für dich im Umgang mit dir selbst nun kennzeichnend? Welche deiner existierenden Fähigkeiten rufst du im Umgang mit dir selbst ab heute ab, und welche Fähigkeiten willst du dafür nun entwickeln? Was stellst du damit für dich ab heute sicher?

_____

_____

_____

_____

_____

WIE verhältst du dich ab heute in Bezug auf die Welt, also Umwelt, Gesellschaft, Kultur, etc.? Wie gehst du nun mit der Welt um? Welche deiner existierenden Fähigkeiten rufst du ab heute dafür ab, und welche Fähigkeiten willst du nun dafür entwickeln? Was stellst du damit für die Welt ab heute sicher?

_____

_____

_____

_____

_____

Und wenn du nun wieder in deine Aufzeichnungen schaust, die du auf dieser Stufe auf dem Weg die Himmelsleiter hinauf gemacht hast: Hat sich etwas in Bezug auf deine (abzurufenden bzw. zu entwickelnden) Fähigkeiten und deinen Stil in Bezug auf die Menschen in deinem Leben, in Bezug auf dich und in Bezug auf die Welt verändert?

_____

_____

_____

_____

_____

Vielleicht wird dir durch diesen Vergleich auch bewusst, dass es an der Zeit ist, manche deiner vorherigen Sichtweisen und Strategien zu ändern. Oder Aufgaben und Probleme auf andere Art zu bewältigen als bisher. Vielleicht ist es auch wichtig, manche deiner Fähigkeiten genauso oder noch intensiver zu leben, als du es bis dato getan hast – auch wenn das einigen Menschen in deinem Umfeld vielleicht zunächst nicht in den Kram passen wird, aber das ist ein anderes Thema (-> **Patch 34:** Innere Sicherheit/Selbstbestimmung).

Vielleicht kommt dir an diesem Punkt der Himmelstreppe auch der Gedanke, dass es für dich zu spät sein könnte, die eine oder andere deiner hier genannten Fähigkeiten auszubauen oder zu erlernen. Und dass du vielleicht die eine oder andere Chance, dies früher zu tun, verpasst hast. Ja, es mag sein, dass es von Vorteil gewesen wäre, wenn du dich um einige deiner Fähigkeiten und einige Aspekte deines Selbst früher gekümmert hättest oder dir früher darüber bewusst geworden wärest. Und ja, es kann sein, dass du vielleicht manche deiner gerade zu Papier gebrachten Fähigkeiten nun nicht mehr zur Weltklasse austrainieren kannst (wobei auch das möglich ist, wenn du großes Talent dafür mitbringst).

Aber darf ich dir etwas verraten, was viel wichtiger ist: Wenn du dich jetzt dafür entschieden hast, die beste

Version deines Selbst zu werden, dann wirst du auch dazu werden, egal wie alt oder jung du gerade bist. Dafür gibt es kein „zu spät".

Denn die Kraft der besten Version deines Selbst liegt in ersten Linie darin, dich selbst zu erkennen, dich selbst anzuerkennen und dich sogar selbst zu lieben (-> **Patch 31**: Lovetuning). Und die beste Version deines Selbst ist eben nicht abhängig vom Perfektionsgrad deiner Fähigkeiten und nicht von den Bewertungen deines Egos, wie gut oder schlecht du hierin oder darin bist.

Im Klartext: Ehrgeiz und Perfektion sind überhaupt keine Garanten, um zur besten Version deines Selbst zu werden. Das Gegenteil kann der Fall sein.

Mit diesem neuen Blick auf deine Fähigkeiten bitte ich dich nun wieder auf die Stufe deines VERHALTENS (Zettel 1): WAS TUST du nach deiner Rückkehr von der Himmelstreppe? An dieser Stelle kommt auch wieder das virtuelle Kamerateam ins Spiel, das du bereits aus Teil I der Himmelstreppe kennst, und das dich nun gespannt zurückerwartet, um den 2. Teil der Reportage mit dem Titel „Eine neue Version deines Selbst nach der Rückkehr aus dem Kosmos" ;-) zu filmen.

Bei dieser Dokumentation geht um konkrete Handlungen, bei denen dich das Kamerateam ab jetzt filmen kann. Natürlich ist dies ein Feature, das über morgen hinausgeht. Denn vielleicht musst du dir ja nicht nur einige Fähigkeiten, wie oben beschrieben, sondern auch bestimmte Verhaltensweisen erst noch aneignen oder wieder wachküssen und trainieren.

Bitte beantworte die folgenden Fragen: WAS tust du ab heute bzw. zeitnah gemeinsam mit Menschen? WAS tust du nun oder bald für sie? (Konkrete Handlungen!) Was stellst du damit für die betreffenden Menschen sicher?

_____

_____

_____

_____

_____

WAS tust du ab heute oder in naher Zukunft für dich und mit dir? (Auch hier wieder: konkrete Handlungen!) Was stellst du damit für dich sicher?

_____

_____

_____

_____

_____

WAS tust du nun bzw. demnächst in Bezug auf die Welt, also Umwelt, Gesellschaft, Kultur, etc.? (Nochmals: konkrete Handlungen!) Was stellst du damit in Bezug auf die Welt sicher?

_____

_____

_____

_____

_____

Und wenn du nun wieder in deine Aufzeichnungen schaust, die du auf dieser Stufe auf dem Weg die Himmelstreppe hinauf gemacht hast: Hat sich etwas an deinem (aktuellen bzw. geplanten) Verhalten in Bezug auf die Menschen in deinem Leben, in Bezug auf dich und in Bezug auf die Welt verändert?

_____

_____

_____

_____

_____

Deine ganz persönliche Verhaltensänderung hat, auch wenn man jetzt denken könnte, dass du ja „nur" ein einzelner Mensch bist, große Auswirkungen auf unsere Welt. Denn wir alle sind Mitschöpfer der Erde, die das Gesicht unseres Planeten jeden Tag mitgestalten, verändern und dadurch neu modellieren.

Weißt du, wann mir das am deutlichsten wurde, wie viel Einfluss wir auf die Gestaltung der Erde nehmen? Es war auf einem Nachtflug von New York nach Frankfurt. Ich war hundemüde, konnte aber irgendwie nicht schlafen. Und so schaute ich einfach aus dem Fenster und ließ, nachdem wir den Atlantik überquert hatten und wieder Festland sehen konnten, diese Zauberlandschaft da ganz weit unter uns auf mich wirken. Wunderschön. Unendliche Lichter im Dunkel der Nacht. Doch dann schoss mir ein unangenehmer Gedanke durch den Kopf. „So schön das alles da unten auch von hier aus aussehen mag, das ist bei Gott nicht der natürliche Zustand unserer Erde.

Überall da, wo ich von hier oben tausende, ach was, Millionen Lichter sehe, da haben wir Menschen die Haut der Erde mit Straßen, Autobahnen und Häusern einfach zubetoniert. Verkrustet. Wir haben uns das Gesicht der Erde wie Parasiten zu eigen gemacht." Dieser Moment hat mich sehr berührt und irgendwie auch traurig gemacht. Und gleichzeitig fiel mir ein Witz ein, den mir ein Freund einmal erzählt hatte: Erde und Mars treffen sich beim Spaziergang auf Ihrer Umlaufbahn. Da fragt Mars die Erde: „Na, wie geht's denn so?" Die Erde schaut ihn etwas trübe an und antwortet ächzend: „Oh, ich habe Homo Sapiens!" Der Mars beginnt laut zu lachen und erwidert: „Ach so!!! Na, da mach' dir mal keine Sorgen. Das geht schnell wieder vorbei. Gute Besserung!"

Die beste Version deines und meines Selbst können bestimmt etwas dafür tun, dass es für alle gut weitergeht. Für die Erde, für dich, für mich, für die Menschen, Tiere und alles Leben um uns herum. Gemeint sind hier alle Menschen, Lebewesen und Systeme, mit denen du in Verbindung stehst, denen du angehörst und die du somit beeinflusst und mit veränderst: deine Familie, deine Haustiere, deinen Freundeskreis, das Team, in dem du arbeitest, das Unternehmen, für das du tätig bist, der Markt oder die Branche in dem bzw. für die du aktiv bist. Weiter das Umfeld, in dem du lebst, das Haus, der Garten, den du vielleicht angelegt hast. Die Natur (als System), deren Wasser und Nahrungsmittel du nutzt, deren Rohstoffe du bspw. zum Heizen und Autofahren nutzt, und der du alles, was du verbraucht hast, als Abfall wieder zurückgibst, womit du die Erde wiederum veränderst.

Die Lehre der Kybernetik besagt genau das: Alles beeinflusst alles (-> **Patch 33:** Chaos/Sicherheit/Neuausrichtung). Ob du willst oder nicht. Merkst du, wieviel Macht du hast? Und wie wichtig es ist, dass du dir darüber bewusst wirst? Du als einzelner Mensch hast immensen Einfluss auf alle Bereiche des Lebens. Denn eines steht fest: Die Erde wird nie wieder so sein, wie zu der Zeit, bevor du sie betreten hast.

Du wirst hier auf jeden Fall Spuren hinterlassen, ob du es bewusst tust oder nicht. Doch du hast nun die Chance, nicht irgendwelche Spuren zu hinterlassen, sondern solche, die organisch und der Erde zuträglich sind (-> **Patch 19:** Zellen im Weltenkörper). Indem du deine Essenz auf die Erde bringst bzw. sie in alle Systeme, denen du angehörst, einfließen lässt. Dies geschieht durch dein bewusstes Handeln und durch die Art, wie du mit dem, auf das du Einfluss nehmen kannst, umgehst.

Daher denk' einmal über das hier und jetzt hinaus: Welche „Spuren" kannst und möchtest du durch deinen Einfluss hier auf der Erde hinterlassen, wenn du deine menschliche Gestalt wieder ablegst und zurück hinter den Klang, zurück in das Reich der Ur-Energie und des reinen Bewusstseins, gehst?

_____

_____

_____

_____

_____

An diesem Punkt des Bewusstwerdungsprozesses, denn nichts anderes ist die Himmelstreppe, wurde ich schon häufig Zeugin teilweise verblüffender Statements.

Sie reichen von riesigen Vorhaben wie:

„Ich gründe ein Weltunternehmen, das diesen XY Gedanken über meinen Tod hinaus weiter befördern wird",

bis hin zu bescheideneren Aussagen wie:

„Die Welt wird ein bisschen heiterer und gelassener geworden sein, wenn ich hier wieder abdanke."

Oder auch:

„Ein paar Menschen werden sich weniger einsam gefühlt haben als ohne mich. Sie werden sich verstanden fühlen. Und dadurch auch auf ihr Umfeld anders wirken. Liebevoller, menschenfreundlicher. Auch noch später, wenn ich schon gestorben bin."

Bis hin zu:

"Ich werde Verantwortung für dieses Projekt und dieses Gebäude übernehmen und mein Bestes geben, damit es weit über mein Leben hinaus ein Ort der Kultur und Schönheit bleibt."

Und noch ein sehr beeindruckendes Statement von einem meiner Klienten, das mich besonders gefreut hat:

„Ich entscheide hiermit, doch noch Vater zu werden. Im Alter von 52! (Lacht laut auf!) Jetzt endlich habe ich den Arsch dazu in der Hose. Mir war bis heute nicht klar, dass es meine größte Angst, aber auch mein größter Wunsch ist, ein Vater zu sein. Und ich werde stolz sein, das Leben an einen kleinen

Menschen gemeinsam mit meiner Freundin weitergegeben zu haben!"

Toll, mit welchen Erkenntnissen man nach dem Ausflug auf die Himmelstreppe wieder auf der Erde landen kann. Ich wünsche dir, dass auch du gute Einsichten mitgebracht hast! Wie fühlst du dich? Was geht dir durch den Kopf und das Herz?

Ich bin sicher, dass sich diese Reise, die Himmelstreppe hinauf und hinab, für dich gelohnt hat. Vielleicht bist du gerade im Zustand kompletter Verwirrung. Vielleicht hast du eine tiefgreifende Erkenntnis gewonnen oder einfach eine kleine, aber wichtige Einsicht gehabt. Auch letzteres ist gut. Nimm' einfach das in dich auf, was du über dich selbst erfahren konntest.

Wann immer ich diese Himmelstreppe mit meinen Klienten bestiegen habe, ist die Folge auch eine Veränderung im Außen. Manchmal ist diese immens groß, manchmal zunächst nur winzig klein. Aber auch das ist im Grunde genommen völlig egal. Es ist wie mit dem schwachen Licht einer winzigen Kerze. Es trägt das Potenzial in sich, ein riesiges Feuer zu entfachen.

Meine Empfehlung an dich ist, dass du dir Zeit nimmst, alles, was du nun über dich selbst erkannt hast, und auch die damit einhergehende Neuausrichtung deiner Energie, erst einmal in Ruhe zu „verstoffwechseln".

Meist wirkt dies tief nach, und es zeigt sich bald klar und deutlich, was sich verändern möchte. Davon abgesehen, kannst du jederzeit erneut über die Himmelstreppe gehen. Wenn du dafür lieber einen Begleiter haben möchtest, dann frag' einen Menschen deines Vertrauens, ob er als neutral Fragender, als sich nicht einmischender Beobachter und Protokollant, mit dir durch diesen Prozess gehen möchte.

-> *Übersicht über die Patches, auf die in diesem Text verwiesen wurde:*
   Patch 11: *Die Himmelstreppe, Teil I*
   – Der Weg zur Stille hinter dem Klang
   Patch 31: *Lovetuning*
   – Kann man mit einer Stimmgabel Liebe erzeugen?
   Patch 33: *Von der äußeren zur inneren Sicherheit, Teil I*
   – Wie die Macht eines Teilchens ein ganzen System verändert: Chaos und Neuausrichtung
   Patch 34: *Von der äußeren zur inneren Sicherheit, Teil II*
   – Selbstbestimmung statt Fremdbestimmung: ein heilsamer Machtwechsel (Praxisbeispiel)

-> *Von hier aus weiterführende Patches:*
   Patch 3: *Die Generalprobe für das Erdenleben*
   – Das kosmische Orchester
   Patch 4: *Von der sinnlosen Motivation zum wahren Antrieb!*
   Patch 7: *Der gelassene Erfolg!*
   Patch 14: *Von der Verstimmung in die Bestimmung*
   – Die Klärung deiner (kosmischen) Frequenz
   Patch 36: *Was glaubst du eigentlich, wer du bist?*

PATCH 13

**Looking for Connection? –
Feinstoffliches Zielgruppenmarketing durch
das Resonanzprinzip und Synchronizitäten**

Jeder Mensch verfügt über eine eigene Frequenz, aus der seine persönliche Ausstrahlung hervorgeht (-> **Patch 32:** Charisma lernen; -> **Patch 14:** Klärung deiner Frequenz). Wie die Sendestation eines Radiosenders, so senden auch wir auf unserer Frequenz ununterbrochen Gedanken, Wünsche, Gefühle und Hoffnungen in die Welt. Einige davon bewusst, die meisten allerdings unbewusst. Denn wir denken täglich über 60.000 Gedanken und schicken sie alle – ausnahmslos – auf unserer Sendefrequenz in die Welt!

Hat das Auswirkungen? Ja, jede Menge. Denn durch das Prinzip der Resonanz gehen wir mit all den Menschen in Kontakt, die auf unserer Wellenlänge liegen. Und in Folge auch mit Situationen, Begebenheiten und Orten, in denen sich die Menschen, die sich in unserem Frequenzfeld bewegen, aufhalten. Genau diese Menschen sind empfänglich für unsere Gedanken, Wünsche, Hoffnungen etc.

Begriffsklärung Resonanz:
Das Wort Resonanz bedeutet Widerhall! Doch kann Resonanz nur zwischen zwei oder mehr Dingen, Menschen, Systemen, Gegenständen entstehen, die über eine Eigenfrequenz verfügen.
Die Eigenfrequenz ist die Frequenz, mit der ein System frei schwingt. Jedes System hat dabei ganz bestimmte Eigenfrequenzen. Sie hängt von den physikalischen Gegebenheiten des Systems ab. Wenn wir schwingungsfähige Systeme mit dieser Eigenfrequenz zum Schwingen bringen, kann sich die Schwingung zu riesigen Werten

„aufschaukeln". Der Trick besteht darin, den richtigen Ton bzw. die richtige Frequenz zu treffen und zu halten. Ein Beispiel? Ein Kind sitzt auf der Schaukel, und eine Person schubst es an. Wenn diese Person das Kind genau in dem Takt anschubst, in dem es auf der Schaukel schwingt, dann wird es höher schaukeln. Das ist Resonanz. Schubst die Person aber zu früh, dann bremst sie das Kind sogar ab. Das nennt man Dissonanz. Der Takt, in dem die Schaukel schwingt, wird als Frequenz bezeichnet. Gemessen wird die Frequenz meist als Schwingung pro Sekunde. Viele Gegenstände schwingen gerne in einem ganz bestimmten Takt, z.B. die Saiten eines Musikinstruments. Die Frequenz ist dann das Maß für die Tonhöhe.

Wie schon am Beispiel der Schaukel deutlich wurde, so kann am meisten Energie übertragen werden, wenn die Frequenzen von zwei schwingenden Sachen genau übereinstimmen. So kann eine Sängerin z.B. ein Glas zum Schwingen bringen, wenn sie ganz genau den Ton trifft, den das Glas auch beim Anschlagen erzeugt. Sie trifft also die Resonanzfrequenz des Glases. Wenn sie aber nur ein ganz klein wenig „daneben" liegt, wird die Schwingung des Glases mal verstärkt, dann aber wieder abgebremst. Schon Galileo Galilei hat sich ab 1602 mit Schwingungsresonanzen von Pendeln und Saiten und mit diesen Phänomenen intensiv beschäftigt.

Das Prinzip der Resonanz ist bis heute nur auf der physikalischen, aber noch nicht auf der metaphysischen bzw. feinstofflichen Ebene wissenschaftlich nachgewiesen. Insofern nutze ich das hier beschriebene Resonanzprinzip als Metapher für feinstoffliche, metaphysische Vorgänge und Phänomene.

Teilweise basierend auf Landesbildungsserver Baden-Württemberg (www.schule-bw.de/unterricht/faecher/physik/online_material/akustik/ueberlagerung/resonanz.htm), 02.01.2017.

Selbst die Werbung macht sich dieses Prinzip in gewisser Hinsicht zu nutze. Im Rahmen des Zielgruppen-Marketing wählt sie in ihren Werbebotschaften nicht nur bestimmte Inhalte, sondern vor allem eine bestimmte Tonalität, die der Frequenz der Zielgruppe entspricht.

Genauer: Es werden bestimmte, dieser Tonalität entsprechende Stilmittel eingesetzt, wie die passende Sprache, die passenden Bilder und die für diese Zielgruppe passenden Emotionen.

Die Ansprache der gewünschten Zielgruppe mit der für sie stimmigen Tonalität, mit den für sie passenden Stilmitteln, sichert Erfolge. So setzen sich Personen aus dieser Zielgruppe in Bewegung, um das beworbene und für sie interessante Produkt zu kaufen. Auch hier greift letztendlich – im übertragenen Sinne – das Prinzip der Resonanz. Denn die „Käufer" sind mit der Tonalität der Botschaft in Kontakt gegangen.

Ähnlich verhält es sich mit dem Wirkungsgrad unserer feinstofflichen Ausstrahlung – sprich: unserer individuellen Frequenz. Wenn meine eigene Frequenz klar und rein ist, dann funke ich fast schon automatisch, auf der Ebene des Feinstofflichen, Menschen und Situationen an, die mit mir auf einer Wellenlänge/Frequenz (-> **Patch 29:** Frequenz) liegen und so mit mir, meinen Interessen, Wünschen und Bedürfnissen in Resonanz sind.

Das gilt beruflich, privat, in Sachen Hobbies, Liebe, etc. Jeder von uns ist durch seine persönliche Frequenz im übertragenen Sinne ein Sendemast, der ein Resonanzfeld aufbaut und damit Kontakt zu seiner persönlichen Zielgruppe, sprich: den Menschen, die zu ihm passen, aufbaut und hält.

Die gute Nachricht ist: Das Gesetz der Resonanz funktioniert immer, ob wir es wollen oder nicht! :-)

Die schlechte Nachricht ist: Das Gesetz der Resonanz funktioniert immer, ob wir es wollen oder nicht! :-(

Leider ist bei vielen Menschen die ureigene Frequenz zeitweise oder dauerhaft so verzerrt, dass die persönliche Ausstrahlung kraftlos und diffus wird. D.h., sie senden, und das meist unbewusst, ihre Botschaften entsprechend wirr und unfokussiert in die Welt hinaus. Teilweise funken sie sogar in Frequenzbereiche hinein, die „eigentlich" nichts oder nur wenig mit ihnen zu tun haben. So funken sie Menschen, Situationen und Begebenheiten an, die weder ihren wahren Bedürfnissen, noch ihren wahren Wünschen entsprechen und somit auch nicht richtig zu ihnen passen: Und so landen sie – welch Wunder – in einer unglücklichen Liebesbeziehung, weil sie einen für sie unpassenden Lebensgefährten angezogen haben. Oder im falschen Job, oder in einer Wohnung, in der sie sich nicht wohlfühlen. Sie sind in Dissonanz mit sich und ihrem Leben. Eine verzerrte Frequenz hat eine Resonanz zur Folge, die in Dissonanz zu unserem wahren Selbst steht (-> **Patch 14:** Klärung deiner Frequenz). Eine solche Resonanz zieht unstimmige Szenarien nach sich.

So wie wir das Gesetz der Resonanz nicht ausschalten können, ebenso wenig könnten wir uns von dem Phänomen der Synchronizitäten loslösen! Aber was ist eigentlich eine Synchronizität?

Der Begriff der Synchronizität stammt ursprünglich von C.G. Jung: „Es handelt sich bei der Synchronizität um ein inneres Ereignis (eine lebhafte, aufrührende Idee, einen Traum, eine Vision oder Emotion) und ein äußeres, physisches Ereignis, welches eine (körperlich) manifestierte Spiegelung des inneren (seelischen) Zustandes bzw. dessen Entsprechung darstellt. Um das Doppelereignis tatsächlich als Synchronizität definieren zu können, ist es unerlässlich, dass das innere chronologisch vor oder aber genau gleichzeitig („synchron") mit dem äußeren Ereignis geschehen ist. Andernfalls könnte angenommen werden, dass das innere Phänomen auf das äußerlich wahrgenommene vorherige Ereignis reagiert (womit wieder eine quasi kausale Erklärung möglich wäre)."

Seite „Synchronizität", in: Wikipedia, Die freie Enzyklopädie. Bearbeitungsstand: 18. September 2016, 06:17 UTC.

Etwas einfacher – wenn auch nicht ganz so präzise – ausgedrückt: Womit ich mich verbinde, das verbindet sich mit mir. Oder auch: innen wie außen – außen wie innen.

Egal, ob ich meine Sendekraft bewusst oder unbewusst auf für mich Positives oder Negatives ausrichte: Ich gehe durch meine Ausstrahlung und meine Frequenz damit in Resonanz und ziehe es somit an. Wenn man die Phänomene der Resonanz und der Synchronizität im Positiven zu nutzen weiß, wofür man eine geklärte persönliche Frequenz braucht, dann ist es ein müheloser und lässiger Weg, ein erfolgreiches und erfülltes Leben zu leben: Wir ziehen einfach an, was wir uns von Herzen wünschen! (In der Werbung würde man diesen Zustand als Sog-Marketing bezeichnen: Man zieht so viele passende Interessenten an, dass man aktiv gar keine Werbung mehr machen muss! Entspannt, oder?)

Feinstoffliches Zielgruppenmarketing via Resonanz und Synchronizität bahnt einen lässigen Weg zum Erfolg und in ein erfülltes Leben, wenn die Eigenfrequenz eines Menschen geklärt und kraftvoll ist!

Wie kommt es überhaupt dazu, dass sich unsere persönliche Frequenz verzerrt? Man muss sich das in etwa so vorstellen, dass unverarbeitete Erlebnisse, die uns geprägt haben, an unserer Frequenz anhaften, ankleben und so im wahrsten Sinne des Wortes an ihr zerren. Dies können bspw. kleinere oder größere Traumata, unaufgelöste Ängste, Eindrücke, die wir als negativ abgespeichert haben, sein. Im Umkehrschluss können wir unsere Frequenz aber auch wieder von Verzerrungen befreien und einjustieren, wenn wir diese Anhaftungen klären und damit aus unserm System herauslösen. Dafür gibt es unterschiedliche Methoden, Möglichkeiten und Ansätze, von denen einige, besonders wirksame, in den folgenden Patches zur Selbsterfahrung und zum Nachspüren zu finden sind: Patch 2; Patch 3, Patch 11; Patch 15 (-> **Patch 2:** Die Herzstrategie; -> **Patch 3:** Das kosmische Orchester; -> **Patch 11:** Die Himmelstreppe; -> **Patch 15:** Das Werte-Mantra). Denn die Klärung und Justierung der eigenen Frequenz ist einer der zentralsten Teile zur Entwicklung unseres Bewusstseins und auf dem Weg zur besten Version des Selbst.

-> *Übersicht über die Patches, auf die in diesem Text verwiesen wurde:*
Patch 2: Die Herzstrategie – WERT-volle Lösung bei Entscheidungskonflikten
Patch 3: Die Generalprobe für das Erdenleben
– Das kosmische Orchester
Patch 11: Die Himmelstreppe, Teil I
– Der Weg zur Stille hinter dem Klang
Patch 14: Von der Verstimmung in die Bestimmung
– Die Klärung deiner (kosmischen) Frequenz
Patch 15: Ein Mantra, mit dem wir unsere Werte erkennen
Patch 29: Frequenz: eine Begriffsklärung mit Weitblick!
Patch 32: Kann man Charisma lernen? Und was genau macht die eigene Strahlkraft aus?

-> *Von hier aus weiterführende Patches:* **keine**

PATCH 14

Von der Verstimmung in die Bestimmung – Die Klärung deiner (kosmischen) Frequenz

Jeder Mensch entspringt dem kosmischen Bereich des Feinstofflichen, Geistigen und „materialisiert" sich erst durch eine zehnmonatige Reifezeit und die darauf folgende Geburt auf der Erde. Genau genommen kommen wir sogar aus dem Nichts, dem Bereich des reinen Potenzials, dem Dao, wie es die Daoisten nennen, und tauchen, ausgelöst durch unsere Zeugung (wir werden zu „Zeug", also zu Materie), und die nachfolgende Geburt als „Gestalt" im Kosmos und auf unserer Erde auf. Doch was macht unsere Gestalt eigentlich aus?

Wie einige Ansätze der Physik, der Philosophie und der Energiewissenschaften nahelegen, ist der ganze Kosmos nichts anderes als Klang, als Schwingung und Frequenz. Das gilt auch für unsere Erde, als Teil des Kosmos, und somit auch für uns selbst, als Teil der Erde.[1] Jeder von uns bringt (s)eine ganz eigene Frequenz mit, wenn er als kleiner Mensch auf dieser Erde landet.

> *„Dein Urklang ist der Klang, den das Universum zur Zeit deiner Geburt gesummt hat." Dieses Mantra wurde von den Weisen Indiens vor tausenden von Jahren empfangen.*
>
> Joachim Schneider, Ph. D., Sozialpsychologie,
> von Deepak Chopra zertifizierter Meditationslehrer

Diese ureigene Frequenz, d.h., unser Urklang, macht uns und unseren Wesenskern aus. Er ist unsere Essenz, unser Lied, unsere Stimmung und damit auch unsere Be-Stimmung (-> **Patch 32**: Charisma lernen; -> **Patch 29**: Frequenz). Man kann unseren Körper und unser Wesen auch als Instrument ansehen, das im „Universums-Orchester" der Schwingungen und Frequenzen einen ganz eigenen Klang (genauer: Frequenz) repräsentiert, der sich harmonisch in die Gesamtsymphonie des Kosmos einfügt (-> **Patch 3:** Das kosmische Orchester). Dies beschreibt den heilen Zustand von Gesundheit, Glück und Erfüllung, in dem jeder von uns seinen guten Platz in der natürlichen Ordnung gefunden hat und einnimmt. Ein Märchen? Nicht unbedingt. Auf jeden Fall dann nicht, wenn es jedem von uns gelänge, den eigenen Urklang und die eigene Frequenz zu halten und sich nicht aus dem Konzept bringen zu lassen.

Denn leider sind Schwingungen und Frequenzen, wie alles Feinstoffliche, sehr anfällig für Störungen. Und damit auch unsere persönliche Frequenz bzw. unser Urklang. Durch Lebenserfahrungen, durch unsere Glaubenssätze, die wir uns im Laufe der Zeit „zulegen", durch die Eindrücke, die wir nicht ausreichend verarbeitet haben, aber auch durch die Überbewertung unserer Ratio und Logik und der primären Beschäftigung mit unseren Gedanken, die uns fest im Griff haben, kann es passieren, dass wir im Laufe der Zeit unsere ur-eigene Frequenz mehr und mehr „vergessen": Wir verlieren uns(er) Selbst!

Man könnte es auch so ausdrücken: Wenn wir über kein oder zu wenig Energiewissen verfügen, dann laufen wir Gefahr, dass unser „vorgeburtlicher Klang" von vielen Störfrequenzen zunehmend überlagert und teilweise bis zur Unkenntlichkeit verfremdet wird. Denn wir verfügen dann weder über einen ausreichend trainierten „Sensor" für dieses feinstoffliche Geschehen, um die Verfremdung unseres Urklangs rechtzeitig zu bemerken, noch können wir ihn selbständig wieder klären und (f)einjustieren (-> **Patch 21:** Körper-Radar). Die Folge ist Disharmonie und Leid. So ist es für die ayurvedische Medizin kennzeichnend, dass bereits eine emotionale „Verstimmtheit" nicht nur als Disharmonie sondern auch, wenn sie nicht zeitnah ausgeglichen wird, als möglicher Beginn von Krankheit betrachtet wird.[2] Denn Schwingungen und Frequenzen sind zwar zunächst auf der Ebene des Feinstofflichen beheimatet, doch manifestieren sie sich früher oder später meist auch auf der Ebene der Materie.

Ein Stein ist gefrorener Klang!

Pythagoras

Ist also unser Urklang und damit natürlich auch die feinstoffliche Ebene unseres Seins dauerhaft von fremden Frequenzen überlagert und „verschmutzt", ohne dass wir dies erkennen und entsprechende Maßnahmen ergreifen, so wird unser Selbst und dessen Entfaltung empfindlich gestört (-> **Patch 32:** Charisma lernen; -> **Patch 28:** Akupunktur mit Worten). Die Auswirkungen, die das hat, bleiben nicht lange im Bereich des Feinstofflichen, sondern bewegen sich früher oder später in die handfeste Realität unseres Lebens und sorgen dort für unangenehme Symptome und Probleme. Der eigene Lebensweg ist dann nicht mehr klar erkennbar, sondern er wird zum Irrgarten der Wirrungen und verzweifelten Suche nach der eigenen Identität, dem Lebenssinn und der Berufung. Vom Urklang und der eigenen Bestimmung ist dann nichts als Verstimmung übrig geblieben.

Ich erlebe den Wunsch vieler Klienten, die eigene Berufung (wieder) zu erkennen, meist auch als tiefe Sehnsucht, endlich eine Heimat und Frieden in sich selbst zu finden (-> **Patch 34:** Innere Sicherheit/Selbstbestimmung).

Es ist das Bedürfnis, sich selbst wieder oder vielleicht zum ersten Mal seit der frühen Kindheit zu spüren und mit der eigenen Essenz (wieder) in Kontakt zu kommen. Doch wie klärt man nun seine eigene Frequenz? Und wie findet man seine Bestimmung? Auch wenn der Weg heraus aus der Verstimmung und hinein in die Bestimmung primär vorwärts auf unser künftiges Leben ausgerichtet ist, so ist es dennoch ein Weg, der auch einen Blick nach „hinten", d.h., zu unserer Vergangenheit und Herkunft, erfordert. Allerdings nicht, wie viele vielleicht glauben, allein im biografischen Sinne.

Vielmehr geht es darum, die Ebene des Feinstofflichen und die Ebene des reinen Potenzials, also die Ebenen, aus denen wir ursprünglich, im Sinne des „großen kosmischen Ganzen", stammen, einzubeziehen. Dies ist wichtig, damit wir nicht auf der Symptomebene hängenbleiben, sondern die eigene Bestimmung wirklich an der Urquelle klären und uns selbst dort (wieder-)finden können. Denn nur dort ist eine tief wirkende Feinjustierung unserer Frequenz möglich, auf deren Basis wir dann unser Leben neu ausrichten können.

Der Weg von der Verstimmung in die Bestimmung ist also kein linearer Weg, sondern ein Weg, der die verschiedenen Aggregatzustände unseres Seins mit einbezieht: das Grobstoffliche (also die Erscheinungsformen in der Materie bzw. dem Physischen) und das Feinstoffliche (also die Phänomene im Bereich der Frequenzen, Schwingungen bzw. das Metaphysische).

Wenn wir die Zusammenhänge zwischen diesen drei Ebenen (siehe dazu Tabelle 1) verstehen, dann wird deutlich, wie und wo wir den stärksten Einfluss auf unser Leben nehmen. Und, dass es mühsam und wenig effizient ist, Lebensprobleme bzw. Blockaden auf der Symptomebene „glattzufeilen", wenn wir uns nicht um deren Ursprung auf der feinstofflichen, metaphysischen Ebene kümmern. Denn auf der Ebene des Feinstofflichen, Metaphysischen lassen sich lebensverändernde Maßnahmen meist eleganter, nachhaltiger und mit weniger Energieaufwand durchführen als auf der Ebene der Physis und Materie.

Nach dem Motto: „kleine Maßnahme (auf der Ebene des Feinstofflichen), große Wirkung (auf der Ebene der Materie)", kann unser Leben wesentlich müheloser und eleganter verlaufen als wir es bis dato kennen!

Deshalb setzen wir auf dem Weg zur besten Version unseres Selbst sogar noch eine Ebene davor an, nämlich auf der Ebene unseres (vorgeburtlichen) Ursprungs, um unser Energiesystem von dort aus einmal (wieder) richtig zu „resetten", d.h., neu zu justieren (-> **Patch 11**: Die Himmelstreppe I) ohne uns von den manifesten Symptomen,

Die folgenden drei Ebenen und ihre Zusammenhänge sollte man kennen:	
Ebene hinter dem Klang *(Ur-Sprung)*	*Das Nichts: Stille, Dao, das reine Potenzial (Ebene der tiefen Meditation, des Verbundenseins mit dem Kosmos, der Lichtsprache)*
Ebene des Klangs/ Schwingung *(erste Stufe der Manifestation)*	*Das Feinstoffliche: Frequenzen, Schwingungen, Informationen und Wahrnehmungen (Ebene der Intuition, der Feinfühligkeit, der reinen Information); Ursachenebene für das, was uns später in der Materie erscheint*
Ebene, auf der sich der Klang auswirkt *(zweite Stufe der Manifestation)*	*Die Materie: verdichtete Schwingung bzw. das, was uns als „festes" Material/feste Form erscheint (Ebene des Sachverstands, der Ratio und der Logik); Symptomebene für das, was ursächlich auf der Schwingungsebene passiert*

Tabelle 1: **Ebenen der Stofflichkeit**

die sich in unserem Leben gerade zeigen, zu sehr beeindrucken bzw. festhalten zu lassen.

Spätestens wenn wir von diesem „Resetting" über die Ebene des Metaphysischen wieder in die Welt der Physis und Materie zurückkehren, wird uns unsere Intuition begegnen und anfangen zu beschäftigen (-> **Patch 12:** Die Himmelstreppe II). Dabei geht darum, sie besser kennenzulernen und unsere Wahrnehmungen mehr und mehr zu trainieren. Wir schalten dabei, wenn man es so nennen mag, unseren „Energie-Wahrnehmungs-Radar" für die erste Manifestationsebene ein (-> **Patch 21:** Körper-Radar). Denn diesen Radar brauchen wir, damit unsere Intuition und unsere Ratio aufhören, sich gegenseitig zu bekämpfen und stattdessen Hand in Hand gehen. Eine der wichtigsten Voraussetzungen, um auf und zwischen den Ebenen des Feinstofflichen und der Materie selbständig etwas bewirken zu können.

Was uns dabei bewusst werden wird, ist die Tatsache, dass unsere Gedanken und unsere Sprache sowohl von unserer Intuition als auch von unserer Ratio gesteuert werden. Und dass Gedanken und Sprache die Ebene des Feinstofflichen mit der Ebene der Materie wie ein energetischer Transmitter verbinden. Wie massiv die Energie unserer Gedanken und Sprache deshalb auf uns und unser Leben einwirkt (-> **Patch 28:** Akupunktur mit Worten) und wie das genau funktioniert, das kann man u.a. in Patch 1 beim Beobachten der „kleinen Seins" auf humorvolle Art in Erfahrung bringen (-> **Patch 1:** Gedanken als In-FORM-ation).

-> *Übersicht über die Patches, auf die in diesem Text verwiesen wurde:*
    Patch 1: *Gedanken geben Energie eine Form*
      – Eine etwas andere Schöpfungsgeschichte
    Patch 3: *Die Generalprobe für das Erdenleben – Das kosmische Orchester*

Patch 11: *Die Himmelstreppe, Teil I*
– Der Weg zur Stille hinter dem Klang
Patch 12: *Die Himmelstreppe, Teil II*
– Bring' deine Botschaft auf die Erde
Patch 21: *Von roten und grünen Knöpfen*
– Bewusstsein beginnt mit Körperbewusstsein
Patch 28: *Worte sind feinstoffliche Akupunkturnadeln: Sie können krank machen und heilen*
Patch 29: *Frequenz: eine Begriffsklärung mit Weitblick!*
Patch 32: *Kann man Charisma lernen? Und was genau macht die eigene Strahlkraft aus?*
Patch 34: *Von der äußeren zur inneren Sicherheit, Teil II*
– Selbstbestimmung statt Fremdbestimmung: ein heilsamer Machtwechsel (Praxisbeispiel)

–> *Von hier aus weiterführende Patches:*
Patch 13: *Looking for Connection?*
– Feinstoffliches Zielgruppenmarketing durch das Resonanzprinzip und Synchronizitäten

---

[1] *Für alle, die das akustisch einmal wahrnehmen möchten, empfehle ich auf YouTube die „NASA Space Sounds" (https://www.youtube.com/watch?v=-MmWeZHsQzs). Hier kann man kosmischen, elektromagnetischen Wellen, die über Plasmaantennen empfangen und in einen für uns Menschen hörbaren Frequenzbereich transformiert wurden, lauschen. Wunderschön und sehr berührend! Weiterhin empfehle ich https://www.youtube.com/watch?v=XRcylkd4k4o und viele weitere Filme zu „The Voice of our earth"! Es lohnt sich!*

[2] *Eine der Möglichkeiten, die sich aus der Ayurvedischen Tradition ergibt, um in unsere ursprüngliche Frequenz wieder hineinzufinden, ist die sogenannte „Primordial-Sound-Meditation" (nähere Informationen unter http://www.chopra.com).*

PATCH 15

Ein Mantra, mit dem wir unsere Werte erkennen

Kinder sind gnadenlose Erkenntnisforscher: „Warum haben Flugzeuge Räder? Und haben alle Flugzeuge Räder? Warum sitzen zwei Piloten im Cockpit? Und warum im Bus nur ein Busfahrer? Warum, warum, warum … ?" Sie lassen nicht locker, bis sie es genau wissen.

In dieser Phase des Lebens haben wir die Freude, ihnen ihre Welt ein bisschen näher zu bringen und ihnen dabei zu helfen, sich ein Stück weit zu orientieren. Doch anscheinend lehren wir ihnen in dieser Zeit auch, dass hartnäckiges Fragen anstrengend, zuweilen sogar unerwünscht ist. Denn wie anders kann man es sich erklären, dass im Erwachsenenalter bei vielen Menschen – gerade dann, wenn es um wichtige Lebensentscheidungen geht – der Forscherdrang manchmal so „festhängt", als dürften wir nicht weiter als bis um die nächste Ecke denken. Frei nach den Motto: Wird schon gut gehen.

Vielleicht sollten wir die Rollen einmal umdrehen und unsere Kinder als motivierendes Vorbild nehmen, um an für uns wichtigen Stellen – ähnlich dem kindlichen „Warum, warum, warum?" – eine einzige, simple Frage konsequent und hartnäckig zu stellen:

WOZU IST DAS GUT?

Denn, wie ein Mantra[1] angewandt, hilft uns diese Frage, uns innerhalb kürzester Zeit zu orientieren und zu erkennen, ob wir eine funkelnde Chance, die uns das Leben vor die Füße spielt, ergreifen oder lieber an uns vorbeiziehen lassen sollten. Diese Frage legt uns – neben einer ziemlich präzisen Standortbestimmung – innerhalb kürzester Zeit unsere eigenen Werte so präzise offen, dass wir uns recht entspannt im Dschungel der Lebensentscheidungen orientieren können. Durch dieses „Wozu-ist-das-gut"-Mantra finden wir also zielsicher heraus, ob bspw. ein scheinbar attraktives Projekt, ein potenzieller Hauskauf, ein Umzug, ein attraktives Jobangebot oder sonst ein Vorhaben für uns wirklich wert- und damit sinnvoll ist, oder ob es nur auf den ersten Blick so erscheint. Anders ausgedrückt: ob eine Entscheidung für oder gegen etwas unseren aktuellen Werten – und damit auch Bedürfnissen – entspricht, oder eben nicht.

Wieso ist es überhaupt so wichtig, sich über seine Werte im Klaren zu sein?

Unsere aktuellen Werte sind Ausdruck
unserer aktuellen Bedürfnisse!

Sei es unser Bedürfnis nach mehr Freiheit, mehr Sicherheit, mehr Geld (-> **Patch 6:** Tag ohne Geld) oder persönlicher Entwicklung: Wenn wir unseren Werten und damit Bedürfnissen entsprechend leben und handeln, sind wir motiviert und empfinden unser Tun und Handeln als sinnvoll. Handeln wir – aus welchen Gründen auch immer – gegen unsere Werte, führt das nicht selten zu tiefen Sinnkrisen oder gar ins Burn-out.

Wer sich mit dieser Dynamik tiefer beschäftigen möchte und einen Überblick über für Menschen relevante Werte erhalten will, dem seien die Patches 2 und 18 ans Herz gelegt (-> **Patch 2:** Die Herzstrategie; -> **Patch 18:** Lebens-WERT?).

Auf jeden Fall führt die Frage: „Wozu ist das gut?", mitten in unser Herz, in eine kraftvolle Klarheit, die unsere wahren Beweggründe zu Tage treten lässt und uns damit hilft, aus einer klaren inneren Sicherheit heraus Entscheidungen zu treffen (-> **Patch 33:** Innere Sicherheit/Chaos und Neuausrichtung).

Hier ein Beispiel, das ganz praktisch zeigt, wie ein „Wozu-ist-das-gut"-Mantra zu einer individuellen und authentischen Herzstrategie und damit Entscheidungsklarheit führt:

Es handelt sich um meinen Klienten Hasso, der ein für ihn attraktives und lang ersehntes Jobangebot erhielt. Doch statt sich zu freuen, konnte er nachts nicht mehr schlafen, grübelte und machte sich diffuse Sorgen. Also kam er ins Coaching. (Wer Hassos ausführliche Geschichte und Coaching-Sitzung zur Entwicklung seiner Herzstrategie in dieser für ihn sensiblen Entscheidungssituation erfahren möchte, der sollte Patch 2 lesen (-> **Patch 2:** Herzstrategie).) Rein logisch-rational betrachtet, „musste" er diesen Job annehmen, doch schauen wir selbst auf das überraschende Ergebnis (siehe Herz in Abbildung 3), das sich bei der auf der nächsten Seite kurz und systematisch dargestellten Entwicklung von Hassos Herzstrategie herauskristallisierte (Tabelle 2). (Bitte die Tabelle von unten nach oben lesen!!!)

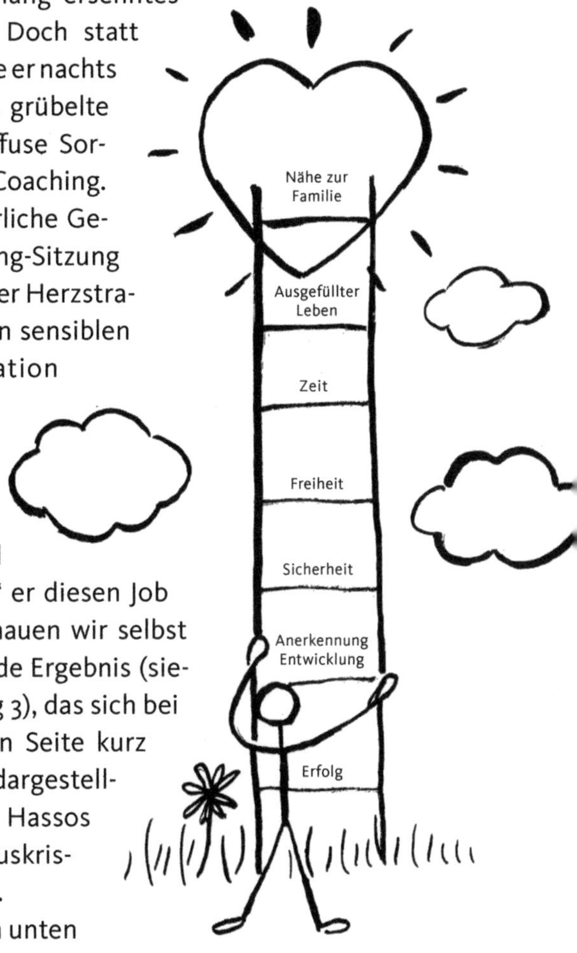

Abbildung 3: **Hassos „Werteleiter"**

Die Herzstrategie
Entscheidungsfindung mit dem „Wozu-ist-das-gut"-Mantra

	Meine Frage (nach Hassos Werten) **WOZU IST DAS WICHTIG?**	**Hassos Antworten und das Herauskristallisieren seiner Werte**
Schritt 8	Wie lange würde es dauern, bis Sie Ihr Hauptziel: **mehr Nähe und Zeit** mit Ihrer **Familie** und Ihren Freunden, mit Hilfe dieses neuen potenziellen Jobs – und dem damit verbundenen Wachstum an Anerkennung und Vermögen – erreichen?	Geschätzt: mindestens 3 – 5 Jahre. Jahre voller Stress und mit vielen Abwesenheiten von meiner Familie und meinen Freunden. Das wäre die Zeit, die ich in diesen Job reinhängen müsste, um die Früchte meiner Arbeit zu ernten. Bis dahin sind die Kinder groß! Jetzt verstehe ich, warum ich mir in den vergangen Tagen Sorgen gemacht habe. Ich habe es nicht zugelassen, so weit zu denken und in die Sache hineinzuspüren.
Schritt 7	Und erlaubt der neue Job – zumindest mittelfristig – mehr Nähe zu Ihrer **Familie**?	Nein! Im Gegenteil. Ich muss in diesem Job mehr arbeiten als jemals zuvor und sehe meine Familie noch weniger.
Schritt 6	WOZU IST es GUT, **ruhiger, ausgefüllter und länger zu leben**?	Mehr **Nähe zu meiner Familie** (7. und wichtigster Wert).
Schritt 5	WOZU IST es GUT, mehr **Zeit** für **Familie/Gesundheit/ Freunde** zu haben?	**Ruhiger, ausgefüllter, länger leben** (gutes Vorbild für die eigenen Kinder) (6. Wert).
Schritt 4	WOZU IST diese **Freiheit** GUT/wichtig?	Mehr **Zeit** für die **Familie/Gesundheit/ Freunde** (5. Wert).

Schritt 3	WOZU IST diese eben geschilderte **Sicherheit** GUT/wichtig?	*Für mehr **Freiheit**, tun und lassen zu können was ich will (4. Wert).*
Schritt 2	WOZU IST Ihre **Weiterentwicklung** und mehr **Anerkennung** GUT/wichtig?	*Für eine höhere Job-**Sicherheit** und Sicherheit (hier in Form eines Vermögensaufbaus) (3. Wert).*
Schritt 1	WOZU IST mehr **Erfolg** GUT/wichtig für Sie?	*Für meine **Weiterentwicklung** und mehr **Anerkennung** (2. Wert).*
Einstieg in das Thema	WOZU wäre es GUT, den neuen Job anzunehmen?	*Ich hätte die Chance auf mehr **Erfolg** (1. Wert).*

Tabelle 2: **Hassos Herzstrategie**

Ich habe Hasso also durch die wiederholte Frage: „Wozu ist das wichtig/gut?", zunächst nach seinen Werten gefragt, anstatt mit ihm gleich zu überlegen, wie er sein ursprüngliches Ziel, den neuen Job anzunehmen und mehr Geld zu verdienen, stressfrei erreichen kann. Denn das hätte seinen Wertekonflikt nicht aufgedeckt.

Sich zu einem sinnvollen Ziel zu commiten, das erfordert immer und als erstes die Beantwortung der Wertfrage!

WOZU IST _____ GUT? = WERT

(Alternativ kann man auch fragen: WAS ist mir wichtig am _____? WAS stellt _____ sicher?)

Kennen wir unsere Werte, so können wir uns zunächst sinnvoll und stimmig für oder gegen ein Ziel und dann für oder gegen eine Option entscheiden.

WERT -> ZIEL -> ENTSCHEIDUNG

Dieses „Wozu-ist-das-gut"-Mantra wende ich in Entscheidungssituationen so lange an, bis sich ein Wert (im Fall von Hasso der Wert „Familie") mehrfach zeigt. Das ist das sichere Zeichen, dass sich ein persönlicher Kernwert/Herzwert herauskristallisiert hat: Der Nebel lichtet sich und gibt den Blick auf die Konsequenzen frei, die sich aus der potenziellen Entscheidung für oder gegen einen beruflichen oder privaten Weg ergeben. Wird dieser Schritt nicht vollzogen, so werden Entscheidungen aus den „falschen" Zielen heraus getroffen, die nicht die tatsächlichen Werte widerspiegeln.

Das „Wozu-ist-das-gut"-Mantra funktioniert also wie ein Navigationssystem, das uns den Weg durch unsere Herzstrategie ausleuchtet und uns so zu einer Entscheidung führt, die von Authentizität und Sinnhaftigkeit getragen ist.

Ob man dann doch die „Abbiegung" nimmt, die, nach logischen und rationalen Kriterien bemessen, zunächst „richtig" erschien (und die tatsächlichen Werte der Person ignoriert), oder ob man aus Sicht des Herzens den persönlich sinn- und wertvollen Weg einschlägt, das sei natürlich jedem selbst überlassen. Hasso konnte sich also, gemäß seinem ursprünglichen Ziel, für mehr Geld und Ansehen entscheiden oder seinem authentischen, hohen Wert „Familie" folgen. In dem einen Fall wäre die Entscheidung für das neue Jobangebot die Folge gewesen, in dem anderen Fall dessen Ablehnung. Denn:

Eine Entscheidung für etwas ist immer auch eine Entscheidung gegen etwas und muss im Einzelfall gut abgewogen werden. Das „Wozu-ist-das-gut"-Mantra macht auf jeden Fall eines sehr deutlich: zu welchem Preis und mit welchem Energieaufwand ich mich für oder gegen eine Option entscheide.

Da man sich in der Unterscheidung zwischen Werten und Zielen leicht verheddern kann, habe ich nachfolgend ein paar Beispiele aufgezeigt, die den Unterschied zwischen Werten und Zielen noch einmal verdeutlichen. Dabei wird schnell klar: Ein Wert lässt sich auf viele Weisen stimmig leben und gibt uns Freiheit, zwischen verschiedenen mit uns und unseren Werten im Einklang stehenden Zielen und Szenarien zu wählen. Ein Ziel hingegen, das wir ohne Kenntnis unserer Werte fixieren, kann uns in massive Lebens- und Werte-Konflikte führen.

WERTE	(von diesem Wert abgeleitete mögliche) ZIELE
Freiheit	• eigenes Haus kaufen • eigenes Haus verkaufen • flexibleren Job suchen • sich selbständig machen
Liebe	• heiraten • Eltern werden • jemandem einen Herzenswunsch erfüllen • ein Pflegekind aufnehmen • einem Tier ein gutes Zuhause geben
Spaß	• Sportwagen kaufen • mehr Zeit mit Kindern verbringen • Tanzen (lernen)
mein wahres Potenzial leben	• Zeit nehmen, um meine Stärken zu erkennen • Coach suchen • einen anderen Job suchen • mich selbständig machen
Menschen helfen/einen Unterschied machen	• ehrenamtlich arbeiten • regelmäßig Spenden • Nachhaltigkeit im Job einführen
Abenteuer	• Weltreise machen • etwas neues ausprobieren

Zeit für Familie haben	• anderes Zeitmanagement finden • anderen Job suchen • Prioritäten ändern
Inneren Frieden	• mich aussöhnen mit ... • mich um ... kümmern • ... sein lassen
Gesundheit	• Ayurveda-Urlaub auf Sri Lanka • Ernährung umstellen • meditieren • mehr in der Natur sein
Ästhetik	• renovieren und neu einrichten • eine „schöne" Lösung für ein Problem finden • mehr Ausstellungen besuchen

Tabelle 3: **Werte und Ziele**

Für alle, die nun selbst eine potenzielle Entscheidung oder ein Ziel bzw. Vorhaben auf ihre bzw. seine Sinnhaftigkeit überprüfen möchten, ist die nachfolgende Seite ein guter Begleiter zur Orientierung.

Wie oben in unserem Beispiel, so muss auch hier wieder unten in der Tabelle angefangen werden (Schritt 1 = unterste Zeile). Und nun wünsche ich viele gute Einsichten und Entscheidungen! (siehe Seite 145)

-> Übersicht über die Patches, auf die in diesem Text verwiesen wurde:

Patch 2: Die Herzstrategie – WERT-volle Lösung bei Entscheidungskonflikten

Patch 6: The day after – der Tag an dem es kein Geld mehr gibt

Patch 18: Lebenswert? – Eine Übersicht über unsere Lebens-WERTE

Patch 33: Von der äußeren zur inneren Sicherheit, Teil I

– Wie die Macht eines Teilchens ein ganzes System verändert: Chaos und Neuausrichtung

Meine Herzstrategie und Entscheidungsfindung mit dem „Wozu-ist-das-gut"-Mantra

	Was stellt _____ sicher? Wozu ist mir das wichtig? **WOZU IST DAS GUT?**	Meine Antworten: **MEINE WERTE**
Meine Erkenntnis, die ich durch das Mantra gewonnen habe, lautet:		
Abschluss	Und erlaubt mir mein Vorhaben/Ziel (siehe Schritt 1), meine(n) Kernwert(e) zu leben?	
		(Kernwert)
Schritt ?		
Schritt ?		
Schritt ?		
Schritt ?		
Schritt ?		
Schritt 6	Wozu ist _____ gut/wichtig für mich?	(7. Wert)
Schritt 5	Wozu ist _____ gut/wichtig für mich?	(6. Wert)
Schritt 4	Wozu ist _____ gut/wichtig für mich?	(5. Wert)
Schritt 3	Wozu ist _____ gut/wichtig für mich?	(4. Wert)
Schritt 2	Wozu ist _____ gut/wichtig für mich?	(3. Wert)
Schritt 1	Wozu ist _____ gut/wichtig für mich?	(2. Wert)
Einstieg in das Thema	WOZU wäre es GUT, ... ? (bitte das potenzielle Vorhaben/Ziel einsetzen)	(1. Wert)

Tabelle 4: **Meine Herzstrategie**

-> *Von hier aus weiterführende Patches:*
   Patch 4: *Von der sinnlosen Motivation zum wahren Antrieb*
   Patch 5: *Sinnhaftigkeit ist das nachhaltigere Glück*
   – *Nicht von etwas, sondern für etwas leben*

[1] *Ein Mantra ist eine stetige Wiederholung eines Lautes oder einer Wortfolge, das häufig bei Meditationen angewandt wird, um in tiefer Ruhe zur eigenen Essenz durchzudringen.*

PATCH 16

**Von der Einsamkeit zum All-eins-sein!
Ein grenzenloses Energiephänomen!**

Einsamkeit ist ein bedrückendes Gefühl und ein Zustand, aus dem jeder, der darunter leidet, verständlicherweise so schnell wie möglich wieder herauskommen möchte. In diesem Patch geht es weniger um die Psychologie der Einsamkeit, sondern vielmehr darum, aufzuzeigen, dass Einsamkeit – wenn wir sie einmal aus einem anderen Blickwinkel betrachten – nichts ist als eine Illusion, die uns vorgaukelt, vom Leben und von anderen Menschen ausgegrenzt zu sein.

Diese Illusion, die in uns Menschen viel Schmerz und Leid verursachen kann, möchte ich in diesem Patch versuchen aufzulösen. Das ist vielleicht ein ungewöhnliches und extrem selbstbewusstes Ziel, doch ist es vor allem Teil der Bewusstseinsentwicklung, die in diesem Buch ebenfalls angestoßen werden soll. Es geht darum, schädliche Illusionen, denen wir bis dato verhaftet waren, aufzulösen, um die Wahrheit dahinter zu erkennen. Denn wäre es nicht ein großer Gewinn, wenn sich ab morgen bspw. niemand mehr auf der Welt einsam fühlen müsste? Wäre unsere Welt nicht gleich ein ganzes Stück heller?

Dieser Patch könnte für einige von uns einen Paradigmenwechsel von der Einsamkeit zum Alleinsein einläuten. Um diesen zu ermöglichen, verlassen wir die Symptomebene unseres Lebens und der Materie und machen – wie so oft in diesem Buch – einen kleinen Ausflug auf die dahinter liegende Ebene des Feinstofflichen und der Energie.

Energie ist universell, also überall. Nach Ansicht einiger Physiker befindet sie sich in ständiger, schwingender Bewegung. Energie ist es, die u.a. der von uns als Materie wahrgenommenen Welt Form und Gestalt gibt. Diese Erkenntnis ist nicht ganz neu. Zwar galt das Atom früher als kleinster Bestandteil der Materie, doch weiß man schon seit einiger Zeit, dass es aus wesentlich kleineren Teilen besteht, in einer ersten Zwischenstufe aus dem Atomkern und den Elektronen, dann jedoch aus den Elementarteilchen. Und diese kleinsten Bestandteile schweben und vibrieren scheinbar ohne Halt im Atom, allein die Spannungsenergien halten sie zusammen.

Wenn wir also das Präparat eines klitzekleinen Gewebeausschnittes aus irgend einem Teil unseres menschlichen Körpers auf den Objektträger eines perfekten Mikroskops mit beliebiger Vergrößerung[1] legen und das Ganze so vergrößern könnten, dass man die einzelnen Atomkerne erkennen kann, dann würden wir automatisch auf riesige Lücken zwischen den verschiedenen Atomkernen, aus denen die organischen Moleküle bestehen, stoßen. Vergrößern wir dann noch weiter, so könnten wir theoretisch durch unser Gewebe – sei es von einer Hand, irgendeinem Organ oder einem Knochen – durchschauen und feststellen: Die scheinbar feste Materie, aus der unser Körper besteht, unterscheidet sich in nichts vom Universum. Eine große gähnende Leere mit einigen Sternen (je nach Vergrößerung bspw. Atomkernen, Protonen oder Elementarteilchen).

Das Wesentliche eines Atoms ist die Leere!

Doch wie lässt es sich erklären, dass wir unseren menschlichen Körper, den Stuhl auf dem wir sitzen oder einen Stein überhaupt als feste Materie wahrnehmen? Die Antwort lautet: Schwingung. Man kann sich das anhand des Bildes und der Funktionsweise der Propeller eines Propellerflugzeuges ganz gut vergegenwärtigen. Wenn die

Motoren gestartet werden und die Propeller laufen, dann könnte man denken, dass die Propeller „in Wahrheit" runde Scheiben sind. Keiner würde auf die Idee kommen, in diese „Scheiben" hineinzufassen. Wenn sich das Rotieren dann wieder verlangsamt (weil die Motoren ausgehen), dann erkennt man, dass es sich bei den Propellern eben doch nicht um Scheiben, sondern nur um die drei Propellerflügel handelt, die uns durch ihre Bewegung die Illusion einer Scheibe vorgaukeln.

Dass Materie fest ist, das ist eine einzige Illusion.
Materie ist nichts anderes als Schwingung.

Wenn also Materie nichts anderes als Schwingung ist und wir mit diesem Wissen uns selbst, Tiere, Pflanzen aber auch Gegenstände neu betrachten, dann sieht die Welt plötzlich ganz schön anders aus, oder?

Denn plötzlich kommen wir nicht mehr umhin zu begreifen, dass auch physische Grenzen eine Illusion sind[2] und dass somit alles miteinander verbunden sein muss und nichts isoliert existieren kann (-> **Patch 33**: Chaos/Sicherheit/Neuausrichtung).

Sobald wir diese Erkenntnis nicht nur mit unserer Ratio, sondern auch mit unserer Intuition und dem Herzen aufnehmen, können wir erspüren, dass wir mit jedem Stein, jedem Baum, jedem Lebewesen, mit der Erde und mit dem Kosmos tief verbunden sind. Und damit auch mit jedem Menschen auf dieser Erde.

Ob wir ihn sympathisch finden, mögen oder aus tiefster Seele ablehnen: Wir beide sind Teile eines großen Ganzen. Genauer: Wir sind *alle* aus der gleichen Energie entstanden. Wir sind *alle* Schwingung. Wie können wir da ernsthaft behaupten, dass der nervige Nachbar von gegenüber, der Besoffene an der Straßenecke oder die unfreundliche

Polizistin, die gerade unser Auto abschleppen lässt, nichts mit uns zu tun hätten?

Wenn wir mal kurz alles Energiewissen beiseitelassen, dann ist es im Grunde schon genug, wenn wir uns vergegenwärtigen, dass wir mit den Menschen, die sich mit uns in einem Raum aufhalten, dieselbe Luft atmen, um zu der Erkenntnis des All-eins-seins zu gelangen: Wir atmen Anteile der von ihnen ausgeatmeten Luft ein, wie auch die anderen unseren Atem einatmen. Wir werden ein Teil von ihnen und sie ein Teil von uns. Nun kann wirklich niemand mehr behaupten, dass uns mit den Menschen, die wir vielleicht am meisten bewundern oder am heftigsten ablehnen, nichts verbindet, oder?

Wir bilden alle einen einzigen, großen Organismus (-> **Patch 19:** Zellen im Weltenkörper). Letztendlich nehmen wir durch unsere Nahrung „Baumaterial" für unseren Körper auf, das schon vielen Millionen anderer Menschen in den vergangenen tausenden von Jahren für ihre Körper und ihr Leben zur Verfügung stand. Wir sind alle miteinander verbunden, selbst über Raum und Zeit hinweg: in Vergangenheit, Gegenwart und Zukunft (-> **Patch 35:** Zukunft wirkt auf Vergangenheit).

Philosophisch betrachtet sind wir alle Ausformungen einer allem zu Grunde liegenden Energie und einer gemeinsamen, universellen Bewusstheit, die uns Energie als sichtbare Materie wahrnehmen lässt. Man könnte auch sagen: Über der Urenergie liegt ein wissender Schleier des Bewusstseins, der uns zu Lebewesen in Körpern formt.

*(-> **Patch 1:** Gedanken als In-FORM-ation)*

-> *Übersicht über die Patches, auf die in diesem Text verwiesen wurde:*
Patch 1: *Gedanken geben Energie eine Form*
 – *Eine etwas andere Schöpfungsgeschichte*
Patch 19: *Jeder Mensch ist eine Zelle im Weltenkörper*
Patch 33: *Von der äußeren zur inneren Sicherheit, Teil I*
 – *Wie die Macht eines Teilchens ein ganzen System verändert:*
Chaos und Neuausrichtung
Patch 35: *Hat die Zukunft Auswirkungen auf die Vergangenheit?*
 – *Choose Future, Change Past*

-> *Von hier aus weiterführende Patches:*
Patch 13: *Looking for Connection?*
 – *Feinstoffliches Zielgruppenmarketing durch*
das Resonanzprinzip und Synchronizitäten

---

[1] *Natürlich gibt es ein solches Mikroskop (noch) nicht. Jedoch kommen Rasterelektronenmikroskope, Rastertunnelmikroskope etc. diesem Ideal mit der Zeit schon etwas näher.*

[2] *An dieser Stelle sei erwähnt, dass u.a. das quantenmechanische Phänomen der Teilchenverschränkung zu der Ansicht zwingt, dass die materielle Realität als eine untrennbare Ganzheit betrachtet werden muss. Als ein offenes System, das in permanenter Wechselwirkung mit der Umwelt steht. Diese Erkenntnis löst nun auch ganz allmählich das seit dem 19. Jahrhundert mit der zunehmenden Industrialisierung entstandene, mechanistisch orientierte Weltbild ab und wandelt es in ein vitalistisches. Auch wenn der Weg dorthin steinig ist und die Wissenschaft zuweilen gerne an völlig überholten Paradigmen des Materialismus festhält, um sich nicht selbst den jahrelang festgetrampelten wissenschaftlichen Boden unter den Füßen wegzuziehen. Denn der Vitalismus geht von der Selbstregulation und Eigengesetzlichkeit des Lebendigen aus und von einem alles durchdringenden Lebensprinzip, und das passt vor allem einigen Wissenschaftlern der alten Garde nicht sehr gut in den Kram. Allerdings bin ich selbst keine Wissenschaftlerin und so ist letzteres nur meine ganz persönliche, unmaßgebliche Meinung.*

PATCH 17

Giftige Gedanken – ein Experiment

Dass manche Gedanken und Worte wie Gift auf die Energie unseres Körpers wirken können, zeigt der kinesiologische Muskeltest (hier der so genannte O-Ring-Test). Wir brauchen für dieses kleine Experiment nichts weiter als eine Zigarette (keine Sorge, liebe Nichtraucher, wir werden sie nicht anzünden!) und unsere beiden Hände.

Rechtshänder bilden mit Mittelfinger und Daumen der linken Hand einen Kreis (Linkshänder nehmen bitte die rechte Hand!), indem sie die Fingerkuppen der beiden Fin-

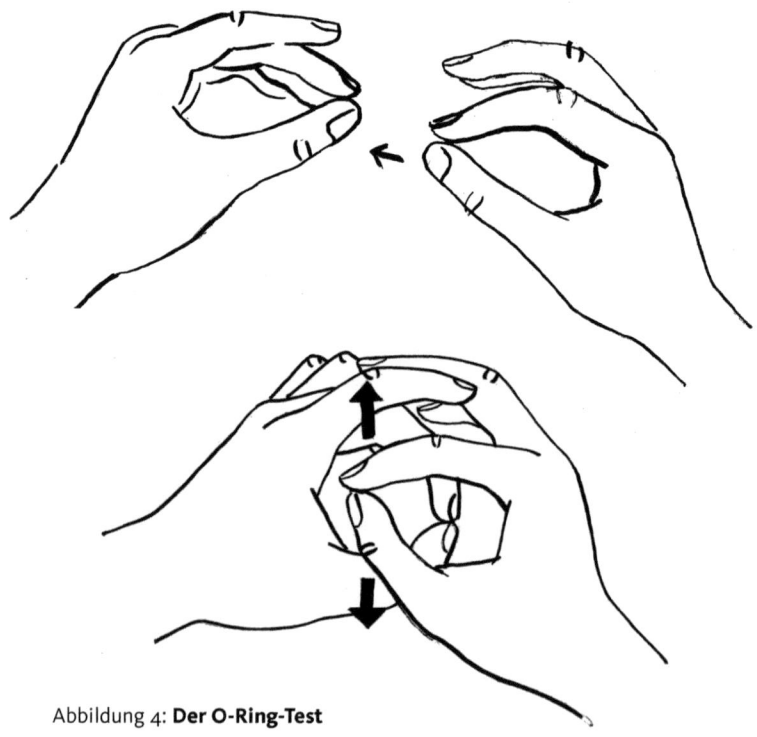

Abbildung 4: **Der O-Ring-Test**

ger aneinanderlegen. Dann wird der Zeigefinger und Daumen der anderen Hand in die Mitte des Kreises geschoben. Das ist die Ausgangsposition für den Test, bei dem man immer versuchen sollte, den Fingerkreis geschlossen zu halten (siehe Abbildung 4).

Nun startet der Pre-Test, indem man versucht, mit den beiden „inneren" Fingern den Kreis wie mit einer sich öffnenden Zange zu öffnen. Diesen Pre-Test macht man nur, um zunächst ein Gefühl für die Kraft in den eigenen Fingern zu bekommen.

Dann erst startet der eigentliche Test:

Test 1: Man nimmt die Zigarette, ohne sie anzuzünden, in den Mund und zieht daran. Während man an der Zigarette zieht, versucht man erneut, den Kreis mit der Zangenbewegung von Daumen und Zeigefinger der anderen Hand zu öffnen.

Gibt es einen Unterschied zum Pre-Test? Der Kontakt mit dem Nikotin (also einem Giftstoff) müsste dazu geführt haben, dass sich der Ring zumindest ein Stückchen geöffnet hat.

Test 2: Jetzt machen wir den Test noch einmal. Diesmal ohne Zigarette, dafür mit dem eigenen Vornamen. Während man laut und deutlich sagt: „Ich heiße … (und den eigenen Vornamen nennt)", versucht man erneut, mit der Zangenbewegung der einen Hand den Fingerkreis der anderen Hand zu öffnen. Gelingt es?

Test 3: Dieser Test wird genauso durchgeführt wie Test 2, nur, dass man jetzt einen falschen Namen verwendet: „Ich heiße … (z.B. Hasi)."

Was ist jeweils passiert? Gedanken verändern sofort das Energiesystem unseres Körpers. Die Wahrheit stärkt dabei unser System (in Test 2 müsste es also schwer gewesen sein den Fingerkreis zu öffnen), und eine Lüge oder ein Konflikt schwächen es – wie ein Giftstoff. Bei Test 1 und Test 3 verlieren die meisten Menschen so viel Energie, dass sie den Fingerkreis nicht mehr geschlossen halten können. Diese Schwächung wirkt sich sofort, u.a. auf unser Nervensystem und unsere Muskulatur, aus, an der man den Effekt am leichtesten, eben bspw. über den kinesiologischen Test, bemerken kann. (Wer mag, kann den Test ruhig einmal in der Familie oder mit Freunden durchführen. Das Ergebnis ist immer wieder verblüffend.)

Wir können uns nun in etwa vorstellen, was freundliche Gedanken mit uns und unserem Energiesystem machen. Und was, im Gegenzug, brutale, verletzende oder einfach unfreundliche Gedanken mit unserer Energie und unserem Körper anstellen.

Unser Körper reagiert hier, und nicht nur hier, wie ein Seismograph (-> **Patch 21:** Körper-Radar), also mit sofortiger Rückmeldung auf die (möglicherweise nur subtilen) Informationen, die auf ihn einwirken. Dabei macht die Energie unseres Körpers keinen Unterschied, ob es sich um stoffliche Informationen (Nikotin, Gifte, schlechtes Essen) oder um feinstoffliche Informationen (Worte, Gedanken von uns selbst oder anderen) handelt.

Hier noch einige weitere Sätze, mit denen man den Test einmal durchführen kann. (Bitte den Satz immer erst zu Ende sprechen oder denken, und erst dann testen.)

„Ich bin attraktiv."
„Ich bin hässlich."
„Ich schaffe es."
„Ich versage."

(Es können natürlich beliebige weitere Sätze getestet werden.)

Ob man die jeweiligen Sätze nun laut ausspricht oder nur leise für sich denkt, das macht für das Testergebnis keinen Unterschied. Auch dies kann man leicht ausprobieren. Allgemein gilt: Bleibt bei einem Test der Fingerkreis geschlossen, bleibt unser Energiesystem und somit auch das Muskelsystem stabil. Man könnte auch sagen, dass der Satz die Zustimmung von unserem (Energie-) Körper findet. Der Körper sagt „Ja"!

Wir können uns und andere also mit Gedanken und Sprache direkt auf der feinstofflichen Ebene stabilisieren und heilen, oder aber schwächen und kränken. Genauso wirksam wie mit Giften oder Heilmitteln. Da ist zunächst kein großer Unterschied. Es ist nur eine Frage der Achtsamkeit, wann und zu welchem Zeitpunkt wir die Auswirkungen einer feinstofflichen Kränkung oder Heilung bemerken. Denn je trainierter und bewusster wir werden, umso früher wird dies möglich. Und umso besser können wir verhindern, dass schlechte Gedanken zu Glaubenssätzen werden oder uns gar dauerhaft, mental wie gesundheitlich, schädigen.

Übrigens kann bei einem kinesiologischen Test in seltenen Fällen auch ein paradoxes Ergebnis auftreten. Dann bleibt der Muskeltest entweder dauerhaft stabil, obwohl wir gerade einen negativen Satz – wie z.B.: „Ich bin hässlich" – testen. Oder der O-Ring lässt sich öffnen, obwohl wir gerade einen positiven Satz testen – wie z.B.: „Ich schaffe das mühelos". Falls so etwas passiert, bedeutet das nicht, dass etwas mit unserem Körper nicht stimmt, sondern, dass ein negativer Gedanke zu einer Überzeugung und damit zu einem schädlichen Glaubenssatz geworden ist. Negative Glaubenssätze sind einer der Hauptgründe für dauerhafte Verstimmungen und dafür, dass Menschen im Leben weder „ihr Ding machen" noch ihren Platz bzw. ihre Berufung finden/leben. Wer also einem solchen

Glaubenssatz auf diese Weise auf die Schliche gekommen ist, sollte sich darüber freuen. Denn nun ist er im Bewusstsein und kann leicht mit Hilfe eines Coaches oder eines Therapeuten aufgelöst und geheilt werden. Meist steckt hinter einem negativen Glaubenssatz ein negatives, prägendes Erlebnis, das noch nicht verarbeitet und geheilt ist. Wenn er sich also zeigt, ist das die Chance, dies nun zu tun: Ein weiterer heilsamer Meilenstein auf dem Weg aus der Verstimmung in die Bestimmung.

-> *Übersicht über die Patches, auf die in diesem Text verwiesen wurde:*
   Patch 21: *Von roten und grünen Knöpfen*
   – *Bewusstsein beginnt mit Körperbewusstsein*

-> *Von hier aus weiterführende Patches:*
   Patch 27: *Was „ziehen" wir uns da eigentlich „rein"?*
   – *Konfliktenergie und der Ausstieg aus der Reaktivität*
   Patch 36: *Was glaubst du eigentlich, wer du bist?*

PATCH 18

**Lebenswert? –
Eine Übersicht über unsere Lebens-WERTE**

Lebens-WERTE bilden die Grundlage für ein lebenswertes Leben. Doch was genau sind eigentlich Werte? Und was ist so wichtig an ihnen, wenn ich mich auf der Entdeckungsreise zur besten Version meines Selbst befinde? Auf dem Weg zur besten Version meines Selbst treffe ich Entscheidungen, etwa solche über meine Lebens- und Berufsziele, aber auch solche mit scheinbar geringerer Bedeutung. Und bei jeder Entscheidung spielen Werte eine Rolle. Das folgende Beispiel soll das erläutern:

Angenommen, in meinem aktuellen Veränderungsprozess besteht eines meiner Anliegen oder Ziele darin, auch ein anderes Lebensumfeld und somit eine neue Wohnung oder ein neues Haus zur Miete zu finden. Also werde ich mir Gedanken darüber machen, wieviel ich für die Miete ausgeben will oder kann. Und ich werde die Faktoren bestimmen, die bei der Auswahl meines neuen Zuhauses wichtig sind, wie z.B.: Das Haus soll im Grünen sein, ruhig und dennoch zentral gelegen, ... oder mitten in der Stadt; ein großes, helles Wohnzimmer soll es haben, ein separates Esszimmer, ein Wintergarten wäre toll, eine Garage, ... etc. pp.

Im Laufe der Suche werde ich gedanklich mit diesen Faktoren und dem von mir fixierten Betrag für die Miete jonglieren: Wenn eine tolle Küche im Haus bzw. in der Wohnung vorhanden ist, dann lohnt es sich, monatlich 50 € mehr Miete zu zahlen, oder wenn die neue Behausung näher an meiner Arbeitsstelle liegt als die gegenwärtige Wohnung, dann spare ich Zeit und Geld, so dass auch durch diesen Faktor die Miete vielleicht etwas höher als geplant ausfallen darf. Je nachdem, was mir wichtig ist, was für mich einen echten WERT darstellt! Was mir WERT-voll und lohnenswert erscheint. All das werde ich gegenrechnen.

Ich werde bei jedem Angebot genau abwägen, ob die Miete und das Angebot meines potenziellen Vermieters mit meinen Wünschen und Bedürfnissen sowie dem Budget, das ich vorab gedanklich festgelegt habe, übereinstimmen. Kurz gesagt: Ich werde nach meiner inneren Be-WERT-ungsskala beurteilen, ob ein Objekt die Miete WERT ist. Was etwa nützt ein luxuriöser Whirlpool im Bad, wenn meine Familie und ich dafür nur ein kleines, dunkles Wohnzimmer zur Verfügung haben? Werde ich dieses Haus bzw. diese Wohnung mieten? Wohl kaum. Denn einer meiner Haupt-WERTE ist nicht berücksichtigt worden: Ein großes, lichtes Wohnzimmer, in dem meine Familie und meine Freunde gemütlich Platz finden. Ich werde mich nur dann in meinem neuen Haus wohl fühlen, wenn möglichst viele meiner Wünsche bzw. Faktoren, die mir zum Thema Wohnen wichtig und WERT-voll sind, Berücksichtigung finden.

Ähnlich verhält es sich mit unserem Seelenhaus, sprich, mit der Wahl und Gestaltung unseres Lebenskonzeptes. Nur, dass uns die bewusste Auswahl eines Berufs bzw. die Entscheidung für oder gegen diesen, oder gar für oder gegen unsere Bestimmung und damit ein ganzes Lebenskonzept, viel zu kompliziert erscheint. Wonach soll man da schauen? Ein wahres Hexenwerk? Nein, das ist es nicht. Den meisten von uns hat im Laufe unserer Kindheit und Jugend nur niemand beigebracht, nach welchen Kriterien wir unseren Lebenstraum finden, geschweige denn, wie wir ihn realisieren und so zu unserem Lebensraum machen.

Das Prinzip ist das gleiche wie bei der Auswahl eines neuen Hauses. Und das ist auch ein Stück weit reines Handwerk. Denn neben unserer eigenen Frequenz (–> **Patch 14: Klärung deiner Frequenz**) und unserer Lebensmission (–> **Patch 11: Die Himmelstreppe**) sind hier auch unsere

Wünsche, Sehnsüchte und vor allen Dingen unsere Werte gefragt.

Um den eigenen Lebens-WERTEN konkret näherzukommen, habe ich nachfolgend einige Begriffspaare aufgeführt, die in der Arbeit mit meinen Klienten immer wieder eine zentrale Rolle spielen. Nun geht es im ersten Schritt darum, die Begriffspaare anzuschauen und zügig zu entscheiden, welcher der beiden Begriffe der wichtigere ist. Genauer: Den einen Begriff, für den ich mich entscheide, sollte ich markieren oder notieren, den anderen Begriff gedanklich „wegwerfen".

In einem Abschnitt direkt hinter den aufgeführten Wertepaaren befindet sich für jeden der Werte eine kurze Begriffsklärung, die allerdings nicht in Stein gemeißelt ist. Wichtiger ist, was jeder individuell mit diesem Begriff verbindet.

ÜBERSICHT ÜBER ZENTRALE LEBENS-WERTE

Macht	*Freiheit*
Neugier	*Anerkennung*
Ordnung	*Sparen*
Ehre	*Gerechtigkeit*
Beziehungen	*Status*
Familie	*Eros*
Leistungsorientierung	*Genuss*
Lebenskraft	*Schönheit*
Spaß	*Ruhe*
Reichtum	*Harmonie*
Herausforderung	*Ruhm*
Freude	*Idealismus*
Sicherheit	*Abenteuer*
Unabhängigkeit	*Aktivität*
Spiritualität	*Logik*

ERLÄUTERUNGEN

Macht	Einfluss nehmen können
Neugier	die Welt entdecken, Weiterlernen
Ordnung	Struktur und Klarheit im Leben
Ehre	Bedeutung von Prinzipien, Loyalität
Beziehungen	Nähe und Austausch mit Menschen
Familie	Partnerschaft, Kinder, enge Freunde
Leistungsorientierung	mit Aktivität Ziele erreichen
Lebenskraft	voller Energie und Vitalität sein
Spaß	leichtes, heiteres Leben
Reichtum	mehr Geld/Zeit/Ressourcen zur Verfügung haben, als man braucht
Herausforderung	sich neuen Situationen stellen
Freude	Glück und Dankbarkeit empfinden
Sicherheit	geregelte Lebensgrundlage
Unabhängigkeit	finanziell und emotional „auf eigenen Füßen stehen"
Freiheit	eigene Entscheidungen treffen und umsetzen können, aus sich heraus planen können
Anerkennung	Akzeptanz durch andere Menschen
Sparen	Sammeln von Materiellem

Gerechtigkeit	Fairness, Kampf für die Sache, Win-Win-Konzepte
Status	Prestige, Symbole
Eros	Erotik, Ästhetik
Genuss	Freude an Nahrung, Berührung, Sinnlichkeit
Schönheit	das Schöne in Dingen, Menschen und der Natur zelebrieren und sich damit umgeben
Ruhe	innere und äußere Entspannung und Gelassenheit
Harmonie	friedliches Miteinander, natürliche Ordnung
Ruhm	im öffentlichen Rampenlicht stehen
Idealismus	Engagement für Soziales, für Verbesserung und/oder Verschönerung
Abenteuer	das Leben als Spiel, Risikobereitschaft
Aktivität	mental, intellektuell und/oder körperlich in Bewegung sein
Spiritualität	Auseinandersetzung mit dem Geistigen sowie transpersonalen (= über die eigene Persönlichkeit hinausgehenden) Phänomenen
Ratio	Berechenbarkeit und Vernunft als Lebenskonzept

Von den fünfzehn Begriffen, die jetzt noch übrig sind, sollten nun die sieben ausgewählt und notiert werden, die in einem das angenehmste Gefühl auslösen.

1 _____

2 _____

3 _____

4 _____

5 _____

6 _____

7 _____

Und nun gilt es, aus diesen sieben Werten wiederum die drei herauszufiltern, die für das künftige eigene Leben am wertvollsten, wichtigsten und einfach unerlässlich sind.

Diese drei aktuellen und wichtigsten Lebens-WERTE sind:

1 _____

2 _____

3 _____

Und zur Belohnung für diesen gelungenen Bewusstwerdungsprozess ist es nun an der Zeit, schon einmal ein bisschen von diesem WERT-vollen Leben zu träumen. Denn unsere Werte sind der (Treib-)Stoff (-> **Patch 5:** Sinnhaftigkeit finden), aus dem nicht nur unsere Träume sind, sondern auch unsere künftige Realität entsteht. Also stellen sich nun die Fragen: Auf welche Art möchte ich diese drei Werte in mein Leben einbringen? Wie sieht mein künftiger Lebensfilm aus, wenn ich diese drei Werte aktiv lebe? Es empfiehlt sich, diesen veränderten Lebensfilm nun kurz aufzuschreiben, um die „Physik des Erfolges" für sich zu nutzen (-> **Patch 1:** Gedanken als In-FORM-ation). Denn diese kann dann für uns gezielt zu wirken beginnen, wenn wir Klarheit über unsere Werte besitzen.

Gedanken sind der Anfang von Taten!

-> *Übersicht über die Patches, auf die in diesem Text verwiesen wurde:*
Patch 1: *Gedanken geben Energie eine Form*
 – Eine etwas andere Schöpfungsgeschichte
Patch 5: *Sinnhaftigkeit ist das nachhaltigere Glück*
 – Nicht von etwas, sondern für etwas leben!
Patch 11: *Die Himmelstreppe, Teil I*
 – Der Weg zur Stille hinter dem Klang
Patch 14: *Von der Verstimmung in die Bestimmung*
 – Die Klärung deiner (kosmischen) Frequenz

-> *Von hier aus weiterführende Patches:*
Patch 2: *Die Herzstrategie*
 – WERT-volle Lösung bei Entscheidungskonflikten
Patch 4: *Von der sinnlosen Motivation zum wahren Antrieb!*
Patch 15: *Ein Mantra, mit dem wir unsere Werte erkennen*

PATCH 19

Jeder Mensch ist eine Zelle im Weltenkörper

Ist es ein kosmischer Witz oder ein Zufall, dass wir Menschen auf der Erde existieren? Wenn dem so ist, wieso ist ein jeder von uns dann mit so unterschiedlichen Fähigkeiten, einer eigenen Persönlichkeit ausgestattet? Mit seinem ganz eigenen Wesen und ganz individuellen Gaben? Wieso sollte sich der Kosmos sonst so viel Mühe mit der individuellen Gestaltung jedes einzelnen Menschen geben, wenn nicht auch jeder von uns eine ganz spezifische Aufgabe auf dieser Erde hätte? Ich bin davon überzeugt: Der Kosmos ist und handelt bewusst!

Allerdings haben die meisten Menschen im Laufe des Lebens vergessen, weswegen sie hier sind, welchen Sinn ihr „Hier-Sein" hat (-> **Patch 14:** Klärung deiner Frequenz)! Dementsprechend suchen sie ihren Platz auf der Erde und finden ihn, wenn überhaupt, meist nur per Zufall oder auf ziemlich beschwerlichem Wege.

Und was passiert bis dahin? Kampf! Kampf um Anerkennung, Kampf ums Geld, um Freiheit, Glück und Liebe, um Ruhe, Wohlergehen und letztendlich auch um inneren Frieden. Doch ist es nicht paradox, für den inneren Frieden zu kämpfen? Dabei stellt er sich auf anderem Wege fast wie von selbst ein: Wenn wir zulassen, uns und unsere wahre Natur zu erkennen und sie zum Ausdruck zu bringen statt sie zu verleugnen. Selbstannahme! Auch wenn das bedeutet, für andere gegebenenfalls unbequem zu werden, nicht mehr in ein Schema zu passen, Ecken und Kanten zu zeigen, die schon immer da waren und nun nicht mehr kaschiert werden. Dafür zeigen wir dann aber auch unsere individuellen Fähigkeiten und Potenziale und stellen diese ggf. anderen zur Verfügung. Wenn wir also die beste Version unseres Selbst entfalten und andere dies erkennen lassen, dann beginnen wir ganz selbstverständlich zu unseren Bedürfnissen zu stehen. Die Folge? Innere Stärke, Ruhe und innerer Friede. Dass dieser Zustand nicht nur für uns selbst, sondern auch für unser Umfeld von Vorteil ist, erklärt sich von selbst. Denn auch wenn wir, proportional zur Erde betrachtet, die Größe von kleinen Ameisen oder wahrscheinlich noch eher von Einzellern haben, so nehmen wir dennoch ziemlich großen Einfluss auf die Erde. Wir alle gemeinsam, aber auch jeder Einzelne von uns!

Täglich verändern wir das Gesicht der Erde! Wir bauen Häuser und reißen sie wieder ab, stellen Windparks mitten in die Meere, bauen riesige Staudämme und begradigen Flüsse usw. Wir können täglich z.B. über Google Earth mit einem Blick aus dem All beobachten, wie sich die Welt durch unser Tun verändert.

Was hat dieses Geschehen auf der Erde nun mit dem inneren Frieden eines einzelnen Menschen zu tun? Und damit, ob er die beste Version seines Selbst (er)kennt und lebt oder nicht? Der Zusammenhang wird mehr als deutlich, wenn man folgenden Satz auf sich wirken lässt:

Unerhörte innere Anteile tun unerhörte Dinge!

Anders ausgedrückt: Dauerhaft unterdrücke Bedürfnisse und Anteile unseres Selbst knallen irgendwann mit soviel Druck aus uns heraus, wie der Korken aus einer unter falschen Bedingungen gelagerten oder durchgeschüttelten Sektflasche.

Ein Mensch, der bspw. zu starken Aggressionen oder sogar zu Gewalt neigt, sei es sich selbst gegenüber oder gegenüber anderen Menschen, Tieren oder der Natur, der handelt mit Sicherheit nicht aus der besten Version seines Selbst heraus. Auch wenn er es wahrscheinlich gerne täte.

Man kann davon ausgehen, dass er sich nicht sehr wohl in seiner Haut fühlt. Und dass er sich vom Leben wenig getragen fühlt, weil wenig in seinem Leben im natürlichen Fluss ist. Sein Energiefluss, und somit seine ganze Wirkkraft, wird voller Blockaden sein (-> **Patch 32:** Charisma lernen), und seine Selbstwahrnehmung wird durch Hass und Selbstzweifel charakterisiert sein. Er ist mit sich im Krieg. Innerlich. Und somit auch im Außen. Sein Kranksein macht sein Umfeld, d.h., seine Mitmenschen und seine Umgebung, ebenfalls krank. Er verbreitet die Schwingung/Frequenz des Krieges, der Krankheit, weil seine Authentizität und Energie von Störfrequenzen verzerrt und überlagert ist (-> **Patch 14:** Klärung deiner Frequenz). Er ist, aus dem Blickwinkel der natürlichen Ordnung heraus betrachtet, nicht er selbst. Er zieht Gewalt an, da er Gewalt ausstrahlt. Aus seinem Inneren heraus.

Die Ayurvedische Medizin würde diesen von Krankheit gezeichneten Zustand als Zustand der völligen Verstimmung bezeichnen. Auf jeden Fall hat dieser Mensch, auf Grund seiner Selbstverleugnung, seinen natürlichen Platz auf dieser Erde (noch) nicht gefunden.

Wenn wir uns vorstellen, dass unser Planet nicht einfach nur ein runder Erdenball, sondern ein einziger großer Organismus – ein lebendiger Welt-Körper – ist, so hat jeder von uns darin einen natürlichen und heilsamen Platz, an dem er gesund und im inneren und äußeren Frieden leben und sein kann. Das ist der Platz, an dem wir am meisten bewirken können. Für uns und für unser Umfeld: Wie eine Zelle in einem menschlichen Körper.

Wenn eine Leberzelle plötzlich im Herzen zu finden wäre, dann käme sie nicht ihrer Bestimmung nach. Sie selbst wäre im Stress und würde den Körper krank machen. Wenn sie aber dort lebt und „ihren Job" macht wo sie hingehört, also ihrer Bestimmung nachkommt, dann sorgt sie für Gesundheit, Vitalität und Frieden. Dort macht ihre Anwesenheit Sinn, weil sie ihrer wahren Funktion nachkommen kann und sie dort nicht nur leicht leben sondern auch etwas Gutes zum „großen Ganzen" beitragen kann: Sie wird genau an dieser Stelle gebraucht! Und so kann sich nach und nach die natürliche Ordnung im Innen wie im Außen (wieder) einstellen.

Ich verwende dieses Bild häufig in Sessions, in denen Klienten gerade dabei sind, ihre Berufung zu finden und hierbei, zunächst noch ungläubig und zweifelnd, argumentieren: „Ja, aber davon gibt es doch schon so viele, wieso soll da ausgerechnet ich noch gebraucht werden?" Dann antworte ich gerne: „Weil du, wie eine Herzzelle im Weltenkörper, eine bestimmte Funktion hast und an genau diesen Platz gehörst. Als Herzzelle bist du nun mal keine Leberzelle und auch keine Knochenzelle. Du warst nie eine, und Du wirst nie eine werden. Und das ist auch gut so. Auch wenn es schon viele andere Herzzellen gibt. Das ist völlig in Ordnung. Jede von ihnen ist wichtig, und für jede von ihnen ist genug Raum, Nahrung und Arbeit da. Jede wird gebraucht. Der Weltenkörper wartet schon darauf, dass du deinen natürlichen Platz endlich einnimmst und damit aufhörst, zu versuchen, etwas anderes zu sein als du bist. Glaubst du der Erde, dir oder irgendwem sonst auf der Erde ist damit geholfen, wenn du vorgibst, etwas anderes zu sein als du bist?"

Es ist, im Sinne der natürlichen Ordnung, mehr als heilsam, unsere Bestimmung zu finden und damit auch auf der feinstofflichen Ebene die eigene Frequenz freizuschalten (-> **Patch 11:** Die Himmelstreppe) und zu leben.

Ich möchte zu guter Letzt noch ein kleines Missverständnis klären: Unsere Bestimmung zu leben, das ist nicht gleichzusetzen mit einer beruflichen Veränderung. Sie kann damit einhergehen. Manchmal ist es aber nur

„der Blick aufs Leben", der sich verändert oder die Haltung zu einigen Dingen. Der Weg ist immer sehr individuell. Das sich finden und sich selbst erkennen ist manchmal nur eine innere Bewegung. Manchmal zieht es aber auch ein komplettes „Zappen des Lebensfilms" zu einem völlig neuen Szenario nach sich.

Doch egal, welche Bewegung diese Erkenntnis in einem Menschen auslöst:

Die beste Version unseres Selbst zu leben, das entspricht dem Zustand der natürlichen Ordnung. Und dies ist ein Zustand des Friedens. Im Innen wie im Außen!

-> *Übersicht über die Patches, auf die in diesem Text verwiesen wurde:*
Patch 11: *Die Himmelstreppe, Teil I*
– *Der Weg zur Stille hinter dem Klang*
Patch 14: *Von der Verstimmung in die Bestimmung!*
– *Die Klärung deiner (kosmischen) Frequenz*
Patch 32: *Kann man Charisma lernen? Und was genau macht die eigene Strahlkraft aus?*

-> *Von hier aus weiterführende Patches:*
Patch 10: *Star, that's what we call you!*
– *Ihr macht die Erde zum leuchtenden Stern*
Patch 36: *Was glaubst du eigentlich, wer du bist?*

PATCH 20

Gleich knallt's! –
Verstimmungsfaktor ungelöster Konflikt

Akute oder aufgeschobene ungelöste Konflikte sind, neben negativen Glaubenssätzen und Überzeugungen, einer der Hauptfaktoren, die unseren Weg aus der Verstimmung in die Bestimmung blockieren. Um Konflikte so schnell wie möglich zu lösen oder sie am besten erst gar nicht erst entstehen zu lassen, sollten wir so viel wie möglich über sie wissen.

Deshalb wird sich dieser Patch mit der Entstehung und Dynamik von Konflikten befassen und bewusst machen, warum wir Konflikte unnötig lange aushalten und dass wir damit aufhören können und sollten. Denn ungelöste Konflikte verändern nicht nur unsere (Ur-) Energie (-> **Patch 14:** Klärung deiner Frequenz), sie verzerren auch unsere Authentizität und damit unsere Strahlkraft (-> **Patch 32:** Charisma lernen). Sie sind Störfelder in unserer Lebensenergie und Blockaden auf unserem Lebensweg, die uns dazu veranlassen, Dinge zu tun, die „normalerweise" außerhalb unseres Selbst und unseres natürlichen Verhaltens liegen. Nach dem Motto: „Ich weiß nicht, warum ich X getan habe. Ich erkenne mich selbst nicht mehr! Ich reagiere nur noch."

Ich unterscheide zwei Arten von Konflikten: innere Konflikte und äußere. Innere Konflikte entstehen meist aus der Unsicherheit heraus, sich zwischen zwei oder mehr Möglichkeiten nicht so recht entscheiden zu können. Neben der Unsicherheit über sich selbst und/oder dem mangelnden Vertrauen in die eigenen Fähigkeiten, entstehen innere Konflikte auch auf Grund von empfundener Schuld, Scham oder schlechtem Gewissen. Und damit fehlt die Standhaftigkeit, die eigenen Bedürfnisse und Wünsche zu vertreten. Ein Beispiel? Nehmen wir die innere Kündigung: Eigentlich habe ich mit einem Job oder einer Beziehung längst abgeschlossen, bleibe aber aus Loyalität gegenüber einem gestressten Chef oder dem Partner da, weil ich glaube, ihm/ihr aus der Vergangenheit etwas zu schulden.

Die zweite Art von Konflikten, der sogenannte äußere Konflikt, ist oft die Folge von einem ungelösten inneren Konflikt, auf den ein äußeres Geschehen „aufprallt". Denn wenn ich mir selbst einen Wunsch oder ein Bedürfnis nicht zugestehe und damit bspw. dem Bedürfnis eines anderen Menschen Vorrang lasse, dann wird sich früher oder später Druck und Wut in mir aufbauen, die sich dann zu einem Zeitpunkt X entladen. So bekommt ein anderer die Vorwürfe ab, die sich eigentlich gegen mich selbst richten. Ein Beispiel? Nehmen wir die Urlaubsplanung eines Paares: Er möchte einen Action-Urlaub mit langen Fahrradtouren durch die Alpen. Sie möchte einen erholsamen Strandurlaub in der Karibik, mit viel Ruhe und Wellness. Wer setzt sich durch? Und was passiert mit den Bedürfnissen und Wünschen des anderen, wenn es zu einem Urlaub in der Karibik oder einem Urlaub in den Alpen kommt? (-> **Patch 26:** Kompromiss versus Konsens)

Ein solches Entweder-oder entzündet den ersten Funken für einen Schwelbrand, der sich zu einem lichterlohen Feuer oder zu einer Explosion entwickeln kann! Wer sich mit Konfliktdynamik beschäftigt, wird sofort verstehen, was die Worte: „Wehret den Anfängen!" für eine Tragweite haben. Denn der konfliktauslösende Moment und damit der Ursprung eines Konfliktes ist der Punkt, an dem wir unsere Haltung und somit unser Verhalten sofort korrigieren müssten, um uns und andere vor Folgeschäden zu bewahren. Doch wie erkennen wir diesen Punkt? Unser Körper spielt hier eine zentrale Rolle. Er ist ein meisterhaftes Messinstrument, das uns über ein zuverlässiges aber wenig genutztes Frühwarnsystem auf sehr direkte und einfache Weise die Ursprünge eines möglichen Konfliktes erkennen und so abwenden lässt (-> **Patch 21:** Körper-Radar).

Es ist erstaunlich, dass nur wenige Menschen von dieser Möglichkeit wissen und von ihr Gebrauch machen. Zumal dieses Frühwarnsystem in uns selbst und unseren Körperwahrnehmungen lokalisiert ist. Wozu verfügen wir darüber, wenn wir unsere Körperwahrnehmungen und die damit verbundenen Informationen, auf die unser Körper aufmerksam machen will, ignorieren? Unser Körper lügt nicht. Doch haben wir teilweise verlernt, bereits die „leisen Signale" zu hören und sie als intelligente Frühwarnimpulse zu nutzen. So merken wir häufig erst durch heftige Schmerzen oder den Ausbruch einer Krankheit, dass wir uns mit uns selbst und unserem Umfeld im Konflikt befinden. Nun kann man sich fragen, worin der Ursprung für dieses selbstschädigende Verhalten liegt? Und ob das, neben individuellen Gründen, auch gesellschaftliche, kollektive Ursachen hat?

Bei meinen Nachforschungen und Beobachtungen bin ich zu der Erkenntnis gekommen, dass dieses Verhalten in unseren Familiensystemen und – man mag es zunächst für grotesk halten – vor allem in den Auswirkungen des 2. Weltkrieges begründet liegt. Denn unsere Vorfahren, seien es unsere direkten Eltern, Groß- oder Urgroßeltern, mussten im Krieg zwangsläufig ihre Schmerzgrenze immens hochfahren und ihre Sensibilität zum Teil abschalten, um zu überleben. Mit weit über diese Zeit hinausreichenden Folgen. Denn die Haltung, dem Schmerz und schon gar nicht den Vorläufern eines Schmerzes Raum zu geben, wirkt bis in unsere Gegenwart hinein und fließt über Erziehungsmuster von der Kriegsgeneration bis hin zu uns. Generationen wurden – in Folge nicht geheilter Kriegstraumata – darin trainiert, möglichst viel auszuhalten, um ja nicht zu „verzärteln". So, als hätte man täglich mit weiteren Kriegsgeschehnissen zu rechnen. An dieser Stelle möchte ich kurz anmerken, dass für Traumatisierte die das Trauma auslösende Situation so lange, zumindest unbewusst, akut bleibt, bis das Trauma ausgeheilt ist. Das bedeutet, dass ungeheilt Traumatisierte emotional in der schlimmen Zeit hängenbleiben und so das Familiensystem mit ihren nach wie vor akuten Ängsten „infizieren". In Folge wird selbst bis heute noch einigen Kindern beigebracht, ihre Körpersignale und Wahrnehmungen zu ignorieren, mit der Maßgabe besser durchzuhalten und zu funktionieren: „Was mich nicht umbringt, macht mich stärker." (Nietzsche) So halten wir die längst überflüssige Kriegs- und Konfliktenergie von Generation zu Generation weiter am Laufen. Denn da, wo kein Krieg mehr mit Waffen existiert, schaffen wir ihn uns über unsere „hausgemachten" internen und externen Konflikte eben selbst, in dem wir aushalten statt auszuheilen.

Auch die Pharmaindustrie macht uns bis heute weiß, dass es klug ist, Warnsignale unseres Körpers mit einer Pille „auszuknocken", um jederzeit bestens zu funktionieren (!), bis sich in unserem Körper durch unser Wegschauen ein innerer Krieg – in Form einer Krankheit – manifestiert (-> **Patch 22:** Unterhaltungstabletten). Dabei könnten wir, wie in Patches 25 und 39 beschrieben (-> **Patch 25:** Friedvoller Krieger; -> **Patch 39:** Praktische Konfliktlösung), jegliches konflikthafte und destruktive Geschehen frühzeitig und elegant umwandeln und so aus der ursprünglichen Kampfenergie etwas Gutes, ja, sogar etwas Heilsames entstehen lassen.

Die Idee vom "Verzärteln" gehört also definitiv in eine vergangene Zeit und kann endlich den Platz für die Früherkennung von Konfliktherden frei machen: hinschauen, hinspüren, wahrnehmen, und das anstatt zu ignorieren und auszuhalten bis es so richtig knallt. Tatsächlich weiß man aus Studien zur psychischen Widerstandsfähigkeit, der sogenannten Resilienzforschung, dass ein gewisses Maß an Krisen, und dazu gehören auch Konflikte, sogar heilsam ist. Denn in Maßen führen sie zu einer besseren Funktionstüchtigkeit im Alltag, weniger posttraumatischen Belastungssymptomen und einer höheren Lebenszufriedenheit. Sprich, wir entwickeln uns weiter und wachsen an Krisen und konfliktären Herausforderungen, die das Leben an uns stellt. Allerdings nur dann, wenn wir, so wie oben beschrieben, zwei Dinge nicht mehr miteinander verwechseln: einen Konflikt auszuhalten versus einen Konflikt „zu managen". Also hinzuschauen, sich der Konfliktthematik anzunehmen, sie zu lösen und sich so aus den Fesseln, drohenden Blockaden und der Stagnation zu befreien. Denn jeder krisenhafte Konflikt trägt das Potenzial für persönliches Wachstum, das uns der besten Version unseres Selbst einen Schritt näher bringen kann.

Je früher ich also eine krisenhafte, konfliktäre Entwicklung wahrnehme, umso weniger Kraft brauche ich, um sie wieder ins Lot zu bringen. Und das ohne jede Eskalation. Je länger ich aber einen Konflikt einfach nur aushalte und damit der Konfliktdynamik freien Lauf lasse, umso stärker realisiert er sich. Und umso schwerwiegender wird der Konflikt für mich und alle Beteiligten.

Ein guter Konfliktmanager achtet daher ganz bewusst auf die eigenen Körperwahrnehmungen. Nicht, weil er ein Hypochonder oder „verzärtelt" ist, sondern, weil er damit das Potenzial der Früherkennung von Konflikten nutzen kann.

Doch was erkennt unser Körper eigentlich, wenn er einen Konflikt früh erkennt? Und was bedeutet früh und wie und wo findet „dieses Früh" eigentlich statt? Um diese Fragen präzise zu beantworten, wechseln wir nun einmal die Ebenen und schauen auf die rein energetischen Wirkprinzipien eines Konfliktgeschehens. Denn der Beginn eines Konfliktes liegt immer im verborgenen Raum des „noch nicht Sichtbaren". Genauer: Ein Konfliktgeschehen ist eine Wechselwirkung zwischen Energie (unsichtbare Ebene der reinen Information) und Materie (sichtbare Ebene). Konflikte beginnen immer mit einer Information (-> **Patch 1:** Gedanken als In-FORM-ation), die auf ein (bzw. unser) Energiesystem einwirkt, es stört und verstimmt (-> **Patch 14:** Klärung deiner Frequenz)! Außerdem wirkt jede konfliktauslösende Information wie eine falsch gesetzte Akkupunkturnadel (-> **Patch 28:** Akupunktur mit Worten), die den Energiefluss des Systems an einer sensiblen Stelle empfindlich blockiert. In Folge stauen wir Energie genau an dieser Stelle auf: Energie, die dann anderenorts fehlt. Damit gerät das System aus der Balance.

Vielleicht erklärt das, warum Konflikte unglaublich anstrengend und destruktiv sein können.

Konflikte sind die Konsequenz fehlgeleiteter Energie!

Das aufgestaute „Zuviel" an Energie, das andernorts fehlt, macht Konflikte so gefährlich. Die aufgestaute Energie verursacht Druck und entwickelt, je weiter der Ursprung des Konflikts zurückliegt, immer mehr Explosionskraft. Und Dynamik. Wie eine Lawine, die als kleiner Schneeball losgetreten wird und mit jeder Umdrehung an Kraft und Wucht gewinnt. So „entwickelt" sich der Konflikt aus dem Bereich der Energie in den Bereich der Materie. Und das zuweilen extrem zerstörerisch.

Da es beim Erkennen und Managen von Konflikten also um das Erkennen und Managen von Energie geht, ist ein guter Konfliktmanager – im Sinne der besten Version unseres Selbst – ein guter Energiemanager. Zusammenfassend kann man sagen:

Ein guter Energiemanager agiert primär im Bereich des Feinstofflichen und steuert dort bewusst Energien, bevor sie sich im Raum der Materie als handfeste „Phänomene" realisieren. Denn aus Energie werden Realitäten!

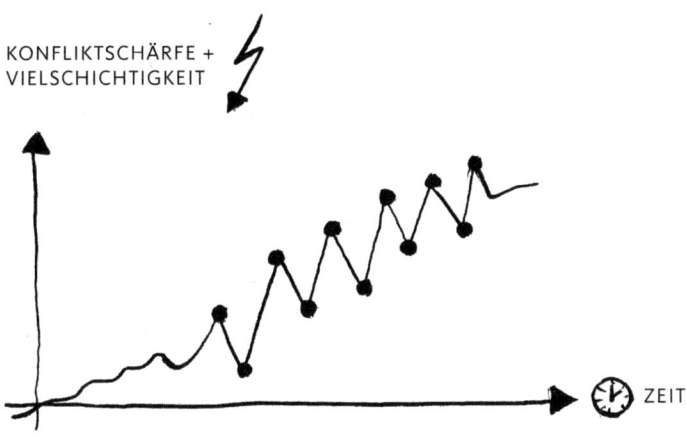

Abbildung 5: **Konfliktdynamik**

-> Übersicht über die Patches, auf die in diesem Text verwiesen wurde:
  Patch 1: Gedanken geben Energie eine Form
  – Eine etwas andere Schöpfungsgeschichte
  Patch 14: Von der Verstimmung in die Bestimmung
  – Die Klärung deiner (kosmischen) Frequenz
  Patch 21: Von roten und grünen Knöpfen
  – Bewusstsein beginnt mit Körperbewusstsein
  Patch 22: Schmerztabletten unterdrücken nicht nur Schmerzen

Patch 25: Die Haltung des friedvollen Kriegers
und der Abschied vom einsamen Sieg
Patch 26: Kompromiss versus Konsens
 – Übereinstimmung statt Verstimmung
Patch 28: Worte sind feinstoffliche Akupunkturnadeln:
Sie können krank machen und heilen
Patch 32: Kann man Charisma lernen? Und was genau
macht die eigene Strahlkraft aus?

-> Von hier aus weiterführende Patches:
Patch 39: Von der Kampfsprache zur Heilsprache

PATCH 21

Von roten und grünen Knöpfen – Bewusstsein beginnt mit Körperbewusstsein

Unser Körper ist nicht nur eine wunderbare Hülle, die unserer Seele und unserem Sein für die Zeit unseres Erdenlebens ein schönes Zuhause gibt, sondern auch ein wunderbares seismographisches Messinstrument, das uns sogar Zugang zu den Informationen und somit Frequenzen (-> **Patch 29:** Frequenz) gibt, die wir mit unseren fünf Sinnen nicht immer – oder zumindest nicht immer bewusst – wahrnehmen können. Denn unser Körper reagiert auf jedwede Form von Schwingungen, Informationen, Stimmungen, und das meist viel schneller, als unser Verstand dazu in der Lage ist.

In meinen Coachings und therapeutischen Sitzungen nutze ich diese Fähigkeiten unseres Körper(wissen)s sehr häufig, wenn es um das Klären von Konflikten geht. Vor allem, wenn es um Bereiche des Lebens geht, in denen meine Klienten schlecht für sich sorgen und zulassen, dass sie – wie es einer meiner Klienten gerne ausdrückt – „gegen den Pelz gebürstet werden".

Ich bitte meine Klienten dann, ein oder zwei Situationen aus den vergangenen Tagen oder Wochen zu erinnern, in denen es für sie nicht so gut gelaufen ist, wie sie es gerne gehabt hätten. Das kann eine Meinungsverschiedenheit, eine Diskussion mit einem Vorgesetzten, einem Freund oder dem Partner sein.

Als nächstes bitte ich meine Klienten nachzuspüren, wie sie sich in dieser Situation gefühlt haben, wann genau dieses Gefühl eingesetzt hat und in welchen Bereichen ihres Körpers sie dieses ungute Gefühl wahrgenommen haben. Meist höre ich dann Beschreibungen wie „mein Hals zieht sich zu", „ich bekomme nur schwer Luft" oder „mein Herz beginnt zu klopfen", „ich spüre Druck und eine Faust in meinem Bauch", „mir wird es heiß/kalt" oder „ich bekomme Kopfweh, und meine Schultermuskeln verspannen sich".

Ich nenne diese Körpermarker, wie sie eben beschrieben wurden, ROTE KNÖPFE. Sie sind wie Signalleuchten, die SOFORT anspringen, wenn „Gefahr" für uns in Verzug ist. Dafür müssen wir nicht nachdenken. Denn sie sind ein Frühwarnsystem, das schneller ist als unser Verstand. Und deshalb sind sie so wertvoll! Und jeder sollte seine eigenen Körpermarker lokalisieren können und gut kennen. Deshalb bitte ich meine Klienten im nächsten Schritt, ihre roten Knöpfe in das unten abgebildete Körperschema einzutragen. Ein solches Körperschema könnte beispielsweise so aussehen:

Abbildung 6: **Rote Knöpfe** (die roten Knöpfe sind als Rauten dargestellt)

An dieser Stelle empfehle ich, selbst einmal für einen Moment in sich hineinzuspüren, um herauszufinden, wo solche roten Knöpfe in Situationen, die für uns unangenehm sind, in unserem Körper anspringen, um sie sich bewusst zu machen. Unten in der Zeichnung ist Platz, um die eigenen roten Knöpfe, die vielleicht gerade erst gestern oder in der vergangenen Woche spürbar waren, einzuzeichnen.

Abbildung 7: **Meine roten Knöpfe**

Über die Wahrnehmung unserer Körperbefindlichkeiten bzw. „Körperknöpfe" kommen wir in einen guten Kontakt und eine gute Kommunikation mit unserem Körper. Das ist nicht nur gesund, sondern auch klug.

Denn wie oft erinnern wir, dass wir in einer Situation sofort gespürt haben, „dass etwas nicht stimmt" oder „dass wir uns irgendwie unwohl gefühlt haben", dann aber per Verstand und Ratio entschieden haben, diese Wahrnehmung zu ignorieren und ihr nicht weiter nachzugehen. Wie der Erfolgsautor Malcolm Gladwell in seinen Buch „Blink – Die Macht des Moments" so eindrücklich beschreibt, kann das Ignorieren einer solchen Wahrnehmung für Menschen, sogar für ganze Unternehmen, Projekte, Investitionen und Entscheidungen verheerende Folgen haben. Dabei zeigt uns unser Körper zuverlässig und sofort an, wenn in einer Situation etwas für uns nicht in Ordnung ist oder wir kurz davor sind, eine ungute Entscheidung zu treffen. Und da unser Körper schneller reagiert als unser Kopf, benötigen wir viel öfter eine Bedenkzeit als wir glauben, um inhaltlich zu verstehen, wo das Problem liegt.

Unser Körper lügt nicht. Ganz im Gegenteil. Er sagt uns – als feinjustiertes Messinstrument – ganz genau, wann etwas für uns stimmig bzw. unstimmig ist. Wenn wir unsere Wahrnehmung trainieren und den Rückmeldungen unseres Körpers Achtsamkeit schenken, dann lernen wir immer mehr, dass und wie unser „Radar" funktioniert und dass wir ihm vertrauen können. So lassen sich viele Konflikte nicht nur frühzeitig erkennen, sondern auch verhindern (mehr zum Thema der eleganten und frühzeitigen Konfliktlösung siehe Patch 25; -> **Patch 25:** Friedvoller Krieger).

Rote Knöpfe sind ein hervorragendes Frühwarnsystem. Sie zeigen uns zuverlässig an, wenn wir gerade dabei sind, in einen Konflikt zu geraten.

Mit der Lenkung der Achtsamkeit auf unsere roten Knöpfe trainieren wir aber nicht nur unsere Wahrnehmung (also letztlich, was für uns wahr und was für uns unwahr ist!), sondern schlussendlich auch unsere Intuition. Auf diese Weise fällt es uns immer leichter, sinnvolle, gute, nachhaltige und ehrliche Entscheidungen für uns und unser Leben zu treffen.

Ich hatte es oben bereits kurz erwähnt: Natürlich ist es nicht immer möglich – sobald sich rote Knöpfe auf unserem Radar melden –, sofort eine genaue inhaltliche Situationsanalyse zu machen, um zu verstehen, was für uns in einer erlebten Situation gerade nicht stimmig ist und zu einem Konflikt führen kann. Das ist auch gar nicht notwendig. Wichtig ist einzig und allein, dass wir unsere „Körperwarnung" zunächst registrieren und so ernst nehmen, dass wir uns mit den Inhalten zu einem späteren Zeitpunkt in Ruhe beschäftigen. Manchmal langt es schon, eine Nacht darüber zu schlafen, um zu „wissen" worum es sich im Kern handelt. Es geht darum, unseren Körperwahrnehmungen die Chance zu geben, sich in Worten und bewussten Gedanken auszudrücken. Ein kleiner Tipp an dieser Stelle: Wenn sich in einer Entscheidungssituation unsere roten Knöpfe melden, und zwar ohne dass uns die inhaltlichen Gründe gleich „mitgeliefert" werden, dann: Tempo raus, keine Zu- oder Absagen machen, sondern stattdessen eine Bedenkzeit ausbitten.

Das Erstaunliche ist, dass fast alle meine Klienten sehr schnell ihre eigenen roten Knöpfe lokalisieren können – auch wenn sie sich zuvor mit diesem Thema noch nie bewusst beschäftigt haben. Doch wenn ich sie frage, wo genau sie in ihrem Körper Liebe, Wohlwollen, Wohlgefühl etc. empfinden, dann schauen sie mich meist ziemlich verdutzt und ratlos an.

Es scheint fast so, als hätten wir einen funktionsfähigeren Radar für Schlechtes, Unangenehmes. Denn es fällt vielen von uns leicht, detailliert Auskunft darüber zu geben, warum das Glas halbleer ist, dafür aber doppelt so schwer, warum es halbvoll sein soll. Ganz zu schweigen von einer Beschreibung, wie sich der Zustand „es geht mir gut" genau anfühlt! Anscheinend vergessen wir schöne Situationen schneller als unangenehme und können sie daher auch schwerer in unserem Körperbewusstsein abrufen.

Doch tatsächlich misst unser Körper nicht nur „bad vibes" sondern auch ganz hervorragend „good vibes" und – es kommt noch besser – kann diese sogar selbst produzieren (-> **Patch 31:** Lovetuning; -> **Patch 32:** Charisma lernen)!

Um also auch die GRÜNEN KNÖPFE – so nenne ich unsere positiven Körpermarker – nutzen zu können, bitte ich meine Klienten noch einmal, eine Situation aus den vergangenen Tagen oder Wochen zu erinnern, aber diesmal eine für sie angenehme, liebevolle, entspannende. Wer so eine Situation nicht auf Anhieb findet – und das passiert erstaunlich oft –, den bitte ich an jemanden oder etwas zu denken, den oder das sie besondern lieben: den Lebenspartner, Kinder, ein Haustier, einen schönen Garten, ein bestimmtes Lied, ein tolles Auto oder einen Duft. Ich nenne solche positiven „Gefühlsauslöser" Love-Tuner (-> **Patch 31:** Lovetuning). Mit Hilfe eines Love-Tuners erinnern die meisten relativ rasch eine für sie positive Situation. Die grünen Knöpfe, die sich in solch einer liebevollen, warmen und angenehmen Situation einschalten und am häufigsten benannt werden, sind folgende: „Ich fühle mich leicht und aufrecht, gelöst", „mir wird es ganz warm ums Herz, mein Bauch ist ganz entspannt", „ich kann so richtig tief einatmen", „mein Kopf schwebt fast gewichtslos auf meinem Hals" oder „es ist irgendwie heller".

Ein Körperschema für grüne Knöpfe könnte dann in etwa so aussehen:

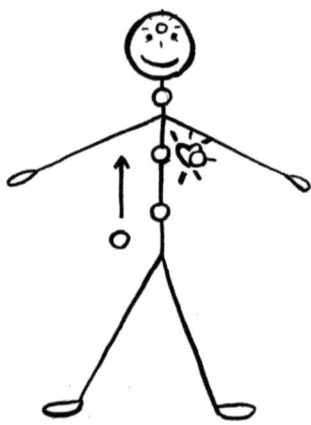

Abbildung 8: **Grüne Knöpfe** (grüne Knöpfe sind durch Kreise gekennzeichnet)

Dabei kann es Körperstellen geben, die sowohl rote als auch grüne Knöpfe beherbergen. Das macht die Sache zwar einerseits einfacher, weil wir nur auf wenige Körperstellen achten müssen, andererseits erfordert es ein bisschen mehr Übung, ein rotes von einem grünen Signal zu unterscheiden.

Deshalb empfehle ich, sich an dieser Stelle noch einmal einen Moment Ruhe zu gönnen, um sich eine schöne, positive Situation vor dem geistigen Auge „hochzuladen" und mit allen Wahrnehmungen zu erinnern: Was gab es in dieser Situation zu sehen? Was gab es zu hören? Was vielleicht sogar zu riechen oder zu schmecken? Wie habe ich mich gefühlt und vor allem, wie hat sich mein Körper angefühlt? Und wo in meinem Körper war es ganz besonders gut spürbar, dieses angenehme Gefühl des Wohlseins? Wo sind meine grünen Knöpfe lokalisiert?

Hier ist Platz für das Einzeichnen der eigenen grünen Knöpfe:

Abbildung 9: **Meine grünen Knöpfe**

Bewusstsein beginnt also mit Körperbewusstsein, d.h., bewusst durchs Leben zu gehen, den eigenen Radar einzuschalten. Wer seine Körperwahrnehmung – und vor allem die grünen Knöpfe – täglich trainiert, der wird rasch feststellen: Die leise Stimme meiner Intuition meldet sich immer klarer vernehmbar. So erkennen wir frühzeitig Konflikte und Gefahren und können sie abwenden. Vor allem aber erkennen wir durch das Wiederentdecken und Nutzen der eigenen Intuition Chancen.

Unser Körper ist ein hervorragender Seismograph für jegliche Form von Schwingungen, guten und schlechten Atmosphären und Stimmungen. Er ist ein wichtiger Aspekt unserer Intuition, wenn wir unsere Körperwahrnehmung bewusst trainieren.

-> *Übersicht über die Patches, auf die in diesem Text verwiesen wurde:*
Patch 25: *Die Haltung des friedvollen Kriegers*
und der Abschied vom einsamen Sieg
Patch 29: *Frequenz: eine Begriffsklärung mit Weitblick!*
Patch 31: *Lovetuning*
– Kann man mit einer Stimmgabel Liebe erzeugen?
Patch 32: *Kann man Charisma lernen? Und was genau*
macht die eigene Strahlkraft aus?

-> *Von hier aus weiterführende Patches:*
Patch 22: *Schmerztabletten unterdrücken nicht nur Schmerzen*
Patch 28: *Worte sind feinstoffliche Akupunkturnadeln: Sie können krank machen und heilen*

Literaturhinweise: Gladwell (2005), Laitman (2007)

PATCH 22

Schmerztabletten unterdrücken nicht nur Schmerzen

St. Germain[1] in Kooperation mit Tanja Schade-Strohm

Liebe Freunde,
da habe ich doch neulich was aufgeschnappt, was ich wirklich genial finde. Genial daneben, um mal ganz deutlich zu werden. Da behaupten doch irgendwelche Werber auf eurem Erdball in diesen lustigen Commercials, dass das Leben zu kurz und zu schön sei für Schmerzen, und dass ihr euch davon nicht weiter beeinträchtigen lassen solltet. Rein mit der Pille, und das Leben geht einfach weiter. Nur nix verpassen, das ist die Devise! Mensch, Leute, merkt ihr nicht, dass das die pure Verblödungsstrategie ist?

Bitte, versteht mich nicht falsch, ich hab' ja auch schon so mache Inkarnation als Mensch hinter mir, und ich weiß, wie unglaublich belästigend Schmerzen sein können, und glaubt mir: In meiner Zeit war die Medizin nicht so weit wie die eure im 3. Jahrtausend. Ich erinnere mich da an einen Hexenschuss nach einer etwas turbulenten Nacht mit einer Dame meiner Wahl, naja, das ist ein anderes Thema. ;-)

Auf jeden Fall: Lasst euch von dieser Energietünche nicht einfangen. Schmerzen sind nicht dazu da, Euch das Leben zu verkürzen oder gar euch das Leben zu verbittern, ganz im Gegenteil. Schmerzen zeigen euch an, dass es an der Zeit ist, etwas in eurem Leben anzuschauen, zu befreien und zu heilen, was nicht nur mit dem Schmerz an sich zu tun hat. Sondern mit der Botschaft hinter dem Schmerz (-> **Patch 20:** Konfliktdynamik). Wenn ihr die Chance verpasst, eine solche Botschaft anzuhören und zu nutzen, dann wird es nicht besser, sondern es wird schlechter für euch. Ihr entfaltet euch nicht, sondern verwickelt euch weiter. Körperlich, mental und seelisch.

Deshalb haben Schmerztabletten[2] eine ähnliche Wirkung wie UNTER-Haltung: nämlich, eure Energie UNTEN zu halten, niedrig zu halten.

Sie verwickeln euch in eine Alltagstrance und lenken eure Aufmerksamkeit auf Nebensächliches. Weg von dem, worum es gerade jetzt in eurem Leben geht, euch genau jetzt weiterzuentwickeln und damit eure ganz individuelle Energie und euer Selbst zu entfalten.

Deshalb sind Schmerztabletten eigentlich keine Schmerztabletten, sondern Entwicklungsunterdrücker und UNTER-Haltungs-Tabletten.

Nach dem Motto: The show must go on. Always!

Also, Freunde, lasst nicht die Pharmaindustrie entscheiden, wie eure ganz persönliche Lebensshow weitergeht, sondern bestimmt das selbst, in dem ihr euch anschaut, woher der Schmerz kommt und was es für euch zu tun gibt, um euch eben nicht nur von dem Schmerz selbst, sondern auch von dem Thema, das damit zusammenhängt, zu befreien.

In meinem Fall hat der Hexenschuss übrigens auch sofort wieder aufgehört, als ich die – zugegebenermaßen wunderschöne – Betthexe wieder dahin zurückgeschickt hatte, wo sie herkam. Nämlich zu einer Bande von Gaunern, die mich ausnehmen wollten wie ein Weihnachtsgans. Damals hab' ich meinem Körper mehr als gedankt, dass er mich so klar und deutlich gewarnt hat. Auch wenn ich den Versuchungen dieser wunderschönen Frau beinahe erneut erlegen wäre, zumal ein bestimmtes Körperteil meine Entscheidung, die Dame zurückzuschicken und mein amouröses Abenteuer mit ihr abzubrechen, mehr als missbilligte. ;-)

-> *Übersicht über die Patches, auf die in diesem Text verwiesen wurde:*
   Patch 20: *Gleich knallt's!*
   – Verstimmungsfaktor ungelöster Konflikt

-> *Von hier aus weiterführende Patches:*
   Patch 21: *Von roten und grünen Knöpfen*
   – Bewusstsein beginnt mit Körperbewusstsein
   Patch 24: *Was genau ist Geistige Welt? Und ist sie heilig?*
   Patch 37: *St. Germain – lachend erwachen*

---

[1] *Für diejenigen, die St. Germain noch nicht kennen und wissen möchten, mit wem sie das Vergnügen haben, empfehle ich Patch 37 (->* **Patch 37:** *St. Germain – lachend erwachen).*

[2] *Erlaubt mir noch eine Anmerkung, damit ihr mich nicht falsch versteht: Ich maße mir in keinerlei Hinsicht an, den Einsatz von Schmerzmitteln bei einer schlimmen Krankheit oder einer Verletzung zu verteufeln. Wie ich schon sagte: In diesem Zusammenhang ist die Zeit, in der ihr lebt, eine Gnade. Doch auch hier ist die relevante Frage: Was steckt hinter dieser Krankheit oder Verletzung? Worauf will mich mein Körper hinweisen?*

PATCH 23

Glück hat eine große Strahlkraft

Dass der Kosmos es wirklich gut mit uns meint, und, so wie es aussieht, auch großes Interesse daran hat, dass es uns Menschen auf dieser Erde gut geht, das hat eine Studie zum Thema Glück gezeigt. Diese Studie besagt nicht nur, dass Glück ansteckend ist, sondern auch, dass Menschen, die glücklich sind, eine größere Strahlkraft haben (-> **Patch 32:** Charisma lernen).

James Fowler von der University of California in San Diego und Nicholas Chistakis von der Harvard Medical School in Boston (Fowler und Christakis 2008) entdeckten folgendes Phänomen: Innerhalb eines sozialen Netzwerkes von 5.000 Mitgliedern, in dem alle auf einer 4-stufigen Skala ihr Glücksempfinden angeben mussten, fanden sie heraus, dass sich das Glück jeder einzelnen Person in einer Kettenreaktion durch das Netz fortpflanzte und sogar noch Individuen um zwei Ecken hinweg beeinflusste. Negative Gefühle breiteten sich dagegen weniger stark aus. In Zahlen ausgedrückt, beträgt das Ausmaß, in dem jedes andere glückliche oder unglückliche Mitglied eines sozialen Netzes die Chance auf eigenes Glück erhöht oder senkt, im Mittel neun (Glück) bzw. sieben (Unglück) Prozent. Die direkte Bekanntschaft mit einem glücklichen Menschen steigert die Glückswahrscheinlichkeit um 15%. Eine Über-Eck-Verbindung – der glückliche Freund eines Freundes – erhöht sie um zehn und selbst eine Bekanntschaft über zwei Ecken noch um sechs Prozent.

Nun könnte man an dieser Stelle zu Recht fragen, warum mein Buch nicht gleich von der glücklichsten sondern (nur?) von der besten Version unseres Selbst handelt. Oder auch: Ist die beste Version unseres Selbst gleichzusetzen mit der glücklichsten Version unseres Selbst? Ja, das ist sie. Und gleichzeitig: Nein, das ist sie nicht! Denn es hängt davon ab, was man unter Glück versteht. Ich unterscheide zwischen zwei Arten des Glücks. Die eine ist das, was die meisten von uns im Alltäglichen unter Glück verstehen: glückliche Fügungen mit den dazugehörigen Glücksmomenten bzw. -gefühlen. Dem Glauben vieler Menschen entsprechend, sind sie recht zufälliger Natur, kaum selbst zu beeinflussen, geschweige denn selbst herbeizuführen. Dieses Glück ist also ein äußerst kostbares und zudem instabiles Gut. Zumal sich Glücksgefühle wie ein zart schmelzendes Stück Schokolade verhalten, das sinnlich auf der Zunge zergeht, sich im Genuss schon verflüchtigt und dabei zur süßen Erinnerung wird. So wäre, wenn wir uns dieser Art von Glück verschreiben würden, die glücklichste Version unseres Selbst ein emotional höchst instabiler und fragiler Zustand.

Ich zeige in diesem Buch, dass es eine zweite Art „Glück" gibt. Eines, das stabil und dauerhaft ist. Dafür erforschen wir die Grundsubstanz des vermeintlichen Glücks. Und dies nicht nur, um diese Grundsubstanz autark zu formen, sondern vor allem, um sie dauerhaft selbst generieren zu können. Ich nenne diese zweite Form des Glücks übrigens Sinnhaftigkeit. Um dies verständlich zu machen, gehe ich nicht nur der Frage nach, warum Sinnhaftigkeit das nachhaltigere Glück sein könnte (-> **Patch 5: Sinnhaftigkeit finden**), sondern vor allem auch folgenden Fragen: Was hat es mit der in obiger Studie beobachteten Strahlkraft auf sich, und wie funktioniert sie – unter dem Aspekt der Sinnhaftigkeit? Wie gelingt es ganz praktisch durch den Aspekt der Sinnhaftigkeit in das „Feld" der Menschen zu gelangen, mit denen sich die eigene Lebensqualität, und gleichzeitig die aller Beteiligten, erhöht? Und das ohne jegliche Aufdringlichkeit ;-)

(-> **Patch 13:** Feinstoffliches Zielgruppenmarketing). Welche Rolle spielen dabei unsere Authentizität und der eigene Lebenssinn (-> **Patch 11:** Die Himmelstreppe)? Und letztendlich die Frage aller Fragen: Wie kommt man da hin: in den stabilen und tragfähigen Zustand der besten Version unseres Selbst? Glücksgefühle und Schokolade inbegriffen.

-> *Übersicht über die Patches, auf die in diesem Text verwiesen wurde:*
Patch 5: Sinnhaftigkeit ist das nachhaltigere Glück
– Nicht von etwas, sondern für etwas leben!
Patch 11: Die Himmelstreppe, Teil I
– Der Weg zur Stille hinter dem Klang
Patch 13: Looking for Connection?
– Feinstoffliches Zielgruppenmarketing durch
das Resonanzprinzip und Synchronizitäten
Patch 32: Kann man Charisma lernen? Und was genau
macht die eigene Strahlkraft aus?

-> *Von hier aus weiterführende Patches:*
Patch 4: Vom der sinnlosen Motivation zum wahren Antrieb!
Patch 8: Was wirklich zählt! Aller guten Dinge sind 3

PATCH 24

Was genau ist Geistige Welt? Und ist sie heilig?

*Metatron und St. Germain[1] in Kooperation
mit Tanja Schade-Strohm*

Nein, heilig ist sie nicht, die Geistige Welt. Aber höchst heilsam kann sie sein, wenn ihr, liebe Freunde, euch traut, euch auf uns einzulassen und mit uns in Kontakt zu gehen. Viele von euch nennen uns die HOHE Geistige Welt und/oder sprechen auch von den HÖHEREN Ebenen des Bewusstseins, in denen wir uns als feinstoffliche Wesen aufhalten und bewegen. Ja, das ist schon ganz richtig, denn wir bewegen uns nicht nur in eurem dreidimensionalen Raum, sondern auch im fünfdimensionalen Raum und darüber hinaus in noch höheren Dimensionen. Doch damit sind wir nicht besser oder schlechter als ihr, wir haben einfach einen „größeren Radar", wenn man es einmal so technisch ausdrücken möchte. Wir nehmen mehr wahr als ihr. Noch! Denn, wie ihr vielleicht wisst, steuern viele von euch darauf zu, demnächst auch höhere Dimensionen wahrnehmen zu können. Zumindest treten einige von euch, quasi morgen, in die fünfte Dimension ein, in der wir euch freudig erwarten. Das ist unter anderem gemeint mit dem Aufstiegsprozess der Erde und der Erhöhung eures Bewusstseins und eurer Energie. Einige von euch haben schon so ein hohes Bewusstsein, dass sie die fünfte Dimension bereits heute wahrnehmen können, andere nur in Ansätzen und wieder andere noch gar nicht. Je nachdem, wie weit ihr in eurem ganz persönlichen Entwicklungsprozess schon gekommen seid.

Auf jeden Fall ist es unser Ziel, mit euch immer mehr auf Augenhöhe zu sein. Deshalb ist HÖHER rein numerisch zu verstehen. Fünf ist einfach eine höhere, man könnte auch sagen: größere, Zahl als drei.[2] Also geht im Kontakt mit uns bitte nicht in einen Zustand der „Untertänigkeit", sondern einfach in einen Zustand des respektvollen Miteinanders. So wie auch wir dies mit euch tun. Wir sind zwar geistig, aber keine Geistlichen, denn wir sind völlig frei von all euren Religionen. Wir sind auch keine Geister im Sinne von Gespenstern, die euch das Gruseln lehren möchten und dafür „Hui-buhhhh" machen. Es ist, verzeiht, wenn wir so deutlich werden, ein merkwürdiger Umgang, den einige Menschen derzeit mit uns pflegen. Sie betreiben den Kontakt mit uns, als ob sie in einen Geisterzoo gehen würden. Das ist ziemlich unangemessen, ist es doch reine Sensationshascherei und Tourismus in unseren geistigen Gefilden! Einfach, um mitreden zu können, aber eben nicht der Sache wegen und nicht, weil sie sich weiterentwickeln möchten.

Wir sind keine Modeerscheinung, sondern im wahrsten Sinne des Wortes Zeit-Geist(er), die euch dienen. Denn de facto dienen wir euch und nicht ihr uns.

Und dennoch haben einige von euch Angst vor uns. Das ist lustig, denn eigentlich müssten, wenn überhaupt, wir vor euch und vor dem, was ihr auf der Erde so treibt und zuweilen auch unterlasst, Angst haben. Nicht umgekehrt!

Auf jeden Fall haben wir großen Respekt vor euch, da ihr entschieden habt, in dieser Zeit auf der Erde zu inkarnieren und den kosmischen Transformationsprozess von dort aus zu begleiten! Chapeaux! Wir ziehen den Hut vor euch!

Viele von uns waren auch bereits als Menschen auf der Erde oder auch auf anderen Planeten inkarniert. Andere von uns haben es vorgezogen, außerhalb der Materie zu agieren und zu bleiben. Aber all das wisst ihr selbst ganz tief in euch. Denn ihr alle seid auch schon hier auf diesen Ebenen gewesen, als Geistwesen. Ihr erinnert euch nur nicht mehr daran. Dürfen wir euch ganz kurz mal richtig verwirren? Ihr seid sogar noch hier ... . Denn Zeit ist ja eine Illusion, und es ist ebenfalls eine Illusion zu glauben, dass eure menschliche Erscheinung und das, was ihr als eure eigene Seele wahrnehmt, oder das, was ihr dafür haltet, eure Gesamtheit ausmacht. Das ist nicht der Fall.

Ja, es stimmt, wie wir eben bereits sagten, ihr könnt uns (noch) nicht sehen, nicht riechen, nicht hören, oder sagen wir es so: Nur einige von euch können uns bereits wahrnehmen, und sie werden in eurer Welt, in der noch die alten Paradigmen vorherrschen (-> **Patch 30:** Paradigmenwechsel), teilweise für verrückt erklärt und von einigen anderen, die sich als „bodenständig" bezeichnen, wie im Mittelalter geächtet. An dieser Stelle stellt sich die Frage, wer oder was ist besser? Und wer oder was ist hier gerade „ver-rückt"? Was ist wirklich näher an der Realität? Eure alte oder die neue Wahrnehmung? In Euren Psychiatrien und anderen Verwahrungseinrichtungen befinden sich viele vermeintlich „Ver-rückte", die ein unwürdiges Dasein fristen, obwohl sie hochgenial, sensitiv und mehr als gute „Übersetzungsinstrumente" für die Realität jenseits eurer dreidimensionalen und daher noch recht eingeschränkten Weltsicht und Wahrnehmung sind. Nach dem Motto, was nicht jeder nicht sehen und anfassen kann, das gibt es auch nicht!

Ihr solltet die Menschen, die unsere sogenannte Lichtsprache bereits empfangen können und in eure menschliche Sprache übersetzen können und auch die, die inzwischen vermehrt an all das Wissen wieder „herankommen", das ihnen vor ihrer Inkarnation auf Erden zur Verfügung stand, nicht heilig sprechen. Aber ihr müsst sie auch nicht gleich verteufeln oder für irre und verrückt erklären.

Seid ein bisschen offener und tolerant. Denn was ist schon normal?

Die „Dinge", die sich außerhalb der Reichweite eurer, auch mit den fünf Sinnen wahrnehmbaren, Realität aufhalten, sind ja nun deswegen weder heilig, noch sind sie nicht vorhanden. Diese Dinge liegen einfach in einem „Frequenzbereich", den zwar teilweise Tiere oder zu Teilen auch schon einige wenige eurer bereits vorhandenen und künftigen elektronischen Messgeräte empfangen und dekodieren können, aber eben die meisten Menschen – noch – nicht. Mal ganz ehrlich: Habt ihr schon einmal das Bedürfnis gehabt, ein Radio als Mumpitz oder unnütz abzutun oder es gar für „verrückt oder unglaubwürdig" zu halten, nur weil es Frequenzen empfangen und dekodieren kann, die ihr mit euren bloßen Ohren nicht wahrnehmen könnt?

Seht ihr? Der Vergleich ist vielleicht lapidar, aber deshalb nicht weniger relevant und wichtig! Also: Alles Geistige ist das, was viele von euch früher oder später mit ihrem Geiste und mit ihren mehr als fünf – also höheren – Sinnen wahrnehmen können. Vieles, was ihr bis jetzt noch nicht dekodieren konntet. Alles Geistige, also auch wir Wesenheiten aus den höheren Dimensionen, sind logischerweise nicht aus Materie. So könnt ihr euch – zumindest physisch – nicht an uns stoßen und euch keine blauen Flecken holen. ;-) Aber wisst ihr eigentlich, wie oft es vorkommt, dass ihr im wahrsten Sinne des Wortes neben uns steht (oder wir neben euch) und, da ihr uns nicht wahrnehmt, bei der nächsten Bewegung plötzlich mitten durch uns hindurch lauft? Uns macht das nichts aus. Ganz im Gegenteil, denn so kommt euer Energiesystem noch besser mit dem unseren in Kontakt. Und für euch birgt es kein Risiko, eben weil wir feinstofflich sind, reine Schwingung, Information und angebunden an das Licht bzw. Teil des Lichtes sind. So verbinden wir uns mit euch und euch wiederum mit der höchsten Energie: der des Lichtes und der Liebe.

Und in dieser Liebe sind wir mit euch wiederum verbunden und begleiten euch jeden Tag, jede Stunde, ob ihr es fühlt, glaubt oder ob ihr es für unmöglich haltet.

„Habt ihr jemals die Existenz der Sterne in Frage gestellt, nur weil ihr sie tagsüber nicht sehen könnt? Realität ist so viel mehr als das, was ihr wahrnehmt."
Die Geistige Welt

In diesem Sinne nehmen wir mit euch permanent Kontakt auf, ach was, wir sind dauernd mit euch im Kontakt. Und wenn ihr wiederum mit uns noch nicht so bewusst proaktiv Kontakt aufnehmen könnt, obwohl ihr das vielleicht gerne würdet, dann grämt euch nicht. Alles hat seinen Grund, und ihr solltet euren Weg in eurem ganz eigenen Tempo, im Vertrauen auf euch und darauf, dass alles seine Richtigkeit hat, gehen. Erzwingt es nicht. Beginnt mit einer ganz einfachen Übung, die ihr hier im Buch findet, die Tanja für euch aufgeschrieben hat (-> **Patch 21:** **Körper-Radar**) und mit der ihr zunächst eure Intuition schulen könnt. Ihr müsst euren Körper, der letztendlich auch ein Messinstrument und Decoder für die (höheren) Energien ist, manchmal erst ein wenig trainieren, oder anders ausgedrückt: auf die Frequenz des (höheren) Bewusstseins eintunen (-> **Patch 31:** Lovetuning)!

In diesem Sinne, übt euch darin, mit uns Kontakt aufzunehmen. Und wenn ihr es selbst noch nicht könnt, dann nutzt die medialen Menschen, die darin bereits versiert sind und eben wie ein Radio unsere Frequenzen empfangen und für euch in eure menschliche Sprache übersetzen können. Teilweise empfangen sie sogar Heilfrequenzen, die euch helfen können, gesund zu werden und in euer

Gleichgewicht sowie in eure Homöostase zurückzufinden. Vertraut bei der Auswahl eines menschlichen Mediums auf euer Gefühl und eure Wahrnehmung. Wichtig ist, dass sich diese Person für euch authentisch und wahrhaftig anfühlt, dass ihr, wenn ihr tief in euch hineinspürt, ihr vertrauen könnt und eine Energie des Wohlwollens in euch spürt, die von jedem menschlichen Medium immer ausgehen sollte. Sobald das Medium, das ihr zur Auswahl habt, ein Machtspiel mit euch beginnt, oder ihr das Gefühl habt, dass sich das Medium nicht aufrichtig in den Dienst der Sache und damit in euren Dienst stellen will oder kann, so ist es kein wahrhaftiges Medium, sondern ein Mensch, der letztendlich im Mittelpunkt stehen möchte, und dessen Ego von euch Energie abzapfen möchte.

Das darf nicht sein. Was allerdings sein darf und teilweise auch im Sinne des Lichtes ist: Ein Medium wird für euch auch Dinge übersetzen und sagen, die für euch zuweilen streng klingen oder unangenehm sind. Denn es spricht die Wahrhaftigkeit, und die ist nicht immer angenehm. Das kann sich dann so anfühlen, als ob euch jemand mit einem Halogenstrahler kurz mal in die Augen leuchtet. Denn es ist nun einmal Lichtsprache, die Sprache des Lichtes, die euch hier berührt. Doch Lichtsprache und damit auch die wahrhaftige Übersetzung von Lichtsprache ist stets von Respekt und Liebe für euch getragen. Und das muss für euch deutlich spürbar sein. Sonst stimmt etwas nicht!

Und noch eine kleine Denksportaufgabe möchten wir euch mit auf den Weg geben: Was glaubt ihr, woher all eure kreativen Ideen, eure Erfindungen, eure Ein-Fälle kommen? Und woran mag es wohl liegen, dass manche Menschen die tollsten Kreationen und Erfindungen auf die Erde bringen und andere nicht? Denn nichts, aber auch nichts unter der Sonne ist neu! Alles ist bereits da: im Raum des Feinstofflichen und Meta-Physischen. Die Frage ist nur: Wie gut ist die Qualität eurer Verbindung dorthin? Ist eure „Leitung" frei? Und wie trainiert und intuitiv seid ihr im Auslesen von Informationsfeldern?

In tiefer Liebe und Zugewandtheit ein kleiner Beitrag zu den Fragen: Was genau ist die Geistige Welt? Und ist sie heilig? Es folgen weitere Informationen, wann immer ihr möchtet.

-> *Übersicht über die Patches, auf die in diesem Text verwiesen wurde:*
   Patch 21: *Von roten und grünen Knöpfen*
   – Bewusstsein beginnt mit Körperbewusstsein
   Patch 30: *Paradigmenwechsel: keine Philosophie,*
   dafür lieber ein gangbarer Weg
   Patch 31: *Lovetuning*
   – Kann man mit einer Stimmgabel Liebe erzeugen?

-> *Von hier aus weiterführende Patches:*
   Patch 9: *Metatron – kraftvoller Begleiter auf dem Weg zum Selbst*
   Patch 29: *Frequenz: eine Begriffsklärung mit Weitblick!*
   Patch 37: *St. Germain - lachend erwachen*

[1] *Für diejenigen, die Metatron und/oder St. Germain noch nicht kennen und wissen möchten, mit wem sie das Vergnügen haben, empfehle ich die Patches 9 und 37 (->* **Patch 9:** *Metatron; ->* **Patch 37:** *St. Germain).*

2 *Anmerkung von Tanja: Um die in diesem Patch erwähnten Dimensionalitäten besser zu verstehen und statt Ehrfurcht Einsicht zu gewinnen, empfehle ich auf YouTube den Zeichentrickfilm: „Dr. Quantum – in Flatland". Enjoy :-)*

PATCH 25

Die Haltung des friedvollen Kriegers und der Abschied vom einsamen Sieg

In buddhistischen Klöstern werden Mönche zum Teil sehr hart ausgebildet. Sie lernen, wie sie sich Situationen beugen ohne ihre Würde zu verlieren, wie sie über sich hinauswachsen, wie sie mit teilweise unerträglicher Marter und Leid umgehen und dabei die Begrenztheit ihrer irdischen Existenz sprengen.

So lernen sie u.a. auch, der Zeit immer ein Stück voraus zu sein, um in einem Zustand der passiven Achtsamkeit selbst in tiefer Meditation oder im Schlaf „Gefahren" zu erspüren. Vorzeitig, um niemals zu einem uneleganten Reagieren gezwungen zu sein, sondern stattdessen einem potenziellen Angreifer zuvorzukommen und ihn proaktiv zu „empfangen". Diese Haltung dient dem Aufrechterhalten der inneren Ruhe und dem inneren Frieden, den ein buddhistischer Mönch auch in Zeiten der äußeren Unruhe und Gefahr aufrechterhalten kann.

Hinter dieser wachsamen Haltung steckt also nicht die Zielsetzung des Sieges! Denn ein Sieg über einen anderen Menschen bedeutet einem buddhistischen Mönch nichts. Im Gegenteil. Vielmehr besteht seine Herausforderung darin, auch im Kampf – so paradox es klingen mag – friedfertig zu bleiben und den Kampf dazu zu nutzen, die chaotischen und destruktiven Energien zu besänftigen, damit wieder Frieden und Ruhe einkehren können. Nicht nur in ihm selbst, sondern möglichst auch im Herzen und der Seele des „vermeintlichen" Gegners bzw. Angreifers. Dies ist die Haltung des friedvollen Kriegers.

Wird der Gegner beim Kampf verletzt, so ist das fast eine Verletzung für den Krieger selbst, denn der friedvolle

Krieger verschmilzt im Kampf mit seinem Gegner zu einer Einheit. Der friedvolle Krieger übernimmt die Führung, um die zunächst zerstörerische Kraft, in die beide hinein geraten sind, und zuweilen auch die aufgewühlten Emotionen, zu besänftigen. Seine Kampfkunst erlaubt es ihm nicht, auf den Gegner sinnlos und plump einzuschlagen. Diese Art zu kämpfen ist für einen buddhistischer Mönch unelegant, zerstörerisch und immer nur der letzte Ausweg.

Ein friedvoller Krieger ist letztendlich eine Art Energiemanager, der hellwach die hohe Dynamik und Energie des Kampfes analysiert und nutzt. Dabei stellt er sich nicht gegen die Angriffsenergie seines Gegners, was die höchste Gefahr eine „Aufpralls" und somit der Verletzung birgt, sondern geht flexibel mit der Bewegung des Angriffs mit, ohne dabei die Führung aufzugeben. Er nimmt den Schwung des gegnerischen Angriffs auf, um diesen für sich und seine Verteidigung im Kampf zu nutzen. Dabei ist der friedvolle Krieger sehr energieeffizient und weiterhin in einer „proaktiven Passivität". Er geht zerstörerischen Energien aus dem Weg. Wie gesagt, die Idee ist nicht, den Gegner zu verletzen oder gar zu töten (-> **Patch 27:** Reaktivität). Es sei denn, er hat keine andere Wahl.

Das Ziel des friedvollen Kriegers ist es eher, den Kampf in eine Art „Tanz der Energie" zu transformieren, bei dem beide, Angreifer wie Verteidiger, allmählich zur Ruhe kommen und begreifen, dass sie Teile einer Einheit bilden und damit Teil eines großen Ganzen sind.

Letztendlich entscheidet die Haltung des Angegriffenen maßgeblich über Ablauf und Ausgang eines Kampfes.

So gesehen ist jeder Angriff für den friedvollen Krieger auch eine persönliche Chance zu wachsen und sich weiterzuentwickeln. Einen nächsten Schritt auf dem Weg der

Verfeinerung seines Energiemanagements zu gehen. Das bedeutet, Energien zu erspüren, zu verstehen und (heilsam) lenken zu können. Ein buddhistischer Leitsatz, der auch in meiner Danksagung zu finden ist, lautet:

Im Leben gibt es ausschließlich Freunde und Trainer. Mehr lernst du von den Trainern, die dir in manchen irdischen Szenarien als vermeintliche Gegner und Widersacher entgegentreten.

So ist es ganz natürlich, dass sich die Kämpfer vor und nach jedem Kampf vor ihrem „Gegner" oder, im Sinne dieses buddhistischen Leitsatzes, vor ihrem Trainer, durch den sie wachsen und lernen können, verneigen.

Wie können wir uns nun die Haltung des friedvollen Kriegers selbst zu nutze machen? Denn auch in unserem Alltag finden immer wieder kleinere und größere Kämpfe statt. Weniger als „physische" Auseinandersetzungen, sondern meist im Bereich der Kommunikation. Viele dieser „Alltagskämpfe" bleiben als schwelender, ungelöster Konflikt im Raum stehen. Kein guter Zustand, zumal ungelöste Konflikte nicht nur jederzeit mit voller Wucht eskalieren können, sondern auch eine der schwierigsten „Hürden" (-> **Patch 20:** Konfliktdynamik) auf dem Weg zur besten Version unseres Selbst darstellen. Wie schaffen wir es also, die Haltung des friedvollen Kriegers bei verbalen und emotionalen Kämpfen bzw. Konflikten erfolgreich und elegant einzusetzen, um unsere Energie unbeeindruckt von Negativität klar zu halten und dabei eine für alle Beteiligten stimmige Lösung herbeizuführen?

Ich habe im Folgenden das Wissen zum Energiemanagement, das in diesem Buch enthalten ist, (im Sinne des friedvollen Kriegers) kurz und knapp zusammengetragen, um jedem, der es möchte, eine alltagsnahe und praktische

Anwendung zu ermöglichen. Die Patches, die zur Vertiefung geeignet sind, habe ich jeweils angeführt.

Passive Achtsamkeit und Früherkennung

Wahrscheinlich sind die meisten von uns von dem Trainingsniveau eines buddhistischen Mönchs noch ein Stück weit entfernt. Und ich weiß auch nicht, ob es immer notwendig ist, beispielsweise im Schlaf auf vermeintliche Gefahren zu achten. Doch auch wir haben die Fähigkeit, mit unserem Körper-Radar, den in diesem Buch beschriebenen roten und grünen Knöpfen (-> **Patch 21:** Körper-Radar), Konflikte frühzeitig zu erkennen, um sie abzuwenden ehe sie entstehen, bzw. um sie rechtzeitig, und damit ohne Verletzungen und ohne Energieverlust, zu klären und zu lösen.

Um unsere passive Achtsamkeit und damit die Früherkennung von möglichen Konflikten zu schulen, empfehle ich für ein paar Tage genau dieses Wahrnehmungstraining der roten und grünen Knöpfe (-> **Patch 21:** Körper-Radar)! Am besten funktioniert das, wenn man einmal am Tag kurz in ein kleines Heft notiert, ob und in welchen Situationen sich die eigenen roten bzw. grünen Knöpfe gemeldet haben. Am einfachsten ist es, wenn man zu Anfang in erster Linie die unangenehmeren Situationen unter die Lupe nimmt. Just in dem Moment, in dem sich die roten Knöpfe melden, bedeutet das: Hier droht ein Konflikt, es gibt etwas zu klären!

Verantwortung übernehmen: am Anfang des Prozesses aktiv werden (-> **Patch 20:** Konfliktdynamik; -> **Patch 27:** Reaktivität)

Im nächsten Schritt geht es darum, innerhalb eines Konflikts die Verantwortung für sich selbst zu übernehmen und zum einen zu klären, welches der eigenen Bedürfnisse gerade von einer Person oder einer Situation missachtet wird und ob ich mich dadurch verletzt fühle. Zum anderen gilt es wahrzunehmen, ob ich wiederum die Bedürfnisse anderer missachtet haben könnte. Die Kernfrage ist also immer: Was genau passt mir/dem anderen in dieser Situation nicht?

Wenn man diese Kernfrage nach den Bedürfnissen immer wieder stellt und beantwortet, so gelingt es, den Ursprung eines beginnenden Konflikts nicht nur frühzeitig zu erkennen, sondern auch zu handeln, ehe das Ganze, ob von meiner Seite oder von der Seite meines Konfliktpartners, eskaliert. Denn nun geht es darum, konkret anzusprechen, was mit mir oder dem anderen los ist, wie es mir bzw. meinen Konfliktpartner geht und wie unsere, wahrscheinlich zunächst recht unterschiedliche, Wahrnehmung der konkreten Konfliktsituation aussieht. Wie man das macht und ein gewaltfreies, klärendes Konfliktgespräch führen kann, ist in Patch 39 (-> **Patch 39:** Praktische Konfliktlösung) beschrieben und leicht nachvollziehbar.

Bei Angriffen Gelassenheit und Ausstieg aus der Reaktivität: „Don't eat the energy!"

Wenn der Konflikt bereits eskaliert ist und man sich Angriffen oder Vorwürfen ausgesetzt fühlt, dann ist es an der Zeit, sich um die eigene Energie zu kümmern und sich zu fragen: „Fresse ich die Angriffsenergie meines Gegenübers bereits in mich hinein? Und bin ich kurz davor zurückzuschlagen? Will ich – Hand aufs Herz – Recht haben und gewinnen?" D.h.:

Bin ich Re-AKTIV?
*(-> **Patch 27:** Reaktivität)*

Sobald ich auf eine der Fragen mit „Ja" antworten muss, bedeutet dies, dass ich die Führung bereits aufgegeben habe und just dabei bin, der Angriffsenergie meines Gegenübers auf den Leim zu gehen. Es ist also an der Zeit, zumindest innerlich, einen Schritt zurückzutreten, um mich nicht noch tiefer in den Konflikt hineinziehen zu lassen. Denn:

Mein Gegner ist kein Gegner
sondern mein Konfliktpartner.
Er und ich bilden eine Einheit.

Genau jetzt, selbst in dem Moment, in dem es richtig knallt (-> **Patch 20:** Konfliktdynamik), herrscht zwischen uns beiden eine hochdynamische Energie, die weiter eskalieren kann. Genau jetzt kann ich durch mein Verhalten steuern, ob wir diese Konfliktenergie weiter entgleiten lassen oder konstruktiv nutzen. Wollen wir zerstören oder klären? Es geht um uns beide.

Wie es schon ein Newtonsches Gesetz der Physik besagt:

Actio = Reactio

D.h., die Wucht, mit der ich auf mein Gegenüber einwirke, ist die Wucht, mit der der andere mir antwortet.

Wertschätzung des Gegenübers

Ich weiß, es klingt wahrscheinlich immer noch ziemlich schräg: Aber jeder Konfliktpartner ist in diesem Moment, ob ich es will oder nicht, mein persönlicher Trainer. Gerade wenn er mich in eine unangenehme Situation bringt, herausfordert und ich sehr intensiv und bewusst darüber nachdenken muss, wie ich mich am besten verhalte. Ich kann in der Begegnung mit ihm eine Menge über mich und, wenn ich will, auch über ihn, lernen. Meine Art des Umgangs mit ihm im akuten Konflikt zeigt mir den Entwicklungsgrad meiner Fähigkeiten. Ich kann an meinem Verhalten erkennen, wie versiert ich bereits im Managen von Energien bin und wie es um meine verbale Kampfkunst bestellt ist. Und – nobody is perfect –, sollte ich doch wieder ins Reagieren verfallen und wutschnaubend einfach mal plump mit voller Kraft zurückschlagen, dann weiß ich: Trainingslevel zu hoch, hier gibt's noch was für mich zu tun! Im schlechtesten Falle kann ich von mir und meinem Konfliktpartner lernen, wie ich es in Zukunft besser nicht machen sollte.

Im besten Fall wird es mir und damit uns gelingen, unseren Konflikt in einen wahren Konsens (-> **Patch 26: Kompromiss versus Konsens**) zu verwandeln. Dann haben wir es geschafft, die Konfliktenergie für uns zu nutzen, zu transformieren und etwas Gutes daraus entstehen zu lassen: z.b. gegenseitiges Verständnis, Mitgefühl, eine gute gemeinsame Lösung oder sonst etwas, das uns vielleicht näher zusammenbringt als wir es jemals zuvor waren.

An dieser Stelle erinnere ich eine lustige, wenn auch nicht gerade buddhistische, Filmsequenz aus einem alten Western, in der sich zwei kernige Cowboys zunächst mal anständig verprügeln, um sich dann kurze Zeit später in trauter Zweisamkeit am Tresen eines Saloons zu besaufen und echte Freunde zu werden. Als Kind hat mich diese Szene nachhaltig beeindruckt! Ob die beiden nun einfach aus Erschöpfung zum angenehmen Teil ihrer Begegnung übergingen und sich plötzlich grundsympathisch fanden oder tatsächlich als friedvolle Krieger eine Lösung ihres Konfliktes gefunden hatten, das entzieht sich meiner Erinnerung.

Fakt ist:

Die nachhaltigste Lösung eines Konfliktes ist weder ein Waffenstillstand noch ein Kompromiss, sondern ein echter Konsens.

Was unterscheidet einen Kompromiss von einem Konsens? Bei einem Konsens gelingt es, in Bezug auf die Bedürfnisse und Wünsche der beiden Konfliktpartner, kein Entweder-oder, sondern ein Sowohl-als-auch herzustellen. Es gibt also keinen Verlierer und keinen Gewinner, wie bei einem Kompromiss, bei dem mindestens einer von beiden den Kürzeren zieht. Bei einem Konsens wird so lange verhandelt, bis jeder von beiden Konfliktpartnern letztendlich bekommt, was ihm wichtig ist und ein faires, stabiles Gleichgewicht erreicht ist (-> **Patch 26:** Kompromiss versus Konsens).

-> *Übersicht über die Patches, auf die in diesem Text verwiesen wurde:*
  Patch 20: *Gleich knallt's!*
  – *Verstimmungsfaktor ungelöster Konflikt*
  Patch 21: *Von roten und grünen Knöpfen*
  – *Bewusstsein beginnt mit Körperbewusstsein*
  Patch 26: *Kompromiss versus Konsens*
  – *Übereinstimmung statt Verstimmung*
  Patch 27: *Was „ziehen" wir uns da eigentlich „rein"?*
  – *Konfliktenergie und der Ausstieg aus der Reaktivität*
  Patch 39: *Von der Kampfsprache zur Heilsprache*

-> *Von hier aus weiterführende Patches:*
  Patch 16: *Von der Einsamkeit zum All-eins-sein!*
  Ein grenzenloses Energiephänomen!
  Patch 30: *Paradigmenwechsel: keine Philosophie,*
  dafür lieber ein gangbarer Weg

PATCH 26

**Kompromiss versus Konsens –
Übereinstimmung statt Verstimmung**

Unsere Bestimmung ist ein energetischer Zustand, in dem wir unserem ursprünglichem Wesen und unserem Urklang (-> **Patch 11:** Die Himmelstreppe) Ausdruck verleihen. Dies ist der Zustand der Feinjustierung und der Entsprechung mit unserer (ur-)eigenen Frequenz, die es gilt, einmal wiedergefunden (-> **Patch 14:** Klärung deiner Frequenz), stabil und klar zu halten.

Die eigene Bestimmung zu leben ist kein Zustand, sondern ein erfüllender aber auch fragiler Prozess, der in permanenter Wechselwirkung mit unserem Umfeld verläuft. Deshalb fordert er von uns ein hohes Maß an Achtsamkeit und Bewusstheit. Denn wegen unserer individuellen Entwicklung hält die Erde ja nicht atemlos still und wartet auf uns, sondern sie dreht sich jeden Tag weiter und sorgt so für die Veränderung ganzer Kontinente, Landstriche, Situationen und damit wiederum für Herausforderungen an uns Menschen. Womit wir uns heute noch im Einklang befinden, kann also morgen schon in Dissonanz zu uns geraten. Das ist das Prinzip des Wandels, der Evolution hier auf diesem Trainingsplaneten namens Erde. Lebensaufgaben und Konflikte fordern unsere Bewusstseinentwicklung und unsere Eigenverantwortung heraus und trainieren uns, bei allen Herausforderungen nicht reaktiv (-> **Patch 27:** Reaktivität) sondern proaktiv dafür zu sorgen, dass wir im Einklang mit uns und unserem Umfeld leben. Und das, ohne uns selbst dabei zu verlieren. Puh! Ein ganz schöner Spagat!

Ich selbst mag Konflikte nicht sehr, aber ich habe festgestellt, dass es den Menschen in meinem Umfeld, und auch mir selbst, viel leichter fällt, sich einem Konflikt zu stellen, sobald wir über praktisch anwendbare Fähigkeiten zur Konfliktlösung verfügen.

Deshalb liegt einer der Schwerpunkte dieses Buches auf dem Umgang mit inneren und äußeren Konflikten und sorgt für das nötige Energiewissen, um Konflikte möglichst elegant, zumindest aber vor ihrer Eskalation, zu transformieren. Denn jeder ungelöste Konflikt, mag er noch so klein sein, birgt das Potenzial, uns aus unserer Ur-Frequenz (-> **Patch 29:** Frequenz) und damit unserer Bestimmung (-> **Patch 11:** Die Himmelstreppe) wieder in die Verstimmung zu befördern.

Früher habe ich selbst geglaubt, dass sich quasi jeder Konflikt durch Kompromissbereitschaft relativ einfach lösen lässt, und viele Menschen teilen bis heute diese Meinung. Irrtum! Selbst wenn wir glauben, einen Konflikt mit einem Kompromiss gelöst zu haben, zeigt sich auf energetischer Ebene sehr schnell, dass kein Kompromiss hält, was er verspricht.

Schauen wir doch einmal, wie Wikipedia den Begriff Kompromiss definiert:

„Ein Kompromiss ist die Lösung eines Konfliktes durch gegenseitige freiwillige Übereinkunft, meist unter beiderseitigem Verzicht auf Teile der gestellten Forderungen. ... Ein Kompromiss kann geschlossen werden, wenn keine der beiden Seiten genug Kraft besitzt, um die eigenen Ziele konsequent und vollständig zu verfolgen oder wenn das vollständige Durchsetzen der Interessen einer Seite keine dauerhafte Lösung darstellt, also zu befürchten ist, dass die Lösung immer wieder in Frage gestellt wird und somit nicht stabil ist, beziehungsweise nur unter sehr hohen Kosten seitens des Gewinners aufrechterhalten werden kann.

Darüber hinaus kann ein Kompromiss das Ergebnis einer Situation sein, in der zwar eine Seite sich vollständig durchsetzen und dieses Ergebnis auch aufrechterhalten könnte, jedoch neben dem Ziel, auf das sich der Kompromiss bezieht, weitere konfliktträchtige Ziele bestehen."

Seite „Kompromiss", in: Wikipedia, Die freie Enzyklopädie. Bearbeitungsstand: 2. Januar 2017, 21:25 h

Soweit Wikipedia. Doch auf der Ebene des Energiemanagements entspricht ein Kompromiss nicht der Auflösung des Konfliktes: Das Problem besteht nach wie vor, nur dass Bedürfnisse unterdrückt werden. Vielleicht ist der Druck kurzfristig durch die aufgebrochene Auseinandersetzung etwas gemildert (-> **Patch 20:** Konfliktdynamik), aber er besteht nach wie vor. Ich nutze hier zur Verdeutlichung eine Metapher bzw. Frage: Wie soll ein Pianist virtuos auf einem Klavier spielen, bei dessen Stimmung einige Töne unterdrückt wurden?

Ein Kompromiss ist nah an der Verstimmung, ermöglicht keinen Einklang, sondern baut stattdessen auch noch Druck auf (weil man sich an den Kompromiss halten will), der sich irgendwann (erneut) entlädt.
Ein Konsens dagegen schafft genau das, was ein Kompromiss verspricht, aber nicht hält.

Was ist nun genau der Unterschied zwischen einem Kompromiss und einem Konsens? Und warum kann eine dauerhafte und echte Konfliktlösung nur selten von einem Kompromiss, dafür aber immer von einem Konsens herbeigeführt werden?

Hierzu erneut kurz und knapp Wikipedia:

„Der Konsens (Betonung auf der zweiten Silbe; lat. consentire = übereinstimmen) bedeutet die Übereinstimmung von Menschen – meist innerhalb einer Gruppe – hinsichtlich einer gewissen Thematik ohne verdeckten oder offenen Widerspruch."

Seite „Konsens", in: Wikipedia, Die freie Enzyklopädie. Bearbeitungsstand: 11.8.2014, 7:20 h

Ein Konsens ist möglich, wenn es innerhalb eines Streits oder Konfliktes einen intensiven Austausch über die Wünsche, Ziele und Bedürfnisse beider Parteien gegeben hat.

Ein Beispiel? Betrachten wir einmal das Beispiel aus Patch 20 (-> **Patch 20:** Konfliktdynamik), die Urlaubsplanung eines Paares: Er möchte einen Action-Urlaub mit großen Fahrradtouren durch die Alpen. Sie einen erholsamen Strandurlaub, mit viel Ruhe und Wellness. Was wäre hier ein möglicher Konsens? Kein Entweder-oder, sondern ein Sowohl-als-auch: z.B. ein gemeinsamer Urlaub auf einer Insel, die beides bietet. Hohe Berge für ausgiebige Fahrradtouren als auch schöne ruhige Strände und Wellness. Somit kommen beide zu dem, was ihnen wichtig ist.

Natürlich ist das ein sehr simples Beispiel, und ein Konsens findet sich sicherlich nicht immer so einfach. Doch das Grundprinzip, egal wie schwierig und vielschichtig ein Konflikt sein mag, ist immer das gleiche:

Ein Kompromiss bedeutet: Entweder-oder!
Ein Konsens: Sowohl-als-auch!

Ein Konsens ist immer Folge echter Wertschätzung zwischen zwei Menschen bzw. zwei Parteien: „Du bist es mir wert, mich mit dir, deinen Problemen, Wünschen und Bedürfnissen auseinander zu setzen und mit dir gemeinsam eine Lösung zu finden, die uns beide trägt."

Aus der Perspektive des Energiemanagements heraus betrachtet, stellt sich das Ganze zusammengefasst so dar:

Ein Konflikt *ist eine Energieblockade*
in und zwischen Personen.
Ein Konflikt bedeutet immer eine Fehlleitung
von Energie und somit eine instabile Situation
mit Eskalationsgefahr.

Reaktivität *beim Umgang mit Konflikten*
verstärkt die Fehlleitung der Energie, erhöht
den Druck bis hin zur Explosion.

Ein Kompromiss *entlastet immerhin kurzfristig das*
gestörte Energiesystem und den Druck innerhalb der
jeweiligen als auch zwischen den beiden Parteien.
Da ein Kompromiss die Blockade aber nicht löst, wird
Energie nach wie vor fehlgeleitet. Diese Energie staut
sich nach wie vor auf. Der Konflikt schwelt weiter.

Ein Konsens *dagegen ist die komplette Auflösung*
der Blockaden, die zu inneren und äußeren Konflikten
der beteiligten Partner geführt haben.
Ein Konsens ist daher eine nachhaltige Lösung eines
Konfliktes. Die Energie fließt wieder frei und unge-
hindert, die Balance und Tragfähigkeit des Systems
ist wieder hergestellt.

-> *Übersicht über die Patches, auf die in diesem Text verwiesen wurde:*
   Patch 11: *Die Himmelstreppe, Teil I*
   – *Der Weg zur Stille hinter dem Klang*
   Patch 14: *Von der Verstimmung in die Bestimmung*
   – *Die Klärung deiner (kosmischen) Frequenz*

Patch 20: *Gleich knallt's!*
– Verstimmungsfaktor ungelöster Konflikt
Patch 27: *Was „ziehen" wir uns da eigentlich „rein"?*
– Konfliktenergie und der Ausstieg aus der Reaktivität
Patch 29: *Frequenz: eine Begriffsklärung mit Weitblick!*

-> *Von hier aus weiterführende Patches:*
Patch 25: *Die Haltung des friedvollen Kriegers*
und der Abschied vom einsamen Sieg
Patch 30: *Paradigmenwechsel: keine Philosophie,*
dafür lieber ein gangbarer Weg
Patch 33: *Von der äußeren zur inneren Sicherheit, Teil I*
– Wie die Macht eines Teilchens ein ganzen System verändert:
Chaos und Neuausrichtung

PATCH 27

Was „ziehen" wir uns da eigentlich „rein"? – Konfliktenergie und der Ausstieg aus der Reaktivität

Du bist, was Du isst. Und das gilt, wie ich gleich zeigen werde, nicht nur in Bezug auf unsere Ernährung, sondern auch für Informationen, Sprache und Frequenzen, die wir täglich, bewusst und auch unbewusst, aufnehmen.

Aus der Biologie wissen wir heute, dass sich unser stofflicher Körper permanent erneuert. Jede Sekunde werden 50 Millionen Zellen abgebaut und wieder neu gebildet. Dazu brauchen wir Bausteine aus der Natur: Nahrung. Wir haben verstanden, dass gute, naturbelassene Nahrung unserem Körper hilft vital zu sein, industriell gefertigte Nahrung dagegen unser Energieniveau tendenziell senkt, müde und träge macht. Wir haben also das Wissen und, im Gegensatz zu den Menschen in der 3. Welt, den großen Luxus, uns täglich entscheiden zu können, was wir zu uns nehmen: Fritten, Schokolade, Steaks, Sushi, Gemüse, Obst, Kaffee, Tee … Wir haben die freie Wahl und sind uns über die Konsequenzen der Nahrung, die wir täglich zu uns nehmen, zumindest teilweise bewusst.

Doch wie sieht es mit unserem Wissen und unserem Bewusstsein in Bezug auf die Aufnahme von „Nicht-Stofflichem" aus? Gemeint sind Frequenzen (-> **Patch 29:** Frequenz), Informationen und Energie, die u.a. durch Sprache zu uns „transportiert" werden. Welche Auswirkung haben sie auf unser Leben, unsere Vitalität und Strahlkraft (-> **Patch 13:** Feinstoffliches Zielgruppenmarketing)?

Stellen wir uns kurz folgendes Szenario vor:

Du gehst in ein tolles Restaurant, um einen guten alten Freund zu treffen. Als ihr Platz genommen habt, bekommt ihr die Speisekarte. Wie erwartet, hast du die Wahl zwischen vielen Gerichten. Manche wirst du besonders gerne mögen, andere nicht. (An dieser Stelle eine kurze Zwischenfrage: Was ist dein Leibgericht? Und was magst du überhaupt nicht?) Natürlich entscheidest du dich für eines deiner Lieblingsgerichte. Doch als der Kellner kommt und ihr eure Bestellung aufgeben möchtet, passiert etwas Unerwartetes. Während du aussprichst, was du essen möchtest, nimmt er dir und deinem Freund die Speisekarten aus den Händen, klappt sie dynamisch zu und unterbricht dich mit den Worten: „Heute bestimme ich, was Sie essen werden!" Dann verschwindet er in Richtung Küche. Du und dein Freund haltet das für einen Scherz und lacht laut auf. Doch was passiert? Ein paar Minuten später wird jedem von euch von dem Kellner ein Gericht serviert, das du weder magst, noch, das weißt du aus Erfahrung, gut verträgst. Was tun? Zur Gabel greifen, aus Höflichkeit das Zeug essen und später auch noch Geld dafür bezahlen? Wohl kaum. Du würdest sicherlich das Essen zurückgehen lassen, und, wenn der Kellner sein lustiges Unwesen weitertreibt, das Restaurant gemeinsam mit deinem Freund verlassen.

Doch nun lass' uns diese Szene noch einmal, zugegebenermaßen etwas verändert, aber dafür unter Berücksichtigung der Wirkungsebene des Feinstofflichen, betrachten: Du sitzt also erneut mit deinem Freund in diesem Restaurant. Die Bestellung läuft in diesem Falle reibungslos, der Kellner ist im Vollbesitz seiner geistigen Kräfte und empfiehlt dir zu deinem Lieblingsgericht auch noch, mit Hilfe einer ausführlichen Verkostung und Beratung, den perfekten Wein. Du fühlst dich wohl, bist entspannt und in bester Laune: „Na, da hab' ich uns aber zur Feier des Tages ein edles Tröpfchen ausgesucht!", prostest du deinem Freund zu. Doch, statt mit dir anzustoßen, funkelt dich dein Freund feindselig an: „Sag mal, machst du immer so ein Gedöns, wenn du einen Wein trinken willst? Wir waren mitten im Gespräch, und du weißt genau, dass ich von Wein keine so große Ahnung habe wie du. Aber nein, du lässt dich hofieren, wie Graf Koks von der Gasanstalt, und ich komme mir neben dir vor wie ein Volltrottel. Aber so warst du schon immer: ein Angeber, der anderen bei jeder Gelegenheit zeigt, was für ein Mensch von Welt er ist. Arrogant und überheblich. Ich hatte vorhin schon wenig Lust dich zu treffen. Jetzt weiß ich warum. Das nächste Mal bleib' ich lieber zu Hause auf dem Sofa und schau mir statt deiner Showeinlagen einen Krimi an! Das ist wenigstens unterhaltsam."

Urgs, das sitzt. Statt deinem Lieblingsgericht, auf das du dich freust, hast du nun zum Wein eine satte Kritik an deiner Person serviert bekommen. Was nun? Wie fühlst du dich in dieser Situation? Und was würdest du jetzt tun? Dir den Angriff deines Freundes „reinziehen"? Dich rechtfertigen, verteidigen oder am besten gleich zurückschlagen?

Vielleicht gelingt es dir, ruhig zu bleiben und erstmal tief durchzuatmen. Sollte das so sein: Glückwunsch! Doch wo würdest du diesen verbalen Angriff körperlich spüren? Meine roten Knöpfe (-> **Patch 21:** Körper-Radar) würden wahrscheinlich in Form von Herzrasen und angespannten Muskeln sofort anspringen. Womit klar wäre, dass ich die Kritik in Jetztzeit geschluckt und mir damit die Vorwurfsenergie meines Freundes in mein eigenes Energiesystem, und damit auch in mein Körpersystem, „reingezogen" habe. Sonst würde mein Körper ja nicht Alarm schlagen. Ist das nicht absurd? Ein unverträgliches Gericht würde jeder von uns, so wie in der ersten Szene beschrieben, sofort und ohne einen Bissen anzurühren zurückgehen lassen. Aber bei einem Vorwurf „ziehen" wir uns die negative Energie im null Komma nichts „rein". Mit direkter Auswirkung! Denn unser Körper reagiert darauf schneller als auf ein paar Bissen des unverträglichen Gerichts.

Soll doch da noch mal jemand behaupten, die Ebene des Feinstofflichens, der Schwingungen, Informationen, Frequenzen, sei in ihrer Wirkung zu vernachlässigen. Die feinstoffliche Ebene „arbeitet" extrem effizient und zum Teil schneller als die Ebene der stofflichen, handfesten Materie. So wie in der eben beschriebenen Szene, in der wir es ja „nur" mit Energie, in diesem Fall der Energie der Sprache, zu tun hatten.

Dieses Beispiel macht deutlich, in welcher rasanten Geschwindigkeit Worte, Gedanken und Informationen Auswirkungen auf uns haben und, wenn wir es zulassen, sogar das Ruder in uns übernehmen können. Denn, sobald wir die Energie von Angriffen in uns „reinlöffeln", erwacht in uns eine schlummernde Instanz: die REAKTIVITÄT!!! Reaktivität verhält sich wie ein Raubtier, das, von einem Angriff verletzt, in Windeseile die ganze Vorwurfsenergie in sich hineinfrisst und sich, von dieser Energie genährt, aufbäumt, um mit aller Kraft zurückzuschlagen. Reaktivität verfolgt nur ein Ziel: sich zu verteidigen, Recht zu bekommen, den Angreifer Schachmatt zu setzen und letztendlich zu gewinnen.

Dieser Mechanismus, Hand aufs Herz, ist jedem von uns bestens vertraut: Es ist ein Zustand des Kampfes und des Krieges. Im Innen wie im Außen. Dieser Zustand kann vieles beschädigen. Uns selbst, unser Gegenüber und darüber hinaus weitere direkt oder indirekt betroffene Menschen.

Das bedeutet: Im Zustand der Reaktivität entfernen wir uns massiv von der besten Version unseres Selbst. Egal, wie gut wir gerade in unsere Ur-Frequenz eingestimmt waren (-> **Patch 14:** Klärung deiner Frequenz). Sobald wir reaktiv werden, verstärken wir in uns die Angriffsfrequenz unseres Gegenübers, die wir in unser System hinein gelassen haben und lassen damit eine Verzerrung unserer eigenen Ur-Frequenz zu: Die Verstimmung unseres Selbst beginnt (von vorne!).

Jede Information ist eine Frequenz, die auf unsere Energie und unsere ganz individuelle Ur-Frequenz einwirkt, sie verzerren und verstimmen kann.
Wenn wir uns dieser Wirkung unbewusst aussetzten, dann lassen wir zu, dass wir in Folge Dinge tun und erleben, die uns weder zuträglich sind, noch unserem Selbst entsprechen!

Jetzt könnte man vermuten, dass wir als beste Version unseres Selbst zu „naiven Gutmenschen" werden müssen, die zu allem ja und Amen sagen. Nichts liegt ferner als das. Denn „naive Gutmenschen" lassen sich gerne von anderen die Butter vom Brot nehmen, die sie eigentlich selbst essen wollten. Und damit unterdrücken sie ihre Bedürfnisse und auch die daraus entstehende Wut und Aggressionen, die sie als „Gutmensch" wiederum nicht zeigen dürfen! Unterdrückte Aggression hat nichts mit der besten Version des Selbst zu tun.

Denn die beste Version unseres Selbst ist selbstbestimmt und kann souverän nein zu Situationen sagen, die ihr nicht zuträglich sind. Sie kann andere in ihre Schranken weisen, wenn es nötig ist. Aber vor allen Dingen stellt sie sich inneren wie äußeren Konflikten, um sie nachhaltig zu klären: proaktiv, nicht reaktiv. Und mit einem profunden Wissen über die Wirkweise von Feinstofflichem und von Energien.

Die beste Version unseres Selbst ist ein guter Energiemanager, der aus der Reaktivität aussteigt und stattdessen proaktiv agiert. Auf der Ebene der Energie (Feinstofflichkeit) wie auf der Ebene der Materie (Grobstofflichkeit)
*(-> **Patch 14:** Klärung deiner Frequenz).*

Doch wie schafft man es, aus der Reaktivität auszusteigen und einen Konflikt friedlich zu klären? Die Antwort ist klingt simpel, denn:

Der Ausstieg aus der Reaktivität ist zunächst nichts anderes als eine Entscheidung!

Eine Entscheidung zu einem bewussten, nicht fremd- sondern selbstbestimmten Verhalten. Denn Reaktivität zieht Menschen in einen magischen, sinnlosen Bann und hinterlässt bei uns und unserem Gegenüber viele negative Eindrücke. Wozu sollte das gut sein? Um sich also gar nicht erst in einen aufkeimenden Konflikt verwickeln zu lassen, muss ich mich, statt reaktiv zu werden, für einen Perspektiv-, vielleicht sogar für einen Paradigmenwechsel öffnen (-> **Patch 30:** Paradigmenwechsel), indem ich mir bewusst mache:

Hinter jedem Angriff und jedem Vorwurf steckt ein Wunsch bzw. ein Bedürfnis!

Ein Wunsch bzw. ein Bedürfnis meines Gegenübers, von dem ich entweder nichts wusste oder das ich missachtet habe.

Aus der Perspektive des Energiemanagements bedeutet das: Sobald mir jemand einen Vorwurf macht, ist das sehr wahrscheinlich die Reaktion auf eine Information, die ich im Energiesystem dieser Person, bewusst oder unbewusst, hinterlassen habe. Und diese Information wirkt im Energiesystem dieser Person wie eine Blockade, die einen massiven Druck aufbaut: Die Energie kann nicht mehr frei fließen, sie wird gestaut (-> **Patch 28:** Akupunktur mit Worten). Wenn wir noch einmal kurz in die oben geschilderte Situation mit unserem Freund im Restaurant eintauchen, dann könnte diese von mir ausgehende und für mein Gegenüber kränkende und damit druckerzeugende „Information" lauten: „Ich bin etwas besseres als du!" oder „Das Gespräch mit dir ist, wie immer, so langweilig, dass ich mich lieber um eine gute Flasche Wein kümmere!". Die Energie staut sich dann im System meines Gegenübers so lange auf, bis der (Leidens-) Druck zu groß wird, und es zu einer Reaktion kommt: Der Vorwurf platzt heraus (-> **Patch 20: Konfliktdynamik**). Sicherlich ist das fürs Erste recht befreiend. Doch die Ursache für die Energieblockade ist damit natürlich nicht gelöst, denn der Stachel der Kränkung sitzt meist immer noch tief im System.

Nun entscheidet sich also, wie der Konflikt weiter verläuft: Haue ich auf den Stachel, den ich anscheinend gesetzt habe, noch mal richtig drauf – bin also reaktiv! – oder ziehe ich ihn lieber heraus, weil ich mir bewusst mache, dass hier gerade ein Bedürfnis meines Gegenübers auf den Tisch gekommen ist, das sich jetzt klären lässt, aber nur dann, wenn ich mir die Konfliktenergie meines Gegenübers nicht „reinziehe".

Wir sind nicht das Opfer unserer Umwelt, sondern maximal das Opfer unserer eigenen unbewussten Entscheidungen. Reaktivität ist oft genau so eine unbewusste Entscheidung.

Sobald ich das Bedürfnis hinter einem Angriff erkenne, bietet ein Streit die Chance, mein Gegenüber noch besser kennenzulernen und zu verstehen. Und damit offenbart sich meist auch der Ursprung des Konflikts, an dem man für eine Lösung ansetzen kann. Dabei geht es, auch wenn der „Angreifer" behauptet, dass sich eine Situation genau so und nicht anders zugetragen hat, selten um Wahrheiten, sondern meist um Wahrnehmungen. Denn ein- und dieselbe Situation kann von Person A als wohlmeinend und von Person B als verletzend erlebt werden. In der oben beschriebenen Szene ist das gut zu erkennen: Der eine möchte einen guten Wein für einen gemütlichen gemeinsamen Abend aussuchen, der andere fühlt sich in der gleichen Szene herablassend behandelt. Also kann es immer nur um die subjektive Sicht der Dinge bzw. die subjektive Wahrnehmung gehen.

Die Frage: „Wie nimmst du das wahr?" und das Statement: „In meiner Wahrnehmung ist/war das so und so", wirken hier deeskalierend und führen auch mein Gegenüber aus der Reaktivität heraus. Denn:

Über Wahrnehmungen kann man nicht streiten.
Auf Basis von Wahrnehmungen kann man
einen Konflikt weder gewinnen noch verlieren.
Dafür aber nachhaltig klären und lösen!

Der hier beschriebene Weg funktioniert sogar in Trennungssituationen: Wenn zwei Partner das gemeinsame Leben oder Arbeiten dauerhaft sehr unterschiedlich erleben und wahrnehmen und nichts mehr so recht zusammenpassen will, dann ist das ein Indiz dafür, dass sich die Welten zweier Menschen getrennt haben. Die Ebene der Wahrnehmung hilft uns, das in Respekt und Achtung des anderen zu akzeptieren, ohne den anderen von „der eigenen Wahrheit" überzeugen zu müssen.

-> *Übersicht über die Patches, auf die in diesem Text verwiesen wurde:*
Patch 13: *Looking for Connection?*
– Feinstoffliches Zielgruppenmarketing durch
das Resonanzprinzip und Synchronizitäten

Patch 14: Von der Verstimmung in die Bestimmung
– Die Klärung deiner (kosmischen) Frequenz
Patch 20: Gleich knallt's!
– Verstimmungsfaktor ungelöster Konflikt
Patch 21: Von roten und grünen Knöpfen
– Bewusstsein beginnt mit Körperbewusstsein
Patch 28: Worte sind feinstoffliche Akupunkturnadeln: Sie können krank machen und heilen
Patch 29: Frequenz: eine Begriffsklärung mit Weitblick!
Patch 30: Paradigmenwechsel: keine Philosophie, dafür lieber ein gangbarer Weg

-> Von hier aus weiterführende Patches:
Patch 25: Die Haltung des friedvollen Kriegers und der Abschied vom einsamen Sieg
Patch 39: Von der Kampfsprache zur Heilsprache

PATCH 28

Worte sind feinstoffliche Akupunkturnadeln: Sie können krank machen und heilen

In der Traditionellen Chinesischen Medizin (TCM) heilt man sowohl mit Kräutern (stoffliche Medizin) als auch über die feinenstoffliche Ebene der Energien. Laut TCM beginnt Krankheit, ähnlich wie in der Ayurvedischen Medizin, wenn ein Mensch in Disharmonie geraten ist bzw. der Energiefluss auf den sogenannten Meridianen (Energiebahnen, die durch den und am Körper des Menschen verlaufen) gestört ist. Eine solche Störung hat zur Folge, dass zu bestimmten Organen ein Zuviel oder ein Zuwenig an Energie gelangt und diese dadurch energetisch über- oder unterversorgt werden. Der Weg in die Krankheit beginnt.

Zunächst beginnt die Krankheit „nur" auf der Energieebene, auf der man die Heilung am elegantesten, schnellsten und sanftesten einleiten und die Harmonie wieder herstellen kann, z.B. durch Akupunktur. Und das lange, bevor die Krankheit auf der physischen Ebene ausbricht. Geschieht das jedoch nicht rechtzeitig, so zeigt sich die Energiestörung eben bald als manifeste Störung auf der körperlichen Ebene.

In der Beobachtungslehre des Feng Shui, ebenfalls einem Teil der TCM, bei dem man den Energiefluss der Natur für das menschliche Wohlbefinden und die Gesundheit nutzt und diesen dann durch bewusste Gestaltung auf Innenräume überträgt, erklärt man den Übergang zwischen Harmonie und Disharmonie an einem ganz einfachen Bild: Stellen wir uns vor, wir spazieren an einem schönen Frühlingstag an einem kleinen, sich schlängelnden („mäandernden") Bach entlang. Wir folgen seinen sanften Windungen und sehen, wie das Wasser frisch und klar darin fließt. Man kann die Frische des Wassers sogar hören und riechen. Alle Vegetation am Ufer des Baches ist saftig und grün.

Übertragen auf das Meridian-System des Menschen bedeutet dies: Alle Organe (die Pflanzen am Ufer) werden von diesem Meridian (Bach) und seiner darin fließenden Energie (Wasser) optimal versorgt. Die Bewegung des Wassers ist natürlich und harmonisch: nicht zu schnell, nicht zu langsam. Und so sieht, im übertragenen Sinne, auch der ideale Energiefluss in den Meridianen des Menschen aus.

Stellen wir uns jetzt vor, dieser Bach entwickelt sich zu einem großen, stattlichen Fluss. Soweit sich dieser ebenfalls in der oben beschriebenen, „mäandernden" Bewegung durch die Landschaft zieht, so ist die Harmonie erhalten. Greift man allerdings in den natürlichen Verlauf des Flussbettes (Meridian) ein und begradigt dieses, beginnt das Wasser (die Energie) durch das Flussbett (Meridian) zu schießen. Das Tempo wird zu hoch und sorgt dafür, dass das Wasser Teile des Flussbettes mit sich reißt, vielleicht sogar das Flussbett so deformiert, dass es zu einer Überschwemmung kommt. Das Flussbett, die Vegetation und die Landschaft (Organe) am Ufer des Flusses werden durch ein Zuviel an Wasser (Energie) und Geschwindigkeit mitgerissen und zerstört. Die Krankheit beginnt.

Ebenso kann aus einem Bach durch Trockenheit (ein zu wenig an Energie) oder durch Aufstauen des Wassers (Energiestau durch unterbrochene Bewegung) ein stinkender unbewegter Tümpel werden, in dem das Wasser und die Vegetation zu faulen beginnen. Auch hier ist die natürliche Harmonie gestört. Durch das Zuwenig ist der natürliche Energiefluss blockiert.

In der Akupunktur stellt man, vereinfacht ausgedrückt, durch das Eingreifen an bestimmten zentralen Akupunkturpunkten den natürlichen Energiefluss wieder her, so dass alle Organe genau das Maß an Energie erhalten, das sie brauchen, um gesund zu bleiben. Durch Akupunktur werden also Blockaden und Stauungen des Energieflusses aufgelöst.

Auch im Feng Shui nutzt man sogenannte Akupunkturpunkte im Raum, um den Energiefluss in Zimmern und Häusern zu harmonisieren. Ziel ist es, den Menschen durch die ihn umgebende Energie gesund zu halten. Denn die Raumenergien wirken, ob wir uns dessen bewusst sind oder nicht, ständig auf unseren feinstofflichen Energiekörper und unsere Aura, die unseren menschlichen Körper umgibt, ein. Feng Shui sorgt also ebenfalls für Harmonie und Gesundheit im Bereich des Feinstofflichen und der Energien. Für diejenigen, die sich schwer vorstellen können, wie Energien in Räumen Einfluss auf uns Menschen nehmen, hier ein Beispiel: Energie bewegt sich, ähnlich wie Luftströme, durch Räume und kann demnach auch zu schnell/stark oder zu langsam fließen. Einen zu schnellen Energiestrom kann man sich wie einen starken Luftzug zwischen zwei sich gegenüberliegenden, geöffneten Fenstern vorstellen. Nur, dass ein zu starker Energiestrom keinen steifen Nacken, sondern eher Unwohlsein wie bspw. Nervosität und Unkonzentriertheit auslösen kann. Ein zu langsamer Energiestrom in Räumen kann Menschen dagegen müde und schlapp machen. Der Raum wirkt dann oft stickig. Und dessen Atmosphäre wird in solch einem Fall als wenig vital und anregend erlebt.

Luftströme sind für uns leicht zu erkennen. Energieströme hingegen nicht, wenn die Wahrnehmung ungeschult ist. Denn Energieströme sind graziler, feiner. Aber in jedem Moment vorhanden und in ihrer Wirkung nicht weniger massiv. Denn sie wirken auf der feinsten Stufe unseres Seins: der Stufe der puren Energie. Raumenergie fließt also ständig, genau wie Luft, z.B. an Wänden, Ecken und Kanten entlang. Wo aber zwei Wände aufeinander treffen und eine Kante bilden, da treffen auch zwei Energieströme aus zwei verschiedenen Richtungen aufeinander. Man kann sich das vorstellten wie zwei Flüsse, die an dieser Stelle aufeinander prallen. Die feinstoffliche Energie, die durch dieses Aufeinanderprallen frei wird, entlädt sich wie ein feinstofflicher Pfeil (im Feng Shui Sha-Energie genannt) von der Kante in den Raum hinein. Sensible Menschen können durch die energetischen Auswirkungen eines solchen Sha-Pfeils Kopf- oder Rückenschmerzen bekommen. Besonders dann, wenn sie dauerhaft einen Sitz- oder Arbeitsplatz nutzen, der sich direkt an einer Kante befindet.

Wer weniger feinfühlig ist, wird vielleicht von Kopf und Rückenschmerzen verschont bleiben, wird sich aber dennoch an einem solchen Arbeitsplatz nicht besonders wohl fühlen. Denn unbewusst ist ein Gedanke immer aktiv: „Vorsicht, stoße dich nicht an der Kante, wenn du dich bewegst! Beweg' dich langsam, damit du keine blauen Flecken bekommst!" Dass dies kein optimaler Zustand für konzentriertes Arbeiten ist, erklärt sich von selbst. Genauso wenig würden wir freiwillig einen Sitzplatz an der Ecke der Tischkante wählen, um bei einem guten Essen einen angenehmen und entspannten Abend zu verleben.

Eines ist aus Sicht der TCM und des Feng Shui jedenfalls klar: Egal, ob man die Sha-Pfeile nun körperlich spürt oder nicht, jede Kante und somit jeder Sha-Pfeil wirkt wie eine unsichtbare Akupunkturnadel in unser Energiesystem hinein und zeigt, auf jeden Fall dann, wenn man dem Einfluss über einen längeren Zeitraum hinweg ausgesetzt ist, eine ebenso klare Wirkung. So würde man in der TCM einen gesunden Körper niemals ohne Grund akupunktieren. Der Arzt würde mit unnötigen Akupunkturnadeln ein perfekt feinjustiertes Energiesystem aus dem Lot bringen und in Folge krank machen.

Wie aber lässt es sich nun erklären, dass auch Worte, ähnlich wie feinstoffliche Akupunkturnadeln, auf unser Energiesystem einwirken? Was haben also Worte und Akupunkturnadeln miteinander gemeinsam?

Worte sind Energie(-muster), die über Ihre Schwingung und ihre Frequenz Energie in-FORM-ieren. Damit haben sie auch Einfluss auf unsere Lebensenergie und somit auf unseren Körper und unsere Emotionen.

Wer kann also glauben, dass Worte spurlos an uns vorüber ziehen?

Pro Tag denken wir ca. 60.000 Gedanken, die in Form von bewussten oder unbewussten Worten durch uns hindurchrauschen. Wir sprechen in gewisser Hinsicht von morgens bis abends mit uns selbst – und das nicht immer auf wohlwollende Weise. Zusätzlich stehen wir permanent in Kontakt mit anderen Menschen und Medien. Wir tauschen rund um die Uhr Worte aus und sind somit täglich einer Flut von In-FORM-ationen (-> **Patch 1:** Gedanken als In-FORM-ation) und Einflüssen ausgeliefert.

Ein nettes Wort oder ein wohlgemeintes Kompliment wird unser Wohlgefühl stärken und kann heilsam auf uns wirken. Eine Kränkung dagegen wirkt wie ein verletzender Sha-Pfeil und damit wie eine destruktiv bzw. falsch gesetzte Akupunkturnadel, die in unser Energiesystem eindringt und uns verstimmt. (Zur Erinnerung: In der Ayurvedischen Medizin wird eine Verstimmung bereits als potenzieller Anfang einer Krankheit betrachtet.)

Eine Kränkung irritiert nicht nur unser Energiesystem wie ein Sha-Pfeil, sondern auch unser Gedankensystem (was denken wir, wenn wir gekränkt werden, über uns und über den anderen?), und sie übt damit sofort, aus der Ebene des Feinstofflichen heraus, Einfluss auf unsere

Emotionen und damit auf unseren physischen Körper aus (-> **Patch 27**: Reaktivität). Unsere Endokrinologie, das ist unsere körpereigene Apotheke, die für alle Hormonausschüttungen und Botenstoffe zuständig ist, reagiert sofort: auf jede verbale Verletzung (bei Stress Ausschüttung von Cortisol, Adrenalin, etc.), aber auch auf jede erotische Äußerung (im Falle des Verliebtseins etwa Ausschüttung von Dopamin etc.). Wir bekommen einen Druck im Hals oder weiche Knie, und die Homöostase (hier vor allem: Gleichgewicht und Selbstregulation unseres Hormonsystems) in unserem Körper gerät in Aufruhr. D.h., ein Wort ist nichts anderes als Schwingung und In-FORM-ation, bewirkt jedoch als feinstofflicher Impuls (ähnlich wie der Impuls einer Akupunkturnadel) eine Veränderung im Bereich der Materie (Stoffe im Körper werden ausgeschüttet!).

Wir können also sicher sein, dass unserem Körper keine Information entgeht. Er gibt uns immer eine spürbare Rückmeldung: Auf heilsame Geschehnisse genauso wie auf verbale Sha-Pfeile (-> **Patch 21**: Körper-Radar). Je stärker wir auf diese Rückmeldungen unseres Körpers achten, umso feiner wird unsere Wahrnehmung und umso früher werden uns dessen Signale bewusst. Wozu ist das gut? Eine frühe Wahrnehmung ist der Schlüssel zu einem immensen Reservoir an Chancen und Potenzialen: Wir erkennen Chancen aber auch Konflikte auf diese Weise am Anfang ihrer Entstehung und können Einfluss auf deren Entwicklungen nehmen, lange bevor sie eskalieren bzw. sich materialisieren. Auch das ist ein Teil der Entwicklung, die uns zur besten Version unseres Selbst werden lässt: frühzeitig Einfluss auf Bereiche des Lebens nehmen zu können, an Stellen, die uns bis jetzt scheinbar nicht zugänglich waren und die wir bis dato mit hoher Wahrscheinlichkeit außerhalb unseres Einflussbereiches verortet hätten.

Als beste Version unseres Selbst ist es hilfreich, ein gut trainierter Energiemanager zu sein, der feinfühlig und achtsam bereits feinstoffliche Veränderungen wahrnimmt, lange bevor sie sich in der Materie zeigen.
Denn: Es ist immer leichter und eleganter eine Veränderung im feinstofflichen Raum der Energie vorzunehmen, als "Steine" im Raum der Materie aus dem Weg räumen zu müssen.

Der Weg zur besten Version unseres Selbst wird uns immer mehr dahin führen, in die Verantwortung für uns und unser Leben zu gehen. Denn wir lernen nicht nur, unsere eigenen Gedanken, die wir denken und in die Welt absenden (-> **Patch 32:** Charisma lernen) zu managen, sondern auch die Gedanken und Informationen, die von außen auf uns einwirken.

Zusammenfassend lässt sich formulieren:

Ein guter Energiemanager agiert primär im Bereich der Feinstofflichkeit und schafft dort Veränderungen, noch lange bevor sie im Raum der Materie sichtbar werden. Energiemanagement impliziert daher ein Gedanken- und Informationsmanagement, um bereits mit wenig Aufwand am "Ur-Sprung" Einfluss auf die Gestaltung dessen zu nehmen, was wir dann auf der Ebene der Materie und damit in unserem physischen Leben erfahren.

-> *Übersicht über die Patches, auf die in diesem Text verwiesen wurde:*
    Patch 1: *Gedanken geben Energie eine Form*
      – *Eine etwas andere Schöpfungsgeschichte*

Patch 21: *Von roten und grünen Knöpfen*
– *Bewusstsein beginnt mit Körperbewusstsein*
Patch 27: *Was „ziehen" wir uns da eigentlich „rein"?*
– *Konfliktenergie und der Ausstieg aus der Reaktivität*
Patch 32: *Kann man Charisma lernen? Und was genau macht die eigene Strahlkraft aus?*

-> *Von hier aus weiterführende Patches:*
Patch 14: *Von der Verstimmung in die Bestimmung*
– *Die Klärung deiner (kosmischen) Frequenz*
Patch 25: *Die Haltung des friedvollen Kriegers und der Abschied vom einsamen Sieg*
Patch 39: *Von der Kampfsprache zur Heilsprache*

PATCH 29

Frequenz: eine Begriffsklärung mit Weitblick!

Was ist eine Frequenz? Da in vielen Patches der Begriff Frequenz auftaucht, möchte ich ihn hier definieren und gleichzeitig meine Vorstellung davon kurz darlegen. Das Wort Frequenz stammt aus dem Lateinischen, und es bedeutet „Häufigkeit" (lat.: frequentia). Heute bezeichnet es u.a. eine physikalische Größe, die beim Beschreiben von periodischen Vorgängen, etwa von Schwingungen, eine zentrale Rolle spielt. Sie benennt die Anzahl von sich wiederholenden Vorgängen pro Zeiteinheit.

Die Anzahl der Schwingungen pro Sekunde wird im Internationalen Einheitssystem mit der Einheit Hz (Hertz) bezeichnet (nach dem deutschen Physiker Heinrich Rudolf Hertz). Wenn ein Ton bspw. 528 Hz hat, dann bedeutet dies, dass dieser hörbare Ton 528-mal pro Sekunde schwingt. Diese Vorstellung unterschiedlicher, mehr oder weniger hoher Frequenzen (die wiederum mit einer höheren oder niedrigeren Energie korrespondieren), die werde ich in diesem Buch beibehalten. Ich werde sie darüber hinaus aber auch auf Phänomene anwenden, die wissenschaftlich noch nicht oder nur zum Teil nachgewiesen sind.

Wovon man allerdings ausgeht, das ist die Tatsache, dass alles im Universum schwingt und klingt,[1] selbst wenn wir in der Physik bis heute nur einen kleinen Frequenzbereich messen[2] und einen noch viel kleineren mit unseren fünf Sinnen wahrnehmen können (-> **Patch 24:** Geistige Welt). Dennoch wirken auch für uns nicht bewusst wahrnehmbare Schwingungen auf uns ein. Und zwar genauso, wie bspw. die Schwingungsfrequenzen von Farben und Musik, was sich etwa die Musiktherapie und die Farbtherapie zu Nutze machen. Bewusst eingesetzte Klänge bzw.

Frequenzen können auf Körper, Seele und Geist harmonisierend wirken und Heilprozesse anstoßen. Dies macht sich u.a. auch die sogenannte Energiemedizin (bspw. die Homöopathie oder die Oberon-Methode) zunutze, denn: Frequenzen setzen nicht nur alles Feinstoffliche in Schwingung. Auch Stoffliches wie bspw. Wasser kann durch Frequenzen in bestimmte Schwingungen versetzt und damit informiert werden.[3] Und da unser Körper nun einmal zu über 70% aus Wasser besteht, wirken Frequenzen auch nachhaltig auf unser Körpersystem, unsere Homöostase und somit unser Wohlbefinden ein.

Nun kann man sich leicht vorstellen, welche Auswirkungen es hat, wenn wir beim Blick in den Spiegel unseren Körper kritisch oder mit Selbsthass taxieren oder wenn wir stattdessen zu uns sagen: „Guten Morgen! Ich liebe (d)mich!" Denn auch jeder Gedanke und jedes Wort ist Schwingung und somit Frequenz, die eben nicht nur auf unsere Energie sondern, so wie oben beschrieben, auch auf unser Körpersystem nachhaltig einwirkt. Jede Frequenz, jeder Gedanke versetzt uns in eine bestimmte Schwingung und damit Stimmung (-> **Patch 31:** Lovetuning; -> **Patch 14:** Klärung deiner Frequenz). Die Auswirkungen von Frequenzen, die ja zunächst auf feinstofflicher Ebene wirken, bleiben oft alles andere als feinstofflich und zeigen sich so nach einiger Zeit auch auf der handfesten Ebene der Materie. Dies birgt Risiken (wenn man über zu wenig Energiewissen verfügt), auf der anderen Seite immense Chancen, bspw. für Prävention, aber vor allem für eine positive, selbstbestimmte Lebensgestaltung, wenn man sich auf der Ebene des Feinstofflichen auskennt und zu bewegen weiß (-> **Patch 14:** Klärung deiner Frequenz).

Deshalb verfolgt dieses Buches u.a. das Ziel, dass sich jeder, der es möchte, das große Potenzial, das außerhalb des mit unseren fünf Sinnen wahrnehmbaren Frequenzbereiches liegt, heilsam und hilfreich selbst erschließen kann: und zwar über die Schulung der eigenen Intuition, Feinfühligkeit bzw. Körperwahrnehmung. Denn unser Körper ist ein phantastisches Messinstrument (-> **Patch 21:** Körper-Radar). Damit das gelingt, werden wir uns in diesem Zusammenhang auch Phänomenen wie dem der Resonanz (-> **Patch 13:** Feinstoffliches Zielgruppenmarketing) und dem der Synchronizität widmen, damit wir diese verstehen und künftig für uns selbst nutzen können.

Dies ist Teil des Energiewissens, das wir auf dem Weg zur besten Version unseres Selbst kennenlernen und verfeinern. Viel Spaß dabei!

-> *Übersicht über die Patches, auf die in diesem Text verwiesen wurde:*
Patch 13: *Looking for Connection?*
– Feinstoffliches Zielgruppenmarketing durch das Resonanzprinzip und Synchronizitäten
Patch 14: *Von der Verstimmung in die Bestimmung*
– Die Klärung deiner (kosmischen) Frequenz
Patch 21: *Von roten und grünen Knöpfen*
– Bewusstsein beginnt mit Körperbewusstsein
Patch 24: *Was genau ist Geistige Welt? Und ist sie heilig?*
Patch 31: *Lovetuning*
– Kann man mit einer Stimmgabel Liebe erzeugen?

-> *Von hier aus weiterführende Patches:*
Patch 1: *Gedanken geben Energie eine Form*
– Eine etwas andere Schöpfungsgeschichte
Patch 32: *Kann man Charisma lernen? Und was genau macht die eigene Strahlkraft aus?*

[1] *Berendt (2005)*
[2] *Ich weiß, dass die Vorstellung von (zurzeit) nicht-messbaren Schwingungen provokant ist. Genau das meine ich hier aber.*
[3] *Emoto (2010)*

PATCH 30

Paradigmenwechsel: keine Philosophie, dafür lieber ein gangbarer Weg

Die eigene Bestimmung zu finden und zu leben, das bedeutet nicht nur tiefe Prozessarbeit, Bewusstseinswandel und Selbstrealisation.

Dieser Weg steht auch für eine ganze Reihe von Paradigmenwechseln, die wir nicht allein mit dem Kopf verstehen und umsetzen, sondern vor allem mit dem Herzen erspüren und verinnerlichen können.

Hier die neun wichtigsten Paradigmenwechsel, die ich hier anstoßen möchte:

1. Paradigmenwechsel: Nicht mehr gegen, sondern nur noch für etwas kämpfen.
Nach dem Prinzip „Energie folgt der Aufmerksamkeit" lohnt es sich nicht gegen (-> **Patch 27:** Reaktivität), sondern nur für etwas zu kämpfen!

Gegen Missstände oder unsere Wut, unsere Enttäuschung, unsere Trauer, unseren Hass auf einen Menschen oder eine Situation, der oder die uns geschadet hat, zu kämpfen und damit große Aufmerksamkeit dorthin zu lenken, das gibt dieser Schädigung nur noch mehr Energie. Und damit Nahrung, durch die sie wie ein Geschwür wächst.

Dagegen *für* etwas, für Konsens (-> **Patch 26:** Kompromiss versus Konsens), Heilung, Wohlstand, Erfüllung (-> **Patch 5:** Sinnhaftigkeit finden) zu kämpfen, oder noch besser ganz ohne Kampf sich konsequent dafür einzusetzen, das gibt der Energie eine heilsame, kraftvolle und klärende Ausrichtung.

2. Paradigmenwechsel: Es gibt kein „Wenn-dann" mehr, sondern nur noch ein „Sowohl-als-auch".
Das Leben ist nicht linear, sondern ein multidimensionales System, in dem alles miteinander verwoben ist. Es gibt keine Einsamkeit, keine Singularität, sondern nur „All-eins-sein" (-> **Patch 16:** All-eins-sein). Wenn ich anderen schade, schade ich automatisch mir selbst (-> **Patch 25:** Friedvoller Krieger). Und selbst wenn ich meine, „nur" mir selbst zu schaden (z.B. durch Selbstbestrafung für eine vermeintliche Schuld), dann schade ich damit auf Dauer auch anderen.

3. Paradigmenwechsel: Liebe ist ein Lösungsmittel.
Befindet man sich an einer Stelle des Lebens, an der es nicht mehr weiter zu gehen scheint, an der scheinbar kein Ausweg zu finden ist, sondern nur Verhärtung die Situation bestimmt, dann wirkt Liebe wie ein Weichmacher, der die Verhärtung und damit das Problem quasi herauslöst. Wir können den Kopf in den Sand stecken und unseren Gegner, sei es eine Situation oder eine Person, ablehnen, oder wir gehen bewusst dazu über, an unserem Gegner/an unserer Situation etwas Gutes oder etwas, das man mögen, vielleicht sogar lieben könnte, zu finden (-> **Patch 31:** Lovetuning). In Kooperation mit unserem Herzen und unserem Verstand lässt sich dann der Lösungsweg aufspüren. Immer! Es gibt kein Ende. Oder um es mit Oscar Wilde zu sagen: „Am Ende wird alles gut. Wenn es nicht gut ist, dann ist es nicht das Ende!"

4. Paradigmenwechsel: Setze keine starren Grenzen. Egal, ob im Kopf oder an anderer Stelle!
Nichts ist fix im Leben – außer dem Wandel. Alles im Kosmos und auf Erden fließt und ist in ständiger Veränderung. Wie sinnvoll kann es da sein, starre Grenzen zu setzen

(-> **Patch 28:** Akupunktur mit Worten), die Stagnation mit sich bringen und keine Auswege erlauben? Wie sinnvoll ist es, sich abzugrenzen, ohne zuerst nach einer heilsamen Transformation der Situation zu suchen, damit die Energie wieder frei fließen kann (-> **Patch 39:** Konfliktlösung)?

5. Paradigmenwechsel: Es gibt für jeden einen optimalen Weg.

„Alle Wege führen nach Rom" mag zwar stimmen, doch ist diese Haltung bei allem Optimismus wenig spezifisch und ziemlich energieaufwändig. Sie bedeutet letztendlich „Trial-and-Error". Den Weg der eigenen Bestimmung (-> **Patch 14:** Klärung deiner Frequenz) zu wählen ist spezifisch, auch wenn dieser für jeden Menschen sehr unterschiedlich aussehen mag. Und er ist energieeffizient (-> **Patch 13:** Feinstoffliches Zielgruppenmarketing). Denn dieser Weg setzt die größte Kraft, Eleganz und positivste Wirkung für uns und andere frei, ohne dabei Mensch, Tier, Natur oder Umfeld zu schaden oder sich auf Kosten anderer bereichern zu müssen.

6. Paradigmenwechsel: Es ist genug für alle da.

Wer hamstert, verstopft sein Energiesystem und ist nicht im Vertrauen, dass gut für ihn gesorgt ist. Besser als nach vermeintlichen äußeren Sicherheiten zu streben ist es jedoch, das eigene Urvertrauen zu kultivieren (-> **Patch 34:** Innere Sicherheit/Selbstbestimmung) und damit dem Leben wieder eine Chance zu geben, dass es gut für uns sorgen kann – vielleicht viel besser, als man es sich in seinen kühnsten Träumen ausmalt (-> **Patch 10:** Leuchtende Erde).

7. Paradigmenwechsel: Woanders ist das neue Jetzt.

Zeit ist eine Illusion, die uns in der Annahme festhält, dass wir auf bestimmte aktuelle Themen und Probleme, ob privater oder übergeordneter Natur, keinen Einfluss haben. Dabei können wir unsere Gegenwart, unsere Zukunft und sogar unsere Vergangenheit ändern (-> **Patch 35:** Zukunft wirkt auf Vergangenheit)!

8. Paradigmenwechsel: Lovetuning statt Rackern

Lovetuning zu lernen (-> **Patch 31:** Lovetuning), das ist ein „toughes" Training unserer Achtsamkeit und unseres Bewusstseins, das mittel- und langfristig in die Leichtigkeit sowie zu Eleganz und Flow führt. Eine innere Revolution des Bewusstseins (-> **Patch 38:** (R)Evolution des Bewusstseins), die im Außen sofort wirkt.

9. Paradigmenwechsel: Verantwortung

Wenn wir davon reden, dass wir die Welt retten wollen, verwechseln wir oft etwas. Es geht nicht darum, ob die Erde überlebt, denn das tut sie mit oder ohne uns, sondern darum, ob und wie lange wir Menschen auf ihr weiter leben dürfen (-> **Patch 12:** Die Himmelstreppe II)! Denn die Evolution läuft auch ohne Menschen ganz von alleine weiter. Wenn wir also unser derzeitiges Ökosystem kaputt gemacht haben, dann wird die Erde dabei zusehen, wie wir Menschen aussterben. Und dann wird sie sich (weiter-) drehen und, wenn sie die Schnauze nicht gehörig voll hat, eine andere Spezies einladen auf ihr zu leben.

-> *Übersicht über die Patches, auf die in diesem Text verwiesen wurde:*
    Patch 5: *Sinnhaftigkeit ist das nachhaltigere Glück*
      – *Nicht von etwas, sondern für etwas leben!*
    Patch 10: *Star, that's what we call you!*
      – *Ihr macht die Erde zum leuchtenden Stern*
    Patch 12: *Die Himmelstreppe, Teil II*
      – *Bring' deine Botschaft auf die Erde!*

Patch 13: Looking for Connection?
– Feinstoffliches Zielgruppenmarketing durch das Resonanzprinzip und Synchronizitäten
Patch 14: Von der Verstimmung in die Bestimmung
 – Die Klärung deiner (kosmischen) Frequenz
Patch 16: Von der Einsamkeit zum All-eins-sein!
Ein grenzenloses Energiephänomen!
Patch 25: Die Haltung des friedvollen Kriegers und der Abschied vom einsamen Sieg
Patch 26: Kompromiss versus Konsens
– Übereinstimmung statt Verstimmung
Patch 27: Was „ziehen" wir uns da eigentlich „rein"?
– Konfliktenergie und der Ausstieg aus der Reaktivität
Patch 28: Worte sind feinstoffliche Akupunkturnadeln: Sie können krank machen und heilen
Patch 31: Lovetuning
– Kann man mit einer Stimmgabel Liebe erzeugen?
Patch 34: Von der äußeren zur inneren Sicherheit, Teil II
– Selbstbestimmung statt Fremdbestimmung: ein heilsamer Machtwechsel (Praxisbeispiel)
Patch 35: Hat die Zukunft Auswirkungen auf die Vergangenheit?
– Choose Future, Change Past
Patch 38: Die beste Version meines Selbst ist kein Zustand, sondern ein Prozess: eine (R)Evolution des Bewusstseins
Patch 39: Von der Kampfsprache zur Heilsprache

-> Von hier aus weiterführende Patches: **keine**

PATCH 31

**Lovetuning –
Kann man mit einer Stimmgabel Liebe erzeugen?**

Liebe ist eine Frequenz, die kein Mensch bis heute sehen, hören oder gar anfassen kann. Alles, was wir Menschen wahrnehmen können, sind die Auswirkungen dieser magischen Frequenz, der wir den Namen Liebe gegeben haben. Doch nicht umsonst wird die Liebe (bzw. die Liebesfrequenz) als Himmelsmacht bezeichnet. Eine Macht, eine große Kraft, die scheinbar vom Himmel fällt und von der man, wenn man Glück hat, etwas abbekommt. Bei vielen von uns ist die Sehnsucht nach dieser Schwingung, und vor allem nach ihren Auswirkungen, riesengroß: die Sehnsucht nach dem Seelenpartner, einer glücklichen Familie, der Liebe zum eigenen Beruf usw.! Manchmal haben wir ihr gegenüber eine fast hilflose Haltung. Viele warten auf die Liebe, und letztendlich darauf, dass diese Frequenz uns erreicht, wie auf einen Sechser im Lotto. Das ist mit Hoffnung, vor allem aber mit viel Frust verbunden. Eine solche Haltung macht uns zu armen kleinen Würmchen, die auf Brotkrumen warten, die für sie vom Tisch abfallen.

Wie wäre es also, wenn wir von dieser Himmelsmacht gar nicht abhängig wären? Haben wir nicht selbst einen immensen Einfluss darauf, ob und wieviel Liebe wir in unserem Leben erfahren? Oder können wir gar selbst die Liebe in unserm Leben erzeugen? Können wir jenseits der „Himmelmacht" selbst Liebe produzieren?

Bis heute wissen wir nicht genau, welche Frequenz (-> **Patch 29:** Frequenz) die Liebe hat. Auch die Wissenschaft steckt hier noch in den Kinderschuhen. Doch die geistige Welt (-> **Patch 24:** Geistige Welt) versichert uns immer wieder, dass sich die Liebesfrequenz nah an der

Frequenz des himmlischen Lichtes bewegt, quasi eine Vorstufe des Lichtes sei. Und, dass wir, wenn wir uns in der Frequenz der Liebe befinden, wahre Wunder bewirken können. Da aber kein Mensch zur gegenwärtigen Zeit mit Sicherheit sagen kann, in welchen Frequenzbereichen die Liebesschwingung genau liegt (einige Musiker behaupten, sie läge bei 528 Hz, was der Note C entspricht), stochern wir ziemlich im Nebel, wie wir uns in diese wunderbare Frequenz jederzeit „eintunen" können. Eine Stimmgabel gibt es dafür leider noch nicht, obwohl Musik sicherlich eine große Rolle spielen kann, um sich in das angenehme Gefühl von Liebe einzuschwingen. Für den einen ist es Soul, für den anderen R&B oder Trance Music und für den nächsten ein klassisches Konzert.

Dabei ist es so einfach: Jeder von uns verfügt zu jeder Zeit und an jedem Ort über ein extrem zuverlässiges Instrument, um sich in die Liebe „einzutunen" – oder um zunächst einmal festzustellen, ob man sich selbst innerhalb oder außerhalb der Liebesfrequenz bewegt. Dieses Instrument ist nichts anderes als unser eigener Körper (und bei den meisten von uns besonders das Herz), der, nach ein bisschen Übung, präzise Messungen vornehmen kann (-> **Patch 21**: Körper-Radar; -> **Patch 17**: Giftige Gedanken). Denn mal ehrlich: Wer von uns könnte jetzt, in diesem Moment, exakt beschreiben, wo genau er in seinem Körper fühlt, dass er in der Liebe ist? Ich meine eben nicht den Zustand des Verliebtseins, bei dem ja fast jeder Schmetterlinge im Bauch hat! Ich meine hier die ganz substanzielle, unaufgeregte Liebe, die uns durchs Leben tragen und solche Türen öffnen kann, die wir ohne die Liebe nicht einmal sehen würden. Das geniale ist, dass unser Körper diese Frequenz, wie gesagt, nach ein bisschen Übung, messen (und das ist sehr angenehm) und sogar selbst erzeugen kann (was nicht nur angenehm, sondern geradezu phantastisch ist). Wir brauchen dafür nichts anderes als uns selbst. Umso erstaunlicher ist es, das wir unseren Kindern in der Schule so vieles beibringen, doch ein Unterrichtsfach: „Die Natur der Liebe – messen und selbst erzeugen", bis heute nicht existiert. Also holen wir's eben nach und starten mit der Frage: „Wie „tuned" man sich am besten in die Liebesfrequenz „ein"?"

Um meine Klienten, die Teilnehmer meiner Sessions und natürlich auch mich selbst in die Energie der Liebe zu bringen, arbeite ich seit Jahren mit sogenannten „Lovetunern". Lovetuner sind all die „Dinge", die in uns das Gefühl der Liebe erzeugen: Situationen, Menschen, die wir besonders mögen, Wesen (Tiere, Pflanzen), aber auch Gegenstände, schöne Orte, tolle Eindrücke. Lovetuner sind für jeden Menschen etwas sehr individuelles und daher sehr unterschiedlich. Was dennoch für alle Lovetuner gleichermaßen gilt: Sie sind jederzeit abrufbar, man muss sie nur für sich selbst identifizieren, um sich jederzeit an sie erinnern zu können: Für den einen langt es schon, sich sein Kind vorzustellen, wie es abends im Bettchen liegt und tief schläft oder wie es lacht, wenn man mit ihm herumalbert. Für einen anderen ist es die Katze, die schnurrend auf dem Schoß liegt, für den nächsten ein gutes Gespräch mit dem besten Freund oder die Erinnerung daran, bei einer Bergtour ganz oben auf dem Gipfel angekommen zu sein.

Übersetzt heißt Lovetune Liebeslied. Ein Lied ist Musik, ist Schwingung, ist Frequenz, ist Information. D.h., alles, was die Frequenz der Liebe in uns anklingen lässt, ist ein Lovetuner. Einen Lovetuner zu aktivieren hat viele positive Effekte. Sobald ich mich mit einem Lovetuner in meiner Vorstellung oder in der Realität umgebe, werde ich zu einer Art Empfänger, ähnlich wie ein Radio-Receiver, der die Frequenz der Liebe auffängt, bestätigt, und dann in sich aktiviert. Sehr angenehm und entspannend ist das. Doch dabei allein bleibt es nicht, denn der Effekt verdoppelt sich: Just in dem Moment, in dem ich mich „lovetune" (also mich für die Frequenz der Liebe öffne, sie empfange und mich damit verbinde) werde ich gleichzeitig zum Sender (-> **Patch 32:** Charisma lernen). Ich strahle die Liebesfrequenz einfach so, ohne jegliche Mühe, aus, und gehe damit automatisch im Sinne der Synchronizität mit Menschen und Situationen in Resonanz, die sich auch in dieser Liebesfrequenz aufhalten, die also im Gleichklang mit meinem Gefühl der Liebe sind (-> **Patch 23:** Glück hat eine große Strahlkraft). Auch das ist angenehm und zudem extrem mühelos und elegant. Deshalb bin ich für diese einfache Methode und jeden meiner persönlichen Lovetuner so dankbar. Das Gefühl von Liebe ist immer nährend und eine Hilfe. Jeglicher Stress verschwindet allmählich – auch und vor allem in schwierigen Situationen.

Aber es kommt noch besser: Liebe ist eine Frequenz, die wie ein Lösungsmittel wirkt. Wann immer ich beispielsweise Angst habe oder wütend bin und es mir gelingt, mich „lovezutunen", wäscht die Frequenz der Liebe meine Angst oder Wut aus meinem Gefühls- und Energiesystem aus. Ich fühle mich sofort beschützt und entspanne mich dadurch. Das funktioniert auch in unangenehmen Situationen, z.B. bei Streits oder bei einem Konflikt mit einem andern Menschen, auch wenn er ziemlich aggressiv daherkommt (-> **Patch 39:** Konfliktlösung). Denn mit der Liebe(sfrequenz) kann man sofort positiv auf Situationen oder Menschen einwirken.

Das klingt vielleicht naiv, aber das ist es nicht. Denn mal ehrlich: Will nicht jeder Mensch einfach nur geliebt werden? Selbst der härteste Brocken wird sich dauerhaft einer liebevollen Behandlung nicht verweigern. Liebe fließt quasi in jedes System hinein und kann dort heilsam wirken, indem sie Informationen und Frequenzen, die zu Hass, zu Wut, zu Destruktion oder Angst führen, einfach herauswäscht. So lassen sich ungesunde Frequenzen transformieren und Blockaden auflösen (-> **Patch 28:** Akupunktur mit Worten).

Nun bin ich weder religiös noch bibelfest. Doch als ich als Kind im Religionsunterricht zum ersten Mal hörte, dass in der Bibel steht: „Liebe deinen Feind!", da fand ich das nicht nur absurd, sondern auch völlig schwachsinnig und unvorstellbar. Seitdem ich mich mit Lovetuning beschäftige, habe ich eine Idee, was damit gemeint sein könnte (-> **Patch 25:** Friedvoller Krieger). Denn mal ganz egoistisch betrachtet: Wenn es mir gelingt, in meinen Feind den Persönlichkeitsanteil zu adressieren, der sich selbst nach nichts anderem als nach Liebe sehnt, und ich diesen Menschen damit liebevoll ansehen oder liebevoll an ihn denken kann, dann wasche ich alles, was feindschaftlich ist, aus seinem Energie- und Informationssystem heraus und gehe mit ihm in eine andere Resonanz und ein anderes Frequenzfeld. Damit entspannt sich die Situation nicht nur für ihn, sondern vor allem auch für mich selbst.

Wie fängt man nun mit Lovetuning an und bringt sich, auch als noch Ungeübter, am schnellsten und einfachsten in die Frequenz der Liebe? Das Gute ist: Lovetuning ist total simpel und es gibt zwei Arten dies zu tun. Die eine Art ist ein Commitment, das Schöne in jeder Situation und jedem Menschen, der uns begegnet, zu suchen und zu finden. In einer Begegnung mit einem Menschen, egal, ob wir ihn sympathisch oder unsympathisch finden, gibt es immer etwas, das man an seinem Gegenüber schön finden kann: sei es die Stimme, ästhetische Hände, der bunte Pullover, ein schiefes, aber charmantes Lächeln, eine schräge Geste, eine lustige Bemerkung, die diese Person macht. Es geht nur darum, den Türöffner zu finden, um etwas an diesem Menschen zu mögen. Das macht die Situation bedeutend einfacher, egal, ob es sich um ein erstes Kennenlernen, einen Streit mit dem Nachbarn oder um einen Konflikt mit dem Kollegen im Büro nebenan handelt. Denn auf diese Weise ebne ich den Weg, um genau für diesen Menschen Wohlwollen (eine Vorform der Liebe) empfinden zu können.

Da ich mit vielen verschiedenen Menschen zu tun habe, die mir, ehrlich gesagt, auch nicht immer alle vom ersten Moment an sympathisch sind, hat mir dieses Verhalten schon sehr oft geholfen. So gelingt es mir, etwas Liebenswertes an fast jedem Menschen zu finden, und das wiederum macht es einfach, eine gute Beziehung zu einem fremden – oder mir unbequemen, vielleicht zunächst unsympathischen – Menschen aufzubauen. Und plötzlich entdeckt man an seinem Gegenüber nicht nur etwas wirklich Liebenswertes, sondern manchmal auch noch eine Menge anderer toller Dinge. Wichtig ist nur, sich von den „unsympathischen Aspekten" nicht einfangen und wieder aus der Liebesfrequenz herauszerren zu lassen. Energie folgt ja bekanntlich der Aufmerksamkeit. Und sollte es trotzdem einmal passieren, dann kann man sich ja jederzeit wieder ganz leicht und erneut „lovetunen". Entweder wie eben beschrieben, oder auf die zweite Weise, durch die oben bereits erwähnten Lovetuner.

Die Lovetuner, die für mich persönlich hervorragend funktionieren, sind, neben Musik, meine Haustiere. Ich liebe es einfach, wenn mein Hund neben mir her trottet oder seine Schnauze auf mein Bein legt oder mich überschwänglich begrüßt, als ob ich von einer langen Reise zurückkäme, auch wenn ich nur für fünf Minuten im Keller war, um eine Flasche Wein hochzuholen. Oder wenn er versucht, einen Knochen in meinem Büro unter einem Stapel Zeitungen zu verbuddeln. Mir geht das Herz auf. Auch meine Katze ist ein perfekter Lovetuner. Sie ist, im Gegensatz zu meinem Hund, nicht immer freundlich zu mir, dafür bringt sie mich täglich mit ihren Showeinlagen zum Lachen und hat sich als Kampfschmuserin einen Namen gemacht. Beide sind meine Freunde und meine Trainier in bedingungsloser Liebe. Ich kann viel von ihnen lernen, und ich verdanke ihnen viel. Sie „tunen" mich immer wieder und unermüdlich auf die Frequenz der Liebe „ein"!

Jeder von uns hat mindestens einen Lovetuner, der sofort funktioniert. Wir müssen uns nur fragen: Welche Menschen, welches Tier, welche Landschaft, welche Melodie etc. lässt mich mein Herz wohlig spüren? Was oder wen muss ich mir vorstellen, damit ich zu lächeln beginne und ich innerlich ruhig werde?

Meine Erfahrung ist, dass nicht alle Menschen, die mit Lovetuning beginnen, sofort sagen können, wie und wo sie in ihrem Körper Liebe bzw. die Liebesfrequenz wahrnehmen und spüren können, auch wenn unser Körper ein geradezu genialer Seismograph für jegliche Form von Frequenzen, Schwingungen und Atmosphären ist. Für diejenigen, die hierzu mehr wissen und Lovetuning trainieren wollen, sei Patch 21 als Einstiegsübung empfohlen (-> **Patch 21:** Körper-Radar). Denn Lovetuning ist zunächst auch eine Sache des Trainings, ähnlich wie beim Erlernen des Autofahrens. Am Anfang muss man dauernd darüber nachdenken, wann man in den nächsten Gang (oder in die Frequenz der Liebe) schaltet. Aber irgendwann passiert es dann ganz automatisch, als ob man nie etwas anderes gemacht hätte.

Hier ist nun Platz, um drei Lovetuners aufzuschreiben, die für den Anfang gut funktionieren:

1 _____

2 _____

3 _____

Viel Spaß beim Trainieren!

-> *Übersicht über die Patches, auf die in diesem Text verwiesen wurde:*
Patch 17: *Giftige Gedanken – ein Experiment*
Patch 21: *Von roten und grünen Knöpfen*
– Bewusstsein beginnt mit Körperbewusstsein
Patch 23: *Glück hat eine große Strahlkraft*
Patch 24: *Was genau ist die Geistige Welt? Und ist sie heilig?*
Patch 25: *Die Haltung des friedvollen Kriegers*
und der Abschied vom einsamen Sieg
Patch 28: *Worte sind feinstoffliche Akupunkturnadeln:*
Sie können krank machen und heilen
Patch 29: *Frequenz: eine Begriffsklärung mit Weitblick!*
Patch 32: *Kann man Charisma lernen? Und was genau*
macht die eigene Strahlkraft aus?
Patch 39: *Von der Kampfsprache zur Heilsprache*

-> *Von hier aus weiterführende Patches:*
Patch 30: *Paradigmenwechsel: keine Philosophie,*
dafür lieber ein gangbarer Weg

PATCH 32

Kann man Charisma lernen? Und was genau macht die eigene Strahlkraft aus?

„Ich glaube, ich bin echt im falschen Film! Mein Privatleben plätschert so vor sich hin, ich schreibe völlig unbedeutende Beiträge in der Redaktion, für die sich kein Schwein interessiert, und dann sagt mein Chef auch noch neulich zu mir: Sie sehen gut aus, aber sie haben zu wenig Charisma für diese Branche! Das muss man sich mal vorstellen, so was muss ich mir anhören, mitten in einer Redaktionssitzung." Theresa reißt wütend einen kleinen Ast im Vorbeigehen von einem Strauch ab und haut mit ihm um sich, als wollte sie nach ihren Gegnern schlagen. „Glauben Sie das auch?", frage ich nach. „Ich weiß ja noch nicht mal richtig, was das wirklich ist: CHARISMA, und was die alle genau damit meinen! Auf jeden Fall haben es charismatische Menschen leichter als ich, so viel steht fest!" „Wer sind denn jetzt „die alle"?", hake ich nach. „Naja, mein Freund flirtet seit ein paar Monaten ziemlich wild rum, und wenn ich mir anschaue, welche Frauen er interessant findet, dann kann ich mir schon vorstellen, dass die auf jeden Fall mehr Charisma haben als ich!"

„Und jetzt möchten Sie, dass ich Ihnen dabei helfe Ihr Charisma freizuschalten?" „Nein", Theresa beginnt zu lachen, „Charisma kann man ja nicht lernen! Das ist mir schon klar! Das hat man, oder man hat es eben nicht!" „Und Sie haben es nicht?" „Naja, ich hab' definitiv zu wenig davon. Die Frage ist halt, wie ich es schaffe, mich besser zu behaupten und nicht dauernd das Gefühl zu haben, die falsche Rolle im falschen Film zu spielen!" „Soll ich Ihnen was verraten?" Theresa schaut mich interessiert an. „Erstens: Sie haben recht. Charisma kann man wirklich nicht lernen.

Und zweitens: Sie haben unrecht, denn jeder Mensch hat Charisma. Und drittens: Sie können jederzeit Ihr Charisma freischalten, Sie müssen sich nur dafür entscheiden. Die Bemerkung Ihres Chefs, Sie hätten zu wenig Charisma, ist also einerseits falsch und andererseits völlig richtig! Darf ich mal versuchen, zu übersetzen, was Ihnen Ihr Chef mit seiner dämlichen Bemerkung über Ihr Charisma eigentlich sagen wollte?" Theresa nickt, also fahre ich fort: „Also, Klartext: ‚Theresa, du hast dich für diesen Job und diese Branche bis heute nicht wirklich entschieden. Zeig' mir, was du drauf hast, sonst wird das hier nix mit uns!' Und verzeihen Sie, wenn ich gerade noch einen oben drauf setze: Ihr Freund macht das gleiche mit Ihnen in grün. Mit seinen Flirtereien stellt er Sie und Ihre Beziehung auf die Probe. Könnte es sein, dass Sie weder diesen Job wirklich von ganzem Herzen machen möchten, noch, dass Sie sich so richtig klar darüber sind, ob Ihr Freund der Richtige für Sie ist?"

Theresa schluckt: „Mann, Sie können einen ja innerhalb von Sekunden ziemlich kahlrasieren!" „Naja, Sie selbst haben es ja zu Beginn unseres Spaziergangs gesagt: Sie sind im falschen Film, d.h., im falschen Szenario mit den falschen Menschen. Vielleicht ist die Rolle als Redakteurin und Beziehungspartnerin ja eine für Sie geeignete Rolle, aber eben nicht in Ihrem momentanen Lebensfilm. Denn, um es mit Adorno zu sagen:

Es gibt kein richtiges Leben im falschen.
Theodor Adorno, 1951

Wenn Sie nicht etwas Grundlegendes ändern, dann werden Sie weder als Redakteurin noch in Ihrem Beziehungsleben das finden, wonach Sie suchen und sich sehnen!" Theresas Schritt wird langsamer, bis sie sich plötzlich ruckartig vor mich dreht und mir den Weg verstellt. „Ok.

Und alles soll gut werden, wenn ich mein Charisma freischalte? Och kommen Sie, das ist doch nicht Ihr Ernst!?!" „Doch, ist es!" „Also gut, Frau Magierin. Dann zeigen Sie mir mal den Schalter, wenn es so einfach ist!" „Das würde ich gerne tun, aber es gibt keinen. Charisma ist nur ein anderes Wort für Ihre ganz persönliche Lebens- und Strahlkraft, oder, wenn man es einmal in der Sprache der Physik ausdrücken würde: für Ihre ganz individuelle Frequenz (-> **Patch 29:** Frequenz; -> **Patch 14:** Klärung deiner Frequenz). Und die ist seit dem Moment freigeschaltet, in dem Sie als kleiner Mensch auf die Erde gekommen sind." „Wieso wird dann von so vielen Menschen Charisma mit Schönheit und Attraktivität gleichgesetzt, das ist doch völlig irreführend!" „Wenn man es auf die innere Schönheit, oder, noch präziser ausgedrückt, auf die von innen strahlende Schönheit bezieht, dann nicht. In der jüdisch-christlichen Tradition bezeichnet Charisma eine von „Gott gegebene Gnadengabe", also eine Gabe, die ein jeder von uns mit auf die Erde bringt!" „Juhuh, ich wusste es ja schon immer, ich bin ein Geschenk Gottes!", witzelt Theresa. „Okay, wir sind durch für heute, mein Selbstbewusstsein ist voll aufpoliert, ich zeig's meinem Boss und auch meinem Kerl zu Hause!", wir müssen beide lachen. „Super, so machen Sie das!!! Fehlt nur noch eine klitzekleine Kleinigkeit, die Sie gerade selbst ins Spiel gebracht haben!" „Höre?" „Ihr Selbstbewusstsein. Denn darum geht es im Kern bei der ganzen Nummer mit dem Charisma. Sie können erst dann Ihre volle Strahlkraft entfalten, wenn Sie sich Ihrer Selbst und somit Ihrer ganz eigenen und besonderen Gabe bewusst sind. Und damit auch Ihrer Aufgabe hier auf Erden. Denn Sie sind ja nicht einfach so hierher gekommen, als ein kosmischer Witz, sondern weil Sie diese Gabe auf die Erde bringen und Ihren Job hier vernünftig machen sollen!" „Verstehe, aber was hat das jetzt genau mit meiner Strahlkraft zu tun? Sie meinen, wenn ich meine Talente und meine Gabe kenne, dann laufe ich glücklich durch die Straßen und strahle so dolle vor mich hin, dass mir der richtige Mann die Tür zu meinem Traumschloss öffnet und mir mein Boss die Redaktionsleitung überträgt? Hej, die ganze Sache mit Ihnen beginnt mir Spaß zu machen", albert Theresa herum. „Nee, aber jetzt mal im Ernst. Wie läuft das?" „Na, als Medienfrau sind Sie doch eigentlich die Expertin für diese ganze Sache mit der Strahlkraft und der Sendefrequenz, oder?" Theresa runzelt die Stirn: „Worauf wollen Sie hinaus? Ich bin doch kein Sendetechniker oder sowas. Ich arbeite brav in der Redaktion." „Na gut. Aber stellen Sie sich mal vor, ihr Sender, für den Sie arbeiten, hätte massive Frequenzstörungen, und er könnte nicht mehr sicherstellen, dass die Trägerwelle, auf der er als TV-Kanal alle Beiträge und Filme sendet, dauerhaft so stabil ist, dass die Bilder bei Meiers zu Hause auch zuverlässig auf Kanal 9 und eben nicht mal auf Kanal 3 oder 14 rauskommen. Dann hätten Sie doch ein Problem, oder?" „Stimmt, allerdings habe ich, wie gesagt, von dieser ganzen Medientechnik echt wenig Ahnung!" „Das brauchen Sie auch nicht. Erinnern Sie sich noch an die Zeit, als wir alle über Antenne und Satellit ferngesehen haben, ohne Digitales TV und das Internet?" „Ja, klar!" „Dann erinnern Sie sich sicher auch noch an das Phänomen von Zerrbildern, Tapetenmustern und lustigen Fetzen anderer Beiträge, die plötzlich mitten in einem spannenden Thriller über den Bildschirm geflimmert sind, gefolgt von der Einblendung: STÖRUNG!" „Ja, ich erinnere mich gut! Nervig." „Total nervig. Zumal wir armen Zuschauer dann minutenlang auf dem Sofa warten mussten, bis der Sender das Problem behoben hatte, um endlich in Erfahrung zu bringen, wer nun Grace Kelly nach dem Leben trachtete." „Ja, genau! Manchmal haben wir bei uns zu Hause dann einfach abgeschaltet und was anderes gemacht!"

„Ganz schön schlecht für den Sender, so verärgert und verliert man seine Zuschauer!" „Ja, stimmt. Da nützt dann der beste Film nichts mehr. Aber das ist ja heute dank der digitalen Medienlandschaft vorbei!" „Für die Medienlandschaft mag das stimmen, Theresa, aber wenn wir mal auf unsere menschliche Strahlkraft und das Charisma zurückkommen, stimmt es ganz und gar nicht. Wir Menschen aus Fleisch und Blut sind nicht digital: weder unsere ganz eigene Frequenz, mit der wir auf die Welt gekommen sind, ist digital, noch sind es die Gedanken, die wir denken und die wir auf unserer Frequenz in die Welt ausstrahlen. Frequenzen und Gedanken, das alles sind Wellen, Schwingungen, die wir sekündlich in den Orbit abschicken, ob wir wollen oder nicht.

In-FORM-ationen verbreiten sich auf der Frequenz/ Trägerwelle in Überlichtgeschwindigkeit: „Gedanken übertreffen die Geschwindigkeit des Lichtes. ... Licht (ist) im Vakuum mit einer Geschwindigkeit von 300.000 km/Sekunde unterwegs.

Swami Sivananda

Und so wie jeder TV- oder Radiosender vom ersten Tag seines Bestehens an über seine ganz spezifische Frequenz verfügt, damit er auf seinem eigenen Kanal senden und von seiner Zielgruppe, also den Zuschauern bzw. Zuhörern, empfangen werden kann, so verfügen auch wir Menschen von Geburt an über eine ganz individuelle und sehr klare, reine Frequenz (-> **Patch 14:** Klärung deiner Frequenz). Mit dieser Frequenz gehen wir, wenn sie nicht verzerrt ist, ganz automatisch mit den Menschen, und damit auch mit den Situationen, die mit uns auf einer Wellenlänge liegen, in Verbindung bzw. in Resonanz. D.h., wir „funken sie an", und wir werden von ihnen angefunkt, um uns gegenseitig zu finden und uns miteinander zu verbinden. So ist die natürliche und höchst elegante Logistik des menschlichen Lebens im Ursprung angelegt."

Theresa schaut mich nachdenklich an: „Logistik nennen Sie das? Das ist interessant. Und diese Lebenslogistik wird, wie Sie sagen, über Frequenzen gesteuert? Das ist wirklich elegant. Können Sie mir das noch ein bisschen genauer erklären?"

„Ich will es versuchen, Theresa. Unsere klar justierte Ur-Frequenz dient uns letztendlich, wie einem jeden TV-Sender, als Trägerwelle, auf der wir die für uns „wichtigen" Gedanken, Wünsche, Botschaften und Informationen an die zu uns passenden und stimmigen Menschen, Situationen, Umstände „senden". Also an solche, die dafür affin sind, d.h., die damit und somit auch mit uns als Person etwas anfangen können und die mit uns deshalb eine Verbindung eingehen wollen. Man kann sich das wie eine Art feinstoffliches Zielgruppenmarketing vorstellen, das auf dem Prinzip des Resonanzgesetzes basiert (-> **Patch 13:** Feinstoffliches Zielgruppenmarketing). Gleiches schwingt mit Gleichem.

Und auch wenn es Ihnen jetzt sicher schon klar ist, möchte ich an dieser Stelle nochmals betonen, dass das System der Resonanz wechselseitig funktioniert. Denn wir sind nicht nur Sender, sondern auch gleichzeitig Empfänger. Also bestimmt unsere Frequenz auch, auf welche Menschen, Situationen und Umstände wir aufmerksam werden, für wen oder was wir auf Empfang sind, oder eben auch nicht! Anders ausgedrückt: was wir auf unserem Radar haben und was nicht."

Das Prinzip der Resonanz besagt: Womit ich mich verbinde, das verbindet sich mit mir.
Oder auch: Gleiches zieht Gleiches an.

Theresa bleibt erneut stehen und schaut mich erstaunt an: „Davon, dass auch wir Menschen eine eigene Frequenz haben und dass das große Auswirkungen hat, davon habe ich noch nie gehört!" „Ja, ist das nicht verrückt? In unserem Kulturkreis redet man darüber auch nicht. Aber in Asien, speziell in Indien und in der Ayurvedischen Tradition, gibt man dem Urklang, und somit auch der Frequenz eines Menschen, eine sehr große Bedeutung. Denn die Frequenz macht die Strahlkraft eines Menschen aus. Und unser Urklang beinhaltet den Code unseres Wesens: wer wir sind und was uns ausmacht. Um es „klang-sprachlich" auszudrücken: Urklang und Frequenz beinhalten unsere Bestimmung und unsere Berufung. Und somit eine durch Klang bzw. Welle codierte Beschreibung, wer wir sind und warum wir auf der Erde inkarnieren.

Jeder von uns verfügt über einen Ur-KLANG
(= individuelle Frequenz), der unsere Strahlkraft
und unser Charisma ausmacht. Der Urklang
beinhaltet also den „Code" unseres Wesens: wer
wir sind und was uns ausmacht, und somit auch
unsere Be-STIMM-ung bzw. unsere Be-RUF-ung.
Er ist eine durch Klang bzw. Welle codierte Beschrei-
bung unseres Selbst, und er soll uns via Resonanz
mit den Wesen, Situationen und Begebenheiten in
Kontakt bringen, wegen derer wir inkarniert sind.
Mit diesem Urklang kommen wir auf die Welt!

Doch wird dieser wunderbare, feine und sehr fragile Urklang im Laufe des Heranwachsens, teilweise bis zur Unkenntlichkeit, verstimmt. Die Bestimmung, und damit die individuellen Potenziale und Gaben eines kleinen Menschen, treten mehr und mehr in den Hintergrund. Und der kleine Mensch geht durch das Tal des Vergessens und entfremdet sich auf dem Weg ins Erwachsenwerden immer mehr von sich selbst, von seiner Bestimmung und seinem Urklang. Und damit wird seine Strahlkraft immer diffuser, und in Folge wird sein Charisma immer schwächer." „Aber wodurch passiert das? Bzw., wie kann man das verhindern?" „Die alten Indianerkulturen hatten eine wunderbare Art, mit dem Urklang und der Urfrequenz eines kleinen Menschen umzugehen: Wenn ein Indianerkind geboren wurde, so haben sie es zunächst mehrere Wochen, manchmal Monate, beobachtet, um zu verstehen, was für ein Wesen da zu ihnen in die Familie gekommen war. Und erst wenn sie meinten, die Urfrequenz und den wahren Wesenskern ihres Kindes erfasst zu haben, dann gaben sie ihm einen Namen, der exakt den Gaben, Stärken und dem Charakter des kleinen Indianers entsprach. Auf diese Art konnten sie ihn dann klanglich, also auf der Frequenzebene, so gut wie möglich unterstützen." „Sie meinen solche Namen wie „wilde Taube" oder „witziger kleiner Hund"?", Theresa beginnt zu kichern. „Ja, genau. Ist doch sehr wertschätzend und liebevoll, oder?!" Theresa wird wieder ernster: „Na, das kann man wohl sagen! Traumhaft." „Sie bringen es auf den Punkt: Traumhaft, denn die meisten von uns wurden leider nicht so von ihren Familien aufgenommen und aufgezogen wie früher die Indianerkinder. Statt dessen wird auch heute noch an den kleinen Menschen oft herumerzogen und gezupft bis sie, teilweise recht schmerzlich, lernen, dass sie so, wie sie sind, „nicht in Ordnung" und „nicht genügend" sind. Und dass sie nicht für ihre Gaben und Fähigkeiten geliebt werden, sondern dafür, dass sie Dinge tun, die den anderen gefallen und guttun, nicht unbedingt ihnen selbst. So lernen sie, sich immer mehr am Außen und nicht an sich selbst zu orientieren, beginnen sich zu verbiegen. Und verbiegen damit auch mehr und mehr ihren Urklang. Ihre Frequenz wird

überlagert, verstimmt von den vielen Eindrücken und Erfahrungen, die sie machen. Und der Urklang versucht sich auf diese Weise an das anzupassen, was die anderen hören wollen. Das kann dazu führen, dass diese Menschen so verstimmt sind, dass sie selbst nicht mehr wissen, wer sie eigentlich sind und ihre Strahlkraft gegen Null geht."
(-> **Patch 14:** Klärung deiner Frequenz)

„Das ist ja furchtbar!" „Ja, da haben Sie recht, Theresa! Eine gewisse Furcht und Respekt kann einem das schon einjagen. Interessieren Sie der Mechanismus und die Phänomene, die dadurch in unserem Leben ausgelöst werden?" „Ja, klar, deshalb bin ich ja hier! Ich denke, ich bin ja auch betroffen." „Eine schwache Strahlkraft bedeutet: Unsere Frequenz ist instabil und verzerrt. Und so funken wir plötzlich „versehentlich" Menschen und Situationen an, die wir gar nicht anfunken wollten und die gar nicht zu uns passen. D.h., unsere Botschaften, seien es Gedanken, Wünsche, Vorstellungen oder Sehnsüchte, kommen bei der „falschen Zielgruppe" an und nicht bei den Menschen, mit denen wir eigentlich und im ursprünglichen Sinne in Resonanz sein sollten, und mit denen wir uns gemeinsam am besten entwickeln und unsere Gaben und Potenziale entfalten können. Denn das ist ja der eigentliche Grund, warum wir hier sind: Unsere Gaben und Potenziale sind das Geschenk, das wir als Gast mit auf die Erde gebracht haben. Doch um unsere Geschenke zu überreichen, müssen wir unsere Gaben und Potenziale erst einmal erlebbar machen und uns in einem Umfeld bewegen, das diese wertzuschätzen weiß. Doch stattdessen sind viele von uns in Dissonanz mit sich selbst und ihrem Umfeld. Nichts passt so richtig zusammen, sondern alles ist irgendwie disharmonisch. Verstehen Sie, worauf ich hinaus will?" „Ja, logo. Das mit der Resonanz und der Dissonanz ist mir klar geworden. Will heißen, ich führe derzeit zum einen mit einem Dissonanzpartner eine Beziehung, und zum anderen habe ich in meinem Job ein für mich schräges Umfeld, in dem ich mich nicht so einbringen kann, wie es mir eigentlich angemessen wäre! Vielleicht mach' ich auf Grund meiner Verstimmung noch nicht mal den Job, der wirklich zu mir passt. Könnte ja zumindest sein, oder?" „Könnte sein, Theresa! Ist auf jeden Fall überprüfenswert." „Scheiße!", antwortet Theresa, „aber mir geht ein Licht auf!" „Na, dann warten Sie mal ab, wie hell Sie erstrahlen, wenn Ihre Frequenz wieder richtig „eingetuned" ist und Sie Ihr Charisma zu 100% einschalten!", wir müssen beide lachen. „Wahnsinn! Und das können Sie mit mir machen?" „Na, das hoffe ich doch sehr!", grinse ich sie an. „Allerdings einschalten müssen Sie Ihr Charisma selbst, ich kann Ihnen nur zeigen wie es geht!" „Okay, fangen wir an!" „Es gibt eine Menge Möglichkeiten, das zu tun. Doch für den Anfang empfehle ich Ihnen eine spezielle Einjustierung. Es ist eine ca. ein- bis zweistündige, intensive und sehr wirksame Arbeit, um sich selbst zu erkennen und damit die eigene Sendefrequenz allmählich wieder auf den eigenen Urklang zurückzuführen bzw. zu stimmen." „Können wir damit hier und heute beginnen?" „Ja, na klar. Fangen wir an ... !"

Wer jetzt ebenfalls seiner Bestimmung einen großen Schritt näherkommen und seine Strahlkraft erhöhen möchte, den lade ich nun, wie in der eben beschriebenen Szene mit Theresa, in die Session „die Himmeltreppe" ein (-> **Patch 11:** Die Himmelstreppe).

-> *Übersicht über die Patches, auf die in diesem Text verwiesen wurde:*
Patch 11: *Die Himmelstreppe, Teil I*
– *Der Weg zur Stille hinter dem Klang*

Patch 13: Looking for Connection?
– Feinstoffliches Zielgruppenmarketing durch das Resonanzprinzip und Synchronizitäten
Patch 14: Von der Verstimmung in die Bestimmung
– Die Klärung deiner (kosmischen) Frequenz
Patch 29: Frequenz: eine Begriffsklärung mit Weitblick!

-> Von hier aus weiterführende Patches:
Patch 3: Die Generalprobe für das Erdenleben
– Das kosmische Orchester
Patch 10: Star, that's what we call you!
– Ihr macht die Erde zum leuchtenden Stern
Patch 19: Jeder Mensch ist eine Zelle im Weltenkörper
Patch 31: Lovetuning
– Kann man mit einer Stimmgabel Liebe erzeugen?

PATCH 33

Von der äußeren zur inneren Sicherheit, Teil I – Wie die Macht eines Teilchens ein ganzes System verändert: Chaos und Neuausrichtung

Je näher wir der besten Version unseres Selbst kommen, umso zielsicherer steuern wir auf den Punkt zu, an dem unser Umfeld auf diese Veränderung reagieren wird. Und das sogar dann, wenn wir mit niemandem offen über uns und unsere Entwicklung sprechen. Doch Menschen, die uns kennen, nehmen jenseits aller Worte irgendwann die Veränderung in unserer Energie wahr: Unsere Authentizität erhöht sich und damit auch unsere Strahlkraft (-> **Patch 32:** Charisma lernen). Diese Verstärkung unserer Energie und Strahlkraft ist übrigens einer der wichtigsten Aspekte, die mit der immer stärker werdenden Energieanhebung unserer Erde einhergehen, über die die geistige Welt uns konstant berichtet (-> **Patch 10:** Leuchtende Erde).

Ab einem gewissen Punkt erzeugt unsere persönliche Energieanhebung also in Menschen und Situationen, mit denen wir näher zu tun haben, eine Reaktion. Das ist vergleichbar mit Prozessen, die wir aus der Chemie kennen: Durch Energieerhöhung (z.B. durch Wärmezufuhr) wird in einer Substanz eine Reaktion ausgelöst. Präziser ausgedrückt: in und zwischen den Molekülen, aus denen die Substanz besteht. Eine solche Reaktion kann sanft und konstant, in Etappen, oder auch unvorhersehbar chaotisch ablaufen. Was in der Chemie gilt, gilt in gewisser Weise auch für die Reaktion der „Moleküle" unseres persönlichen Umfeldes.

Wenn ich an dieser Stelle also von Molekülen spreche, dann ist das eine Metapher für unsere „Sippen", in denen wir uns täglich bewegen: Unsere Familie, unser Freundeskreis, unsere Teams. Die Systemtheoretiker, Organisationsentwickler oder auch systemischen Familientherapeuten würden, wie es ihre Berufsbezeichnung schon unschwer erahnen lässt, diese „Sippen-Moleküle" als Systeme bezeichnen. Doch ob wir nun gerade über Moleküle oder Systeme plaudern, eines bleibt gleich: Die Veränderung eines Teilchens (in einem Molekül) oder eines Mitglieds (eines Systems) reicht aus, um die schöne Ordnung des Ganzen ins Wanken zu bringen. Denn:

> *„Das Ganze ist mehr als die Summe seiner Teile."*
> Aristoteles

Ein ganz einfaches Beispiel? Zwei Menschen begegnen sich und werden ein Liebespaar. Zunächst also: 1+1 = 2. Sie bilden ein kleines, recht überschaubares Zweier-System. Doch wie schnell kann es gehen, und aus einem Liebespaar wird eine kleine Familie: also 1+1 = 3! Dass diese neue (Zeit-) Rechnung große Veränderungen für alle Beteiligten mit sich bringt, diese Geschichte schreibt das Leben täglich aufs Neue …

Auch die Entwicklung zur besten Version unseres Selbst ist in gewisser Weise mit einer Schwangerschaft und einem nachfolgenden Geburtsprozess zu vergleichen: Wir brauchen zunächst eine gewisse Reifezeit, um uns und unser Bewusstsein (auch über uns selbst) zu entwickeln. Bis der Moment gekommen ist, an dem wir unsere Ur-Frequenz, und damit vielleicht zum ersten Mal unser wahres Selbst und unsere Bestimmung (-> **Patch 14:** Klärung deiner Frequenz), auf die Erde bringen. Wir bringen quasi eine neue Version unseres Selbst zur Welt .

Sobald das passiert ist, ist es ganz natürlich, dass wir und einige Menschen, mit denen wir uns bis dato nah waren, feststellen: Wir haben nicht mehr die gleiche Wellenlänge (-> **Patch 13:** Feinstoffliches Zielgruppenmarketing).

Die Chemie zwischen uns stimmt nicht mehr: „Ich versteh' dich nicht mehr!", „Du bist so anders geworden!" Wut, Enttäuschung, Erstaunen, Unverständnis, all das sind Gefühlsregungen, mit denen wir bei anderen rechnen sollten. Denn auch wir selbst spüren, dass wir mit manchen Menschen, mit denen wir vielleicht Jahre lang viel erlebt und geteilt haben, nicht mehr weiter gehen können oder wollen. In „systemischer" Sprache ausgedrückt: Unsere Systeme (Familie, Freundeskreis, Team), in denen wir uns bislang bewegt haben, und die vielleicht bis vor kurzem noch recht stabil schienen, können auf unsere Veränderung hin ins Wanken geraten, teilweise stark reagieren oder sogar chaotisch werden. Vielleicht rücken manche Menschen von uns ab bzw. wir selbst haben das Bedürfnis, uns zurückzuziehen. Dafür entstehen andernorts – sprich, in einem anderen System, das schon vorhanden ist oder sich durch uns neu formt – neue Begegnungen, berührende Beziehungen und Freundeskreise, mit Menschen, die freundlich in unser neues (Frequenz-) Feld eintreten (-> **Patch 13:** Feinstoffliches Zielgruppenmarketing): Menschen, mit denen wir vielleicht ähnliche Entwicklungen und Interessen teilen, die wir und die uns in Gänze verstehen und mit denen ein stimmiges Miteinander möglich ist und man feststellt: „Wir liegen auf der gleichen Wellenlänge und befinden uns miteinander in Resonanz!"

Auch wenn wir vielleicht gar nicht damit gerechnet haben: Die sanfte innere Veränderung hin zur besten Version unseres Selbst setzt nach und nach eine große Kraft und Dynamik frei. Und machen wir uns an dieser Stelle nichts vor: auch Macht!

Der Flügelschlag eines Schmetterlings
kann einen Orkan auslösen!
Chaostheorie – Zuschreibung zu Edward Lorenz

-> *Übersicht über die Patches, auf die in diesem Text verwiesen wurde:*
   Patch 10: *Star, that's what we call you!*
   – Ihr macht die Erde zum leuchtenden Stern
   Patch 13: *Looking for Connection?*
   – Feinstoffliches Zielgruppenmarketing durch das Resonanzprinzip und Synchronizitäten
   Patch 14: *Von der Verstimmung in die Bestimmung*
   – Die Klärung deiner (kosmischen) Frequenz
   Patch 32: *Kann man Charisma lernen? Und was genau macht die eigene Strahlkraft aus?*

-> *Von hier aus weiterführende Patches:*
   Patch 11: *Die Himmelstreppe, Teil I*
   – Der Weg zur Stille hinter dem Klang
   Patch 16: *Von der Einsamkeit zum All-eins-sein! Ein grenzenloses Energiephänomen!*

PATCH 34

Von der äußeren zur inneren Sicherheit, Teil II – Selbstbestimmung statt Fremdbestimmung: ein heilsamer Machtwechsel (Praxisbeispiel)

Jeder von uns hat es schon einmal erlebt: Das ungute Gefühl, nicht frei zu sein. Zu spüren, dass man nicht mehr Herr über das eigene Leben ist, sondern sich stattdessen in Abhängigkeit von äußeren Gegebenheiten, den Befindlichkeiten und Bedürfnissen anderer Menschen bewegt. Nicht mehr zu sich selbst, geschweige denn zu den Dingen zu kommen, die einem wichtig sind. Mit dieser wahren Geschichte möchte ich zeigen, wie ein Weg aus so einer vermeintlichen Fremdbestimmung in die Selbstbestimmung ganz praktisch und lösungsorientiert aussehen kann. Und das selbst in einer Situation, in der man leicht denken könnte: Ich habe keine Chance! Gleichzeitig möchte ich mit dieser Geschichte die Angst vor der Begegnung mit dem in Patch 33 angesprochenen Chaos (-> **Patch 33:** Chaos/Sicherheit/Neuausrichtung) mildern, die mit so einem Veränderungsprozess einhergehen kann. Zumal chaotisch ablaufende Veränderungen, auch wenn sie uns zunächst vielleicht unangenehm sind, eine gute Grundlage für gesunde und stabile Neuausrichtungen unserer Beziehungen zu anderen Menschen sein können. Sei es in unserer Familie, in unserem Freundeskreis oder in unserem Job. Hier also die Geschichte von Marion:

Marion kam in einer, wie sie es ausdrückte, ziemlich ausweglosen Situation zu mir. Sie hatte große Probleme mit ihrem künftigen Mann und Angst um ihre Beziehung. Er drohte ihr, sie zu verlassen, weil ihre Hauptaufmerksamkeit seit Jahren nicht ihm, sondern ihrer psychisch kranken Mutter galt. Marion war in einem heftigen Konflikt. Sie wusste nicht, wie sie aus diesem Dilemma herauskommen sollte. Und nicht nur der Traum von einer glücklichen Beziehung schien kurz vor dem Zerplatzen zu stehen. Auch ihr Studium, das sie schon lange auf dem zweiten Bildungsweg hatte aufnehmen wollen, war in weite Ferne gerückt. Denn in den vergangen drei Jahren hatte sie ihre Mutter massiv finanziell unterstützt, die trotz ihrer Erkrankung ein kleines Ladengeschäft betrieb und nach außen das Bild einer wohlhabenden, gesunden Frau abgab. Marion war inzwischen praktisch pleite, das Geld, das sie für ihr Studium zur Seite gelegt hatte, längst aufgebraucht. Denn Marions Mutter war hinter der künstlich aufrecht erhaltenen Fassade spielsüchtig, konsumsüchtig, ihr Laden war hochverschuldet, und sie öffnete bereits seit Monaten keine Briefe mehr. Schon gar nicht die von Anwälten, Gläubigern oder dem Finanzamt. Marion war am Ende ihrer Kräfte und hatte inzwischen nicht nur Schulden, sondern auch Schuldgefühle, egal in welche Ecke ihres Lebens sie blickte. Sie wusste noch nicht einmal mehr, ob ihr Studium, auf das sie so lange hingearbeitet hatte, das Richtige für sie war.

Sie steckte fest. Man könnte auch sagen: „Gott sei Dank!", denn dieses Desaster war für sie das auslösende Moment, in dem sie entschied, aus dieser Schieflage nicht nur herauszukommen, sondern endlich sie selbst zu werden. Mit diesem Anliegen kam sie also in die erste Session.

„Haben Sie denn eine Idee, wie sich die beste Version Ihres Selbst anfühlen könnte?", fragte ich sie, nachdem wir eine intensive Bestandaufnahme gemacht und über ihre Ziele gesprochen hatten und ich ihr das Konzept der besten Version des Selbst erklärt hatte. „Ich muss ehrlich sagen, ich habe keine Ahnung, was die beste Version meines Selbst ist und ob es die überhaupt gibt. Ich frage mich auch, ob und wie die beste Version meines Selbst meine Mutter unterstützt. Im Moment versuche ich nämlich einfach nur zu überleben und die Löcher zu stopfen, die meine Mutter täglich aufreißt. Aber so kann ich nicht mehr weitermachen, und ich will es auch nicht. Und wie sich die beste Version von mir in dieser Situation, in der ich feststecke, verhalten würde, das würde ich gerne herausfinden."

Für dieses Anliegen mussten wir zunächst den nötigen Raum schaffen. Und so besprachen wir, dass sich Marion die Hilfe eines Juristen und eines Schuldenberaters mit an Bord holte, die sich künftig professionell um die finanziellen und geschäftlichen Belange ihrer Mutter kümmerten. So wurde Marion zeitnah schon ein ganzes Stück entlastet, und Step-by-Step kam sie dazu, sich auch wieder ihren eigenen Bedürfnissen und Wünschen zu widmen. Zumindest in den gemeinsamen Sessions, die wir hatten.

Natürlich wollte Marion bald auch auf die Frage nach ihrer Berufung eine Antwort finden. Und so führte ich sie zu diesem Zweck in ihren Sessions die sogenannte Himmelstreppe hinauf und wieder herab (-> **Patch 11:** Die Himmelstreppe). Dabei betrat sie, wie alle meine Klienten, die die Himmelstreppe kennenlernen, den sogenannten virtuellen Raum der Stille hinter dem Klang. Als sie in diesen Raum eintrat, machte sie eine, wie sie es nannte, bahnbrechende Erfahrung. Ihr rollten dicke Tränen über die Wangen: „Ich fühl' mich zum ersten Mal in meinem Leben ganz ruhig und geborgen. Danach sehne ich mich seit meiner Kindheit, in der es das so nie gab. Ich bin traurig. Und mir wird gerade klar, dass ich das Gefühl der Geborgenheit immer bei meinem Freund gesucht habe und immer noch suche. Ich fordere es von ihm geradezu ein. Die ganze Zeit. Wie ein kleines Mädchen. Das kann ja nicht gut gehen." Diese Erkenntnis war wie eine Initialzündung zu einer gesundenden Marion. Denn nun konnten wir uns ihren kindlichen, unerfüllten Bedürfnissen und dem großen Hunger ihres inneren Kindes heilsam und mit viel Liebe zuwenden.

In den nächsten Wochen wurde ihr dann mehr und mehr bewusst: „Ich kann für mich selbst sorgen und mir selbst Raum für Ruhe und Geborgenheit schaffen. Ich kann mich selbst gut bemuttern. Und das tut mir nicht nur gut, das macht mich irgendwie viel freier. Ich *muss* dafür nicht bei meinem Freund bleiben. Ich *kann* jetzt bei ihm bleiben, weil ich es will. Nicht aus Abhängigkeit oder Bedürftigkeit, sondern einfach, weil er ein klasse Typ ist. Ich bin sowohl mit als auch ohne ihn komplett. Dennoch wünsche ich mir sehr, dass es mit uns klappt. Aber falls es das nicht tut, weiß ich jetzt: Ich werde ohne ihn weder unvollständig, noch verhungern, noch krank. Ich bin ich – so oder so – und das ist toll."

Wenig später konnte sie durch ihre innere Sicherheit, die sie gewonnen hatte, auch die Erkenntnis zulassen, dass ihre „gut gemeinte" finanzielle Unterstützung ihrer Mutter nichts anderes als eine aus Liebe und Bedürftigkeit entstandene Co-Abhängigkeit war, mit der sie in Wahrheit ihre Mutter daran hinderte, gesund zu werden: „Ich dachte immer, meiner Mama soll es doch an nichts fehlen. Und irgendwie habe ich immer gehofft, dass sie mich für meine Hilfe endlich mal anerkennt und in den Arm nimmt." Und so drehte sie ihrer Mutter den Geldhahn zu. Sie hatte zum ersten Mal die Kraft und den Mut dazu. Diese Entscheidung kam aus derselben Einsicht, die sie schon im Zusammenhang mit ihrer Beziehung hatte: „Ich bin ich – so wie ich bin, bin ich völlig in Ordnung und ganz. Auch wenn meine Mutter mir nicht sagt, was für eine tolle Tochter ich bin. Das, was ich all die Jahre getan habe, war gut gemeint, aber schlecht getan. Es hat nichts gebracht. Weder mir, noch der Gesundheit meiner Mutter." Eine heilsame Entdeckung.

Doch was geschah dann? In ihrer Familie brach, wie von ihr befürchtet, das Chaos aus (-> **Patch 33:** Chaos/

Sicherheit/Neuausrichtung). Marions Bruder Jan, der ebenfalls die verwitwete Mutter jahrelang unterstützt hatte, beschimpfte Marion als „eine Verräterin, die die Mutter voll ins Messer laufen ließe und die finanzielle Last nun zu 100% auf ihn abwälze". Jan konnte die Last nicht alleine tragen, der Laden der Mutter musste geschlossen werden, die Mutter musste aus dem verschuldeten Haus in eine kleine Mietswohnung ziehen und kam bald darauf in eine Klinik für Psychosomatik.

Keine schöne Zeit, doch Marion hatte nun die Einsichten und das Bewusstsein, um diese Entwicklung auszuhalten und blieb relativ ruhig, als das passierte, was sie lange zu verhindern versucht hatte: Ihre Mutter rauschte tief ins Tal, mit dem Nebeneffekt, den nötigen Schwung für ihre Heilung und einen Neuanfang zu bekommen. Die unheilvolle Stabilität von Marions Familiensystem, die Jahre lang gehalten hatte und zu nichts als Energieverlust in Form von Krankheit, schlechtem Gewissen, Schuld und Schulden geführt hatte, brach komplett zusammen. Heilvoll, könnte man sagen. Denn nun, da Marions Mutter in Behandlung war und sich andere intensiv und professionell um sie kümmerten, hatte Marion plötzlich die Zeit für ihren Freund, für sich selbst und ihre Entwicklung, die sie sich so lange gewünscht hatte. Nachdem sie im Rahmen unserer gemeinsamen Sessions ihre Bestimmung, wie sie es ausdrückte: „als Aufklärerin die Welt ein Stück zu erhellen", entdeckt hatte, machte sie bald darauf konkrete Pläne zur Umsetzung. Sie verwarf das ursprünglich geplante Soziologiestudium, suchte sich ein Volontariat bei einer Zeitung, um dann eine Medienfachschule besuchen zu können: „Als Soziologin hätte ich wahrscheinlich wenig Breitenwirkung gehabt, aber als Journalistin oder Redakteurin kann ich jeden Tag Missstände aufklären und zeitnah andere darüber informieren. Ich bin froh, dass ich mit

Soziologie noch gar nicht angefangen habe. Es wäre sicher nicht total falsch gewesen, aber der Weg als Journalistin ist viel passender für mich", so Marions Worte.

Marions Geschichte zeigt exemplarisch, wie groß die Macht eines einzelnen Menschen ist, um ein ganzes System vollständig zu wandeln. Alles begann mit Marions neu gewonnenen Einsichten und mit einer Veränderung zunächst auf der Ebene ihrer Energie, Frequenz und Gedanken (-> **Patch 11:** Die Himmelstreppe; **Patch 14:** Klärung deiner Frequenz). Das wiederum hatte Auswirkungen auf ihr Verhalten. Mit dem Aussetzen der Zahlungen an ihre Mutter brachte sie das gesamte Familiensystem zunächst ins Chaos. Chaos ist zwar selten ein angenehmer Zustand, bietet aber, wie gesagt, oft die Grundlage für eine heilsame Neuausrichtung und in Folge damit für eine gesunde neue Ordnung und Stabilität. Ein Mensch (in diesem Fall Marion) kann also ein ganzes System (in diesem Fall das Familiensystem) „kippen" und neu entstehen lassen (-> **Patch 33:** Chaos/Sicherheit/Neuausrichtung).

Heute gehören zu dem wieder stabilen Familiensystem: Marion, ihr Mann und ihre Tochter, ihre inzwischen wieder relativ gesunde Mutter, die bei einer Kur ihren heutigen Lebensgefährten kennengelernt hat, sowie ihr Bruder Jan, der durch diesen Gesundungsprozess die Freiheit gewann in die USA zu gehen, um dort als Meeresbiologe zu arbeiten.

Jan hat, letztendlich durch Marions Verhaltensänderung, ebenfalls die Co-Abhängigkeit zu seiner Mutter überwunden und ist damit auch in seine Kraft gekommen. Auch wenn er sich zu Anfang durch Marions Entschluss, die Mutter finanziell nicht länger zu unterstützen, in die Enge getrieben fühlte. Heute haben er und Marion einen guten Draht zueinander und besuchen sich manchmal in den Ferien.

Auch diese Lebensgeschichte zeigt einmal mehr: Alles ist mit allem verbunden (-> **Patch 16:** All-eins-sein): Das ist der Grund, warum unser Verhalten große, kraftvolle Kreise ziehen und dazu beitragen kann, dass sich nach dem Chaos die Gesundung für alle Beteiligten einstellt. Die sanfte Macht einer solchen Veränderung führt zur Klarheit für uns selbst und für andere. Letztendlich ist sie ein stetiger Begleiter auf dem Weg zur besten Version unseres Selbst.

-> *Übersicht über die Patches, auf die in diesem Text verwiesen wurde:*

Patch 11: *Die Himmelstreppe, Teil I*

– Der Weg zur Stille hinter dem Klang

Patch 14: *Von der Verstimmung in die Bestimmung –*

Die Klärung deiner (kosmischen) Frequenz

Patch 16: *Von der Einsamkeit zum All-eins-sein!*

Ein grenzenloses Energiephänomen!

Patch 33: *Von der äußeren zur inneren Sicherheit, Teil I*

– Wie die Macht eines Teilchens ein ganzen System verändert:

Chaos und Neuausrichtung

-> *Von hier aus weiterführende Patches:*

Patch 2: *Die Herzstrategie*

– WERT-volle Lösung bei Entscheidungskonflikten

PATCH 35

Hat die Zukunft Auswirkungen auf die Vergangenheit? – Choose Future, Change Past

Olivia sitzt vor mir und schaut in ihre Kaffeetasse: „Ich hab' ihn abgeschossen. Es ging einfach nicht mehr. Er hat angefangen, sich echte Hoffnungen zu machen, dass das mit uns beiden was Dauerhaftes wird. Aber das wird es nicht. Ich hab' es echt versucht, aber es klappt nicht." Olivia bekommt feuchte Augen: „Ich hab' es echt versucht", wiederholt sie. „Ich fühl' mich irgendwie alleine und verloren, als ob ich dieser ewigen Suche nach der Nadel im Heuhaufen einfach nicht gewachsen wäre!" Ich schaue sie an und schweige. „Dass das mit Max jetzt nicht klappt, ist nicht schlimm. Ich bin inzwischen ja daran gewöhnt, dass die Männer in meinem Leben kommen und gehen. Aber ich habe trotzdem so eine Art Liebeskummer, obwohl ich ihn gar nicht liebe. Ist das nicht paradox?"

„Wie sollte es denn Ihrer Ansicht nach sein, damit es nicht paradox ist?" „Naja, ich glaube, ich kann gar nicht so richtig lieben!" „Und trotzdem haben Sie Liebeskummer?" „Ja, das ist doch verrückt. Ich weiß nicht, was Liebe ist, aber ich habe Liebeskummer. Das ist doch wirklich paradox, oder?" „Das wäre es wirklich, wenn Sie nicht wüssten, was Liebe ist. Aber davon bin ich nicht überzeugt!" „Hmpf!", stöhnt Olivia skeptisch, und ich mache einfach weiter. „Also lassen Sie uns die Spur zu diesem scheinbaren Widerspruch aufnehmen und das Wort Liebeskummer einmal umdrehen: Kummerliebe!"

„Kummerliebe?", wiederholt Oliva langsam. „Ja, ich weiß, worauf Sie hinauswollen. Aber das damals mit Stefan, das war doch keine Liebe!" „Nein, war es nicht? Wie alt waren Sie damals?" „Naja, neunzehn. Ich war gerade von zu Hause ausgezogen und hab' die ganze Scheiße da hinter mir gelassen, und mit diesem Gefühl von Freiheit ist auch zeitgleich Stefan in mein Leben reingeflattert. An diesem Abend auf dem Konzert stand er einfach vor mir, und ich fand ihn rasend sexy und so, so ... so irre wild und unkontrolliert." „Unkontrolliert und auch unkontrollierbar?" „Ja, völlig. Ich war so naiv und hab' mich auf ihn eingelassen. Volle Kanne. Wir haben uns zusammen die Nächte um die Ohren geschlagen, philosophiert, wollten die Welt verbessern, halt dieser ganze Kram, den man in dieser Zeit so denkt und macht. Und dann dachte ich, ich bin von ihm schwanger. Oh Mann, was 'ne Katastrophe. Ich hatte so eine Angst, es ihm zu sagen. Und als ich es dann endlich getan hab', da war er ganz ruhig und gelassen und meinte: ‚Que sera, sera, wir kriegen das Kind schon geschaukelt, mach' dir da mal keine Sorgen.' Das war für mich völlig unerwartet und hat mein Weltbild vollkommen auf den Kopf gestellt. Dieser wilde Freak ist einfach geblieben und wollte mit mir das Kind schon schaukeln. Der Mensch, von dem ich es am allerwenigsten erwartet hatte, war plötzlich total zuverlässig und stand zu mir und meiner Situation."

„Das kannten Sie nicht, oder?" „Na, wie denn, bei der Familie, aus der ich komme? Zuverlässigkeit, tzzz. Das weiß bei uns in der Familie doch niemand, wie das geht mit der Zuverlässigkeit. Nicht, weil es spießig wäre oder so, sondern weil einfach jeder so mit sich selbst zu kämpfen hatte, dass sich jeder selbst der Nächste war!" „Wie haben Sie das empfunden, dass Stefan so zu Ihnen stand?" „Ich hab' wirklich gedacht, jetzt ändert sich mein Leben. Total. Der ist einfach geblieben, freiwillig, ohne, dass ich ihn halten musste! Und dann dachte ich, das muss Liebe sein." Olivia strahlt über das ganze Gesicht, nur ihre Mundwinkel verraten gleichzeitig ihre Traurigkeit. „Und, das war es nicht?" „Nein, also ja. Von meiner Seite aus schon. Oder besser gesagt, es hätte Liebe werden können. Ich habe ihn so begehrt, seinen Körper, seine Gedanken, seine knorrige Eigenwilligkeit und seinen Mut, einfach so zu sein, wie er damals war. So was habe ich zuvor noch nie empfunden. Und es hörte auch nicht auf. Aber ich habe gespürt, dass da was nicht stimmte. Er war da und nicht da. Immer weniger. Wie ein Zombie. Er war anwesend, körperlich, auch wenn wir Sex hatten. Aber seine Seele war irgendwie woanders. Das hat mich total verwirrt. Ich war so glücklich, dass er bei mir war, auch in dieser Situation, und ich konnte spüren, dass er mich ebenfalls liebt, aber gleichzeitig war da was zwischen uns, das sich jeden Tag mehr dazwischen gedrängt und sich in mein Herz gebohrt hat. Es war schön und grausam zugleich.

Und dann kam der Morgen, an dem ich plötzlich meine Tage bekommen habe. ‚Doch nicht schwanger!', dachte ich damals und war echt erleichtert. Ich hätte ein Kind nie abgetrieben, aber, ehrlich gesagt, war ich mit der Vorstellung, Mutter zu werden, ziemlich überfordert. Ich wollte endlich leben, frei sein, mich ausprobieren. Und so war ich, ehrlich gesagt, ziemlich froh und dachte, dass damit auch dieser Keil, der sich zwischen Stefan und mich geschoben hatte, verschwinden würde. Als ich es ihm dann am gleichen Abend sagte, da küsste er mich einfach ganz lang und innig und er war irgendwie wieder da und präsent. Ich dachte, jetzt wird alles wieder gut. Ich konnte seine Trauer spüren und dachte, dass es die Trauer um das Kind war, das wir nun doch nicht bekommen würden. Doch auch da hatte ich mich wieder mal geirrt. In der Nacht hatten wir den innigsten Sex, den ich je in meinem Leben erlebt habe. Und am nächsten Morgen war er weg. Einfach weg, und ist nie wieder gekommen!" Tränen rollen über Olivias Gesicht. „Das hab' ich nie verstanden. Ein paar Wochen später kam ein Brief aus den USA, in dem er schrieb, dass er da jetzt lebe und es ihm leid täte. Und dann hat er unterschrieben mit ‚In Liebe – dein Stefan!' Keine Adresse, kein gar nix. Einfach: ‚In Liebe – dein Stefan.' Punkt."

„Und dann?", will ich wissen. „Ich hab' tagelang im Bett gelegen, bin nicht mehr raus gegangen. Ich dachte, mein Leben ist vorbei. Das war meine Chance, und ich hab' es irgendwie vermasselt. Oder war nicht gut genug, um ihn zu halten. Was weiß ich. Ich hab' mich dann irgendwie wieder berappelt und mir klar gemacht, dass es nur einen einzigen Menschen auf dieser Erde gibt, auf den ich mich verlassen kann, und das bin ich selbst!" „Das heißt, Sie haben sich ganz alleine aus dieser Situation wieder rauskatapultiert, ganz ohne fremde Hilfe?" „Ja?", antwortet sie fragend, „das hab' ich ja in meiner Kindheit lang genug trainiert! Ich kann das ganz gut. Ich bin ja ein starkes Mädchen!" Sie schluckt, doch die Trauer rutscht ihr trotzdem durch und sie beginnt bitterlich zu weinen. Ich sehe plötzlich die neunzehnjährige Olivia vor mir, mit all ihrer Verzweiflung und ihrer Einsamkeit. „Haben Sie die Situation, so wie es damals vor siebzehn Jahren war, vor Augen?" „Ja, logisch, was denn sonst!", antwortet sie trotzig und schnäuzt sich die Nase. „Dann bitte ich Sie jetzt als Ihr älteres Ich von heute, also die sechsunddreißigjährige Olivia, die heute in Berlin lebt, einmal in diese Szene von damals zu gehen und die Neunzehnjährige zu besuchen. Geht das?", fordere ich sie auf. „Ja, klar." Olivia schließt die Augen, um sich besser auf diese Szene einzulassen. „Gut, und dann sagen Sie Ihr bitte: ‚Hallo Olivia, ich bin dein erwachsenes Ich aus der Zukunft und ich bin heute gekommen, um dich aus der Blase der Einsamkeit und der Verzweiflung herauszuholen. Und um dich zu trösten. Was sagst du denn dazu?" „Hmm", antwortet Olivia. „Das findet sie gut. ‚Endlich!', sagt sie, und ich setze mich gerade an ihr Bett und streichle ihr über die Wange ... Und jetzt robbt sie zu mir herüber, und ich halte sie ganz fest in meinen Armen. Wie eine Mama ihre kleine Tochter, die Liebeskummer hat. Und ich merke ...", Olivia öffnet schlagartig die Augen, schaut mich an und beginnt, mich vor lauter Überraschung zu duzen: „Tanja, weißt du was, ich hab' damals, als ich da tagelang im Bett lag, irgendwie so eine „Präsenz" bei mir gespürt. Ich hätte das so nie ausdrücken können, aber ich hab' es echt gespürt, wie einen guten Geist, der sich in meiner Einsamkeit um mich gekümmert hat und mich wieder senkrecht gestellt hat. Ich glaube, dieser Geist war ich selbst?!?" Sie macht eine Pause und schaut mich an. „Ja, das war ich selbst mit sechsunddreißig. Ich glaube, ich gebe der Neunzehnjährigen, genau jetzt, von diesem Moment aus, hier in deiner Praxis, die Kraft und Hoffnung rüber, die ich damals mit neunzehn gespürt habe und von der ich nicht wusste, woher sie kommt. Es ist fast so, als ob wir wie über eine Art Nabelschnur miteinander verbunden wären! Danke, dass du mich dazu gebracht hast, genau von hier aus in diese Szene hineinzugehen. Ich glaube, ich hätte das ohne deine Anleitung nie gemacht und es sonst auch als Neunzehnjährige nicht geschafft. Verrückt, oder? Klingt irgendwie durchgeknallt." „Nein, das tut es nicht, Olivia", antworte ich ihr, und nun empfinde auch ich das duzen der Situation plötzlich sehr angemessen: „Zeit ist ja eine sehr relative Angelegenheit, und wir haben ja in der Physik inzwischen Hinweise darauf, dass Zeit möglicherweise nur eine Illusion ist und alles „in Wahrheit" parallel stattfindet. Und so kannst du von diesem Zeitpunkt, oder besser gesagt: Raumpunkt aus in die parallel stattfindenden Szenen deines Lebens hineinwirken und sie heilen, wenn du es möchtest und zulässt!" „Im Ernst? Das klingt ja abgefahren. Aber es wirkt. Das kann ich deutlich spüren und konnte es auch damals spüren. Also, ehrlich gesagt, spüren wir es beide gerade, die neunzehnjährige Olivia und die sechsunddreißigjährige auch. Das ist ja irre, oder?" „Ja, das mag irre klingen, und ich bin auch keine Physikerin, die mathematisch beweisen kann, dass es keine Zeit gibt oder besser gesagt, dass Zeit eine Illusion ist. Doch genauso wie du gerade diese Erfahrung machst, so erlebe ich es in vielen Sitzungen mit meinen Klienten immer wieder, dass wir durch die Zeit reisen und unsere „Vergangenheit" heilen können, was dann wiederum großen Einfluss auf das Jetzt, also unsere Gegenwart, hat. Ich nenne diesen Heilungsprozess „Change your past".

Denn stell' dir nur mal ganz kurz vor, was aus dir geworden wäre, wenn du als guter sechsunddreißigjähriger Geist der Neunzehnjährigen nicht beigestanden hättest oder besser gesagt, nicht gerade beistehen würdest." „Na, das hab' ich doch schon gesagt, Tanja. Das wär' ziemlich in die Hose gegangen. Ich kann mir vorstellen, ich wär' echt super depressiv geworden oder hätte angefangen zu saufen oder so was. Wenn ich diesen guten Geist meiner Selbst nicht gespürt hätte! Ich finde das echt faszinierend, was sich da gerade für eine Welt auftut. Und was für Möglichkeiten ... Sag' mal, wenn wir, wie du es nennst, „Change your past" betreiben können, dann können wir doch auch unsere Zukunft verändern, also „Change Future", oder?" „Genau, Olivia. Wenn du es nicht „Change Future" sondern „Choose Future" nennst, dann triffst du den Nagel auf den Kopf. Auch hierfür habe ich zwar keinerlei mathematische oder wissenschaftliche Beweise. Aber ich habe Indizien, die ich seit vielen Jahren sammle, nämlich, dass wir selbst eine ganz bestimmte Variante unserer möglichen Zukunftsszenarien bewusst aus- bzw. anwählen und damit ansteuern können. Und so bin ich mir sicher, dass du, wenn du es möchtest, genau jetzt „eine Leitung" zu deinem älteren Selbst in der vermeintlichen Zukunft (ich spreche, wie bereits gesagt, inzwischen lieber von Raumpunkten) herstellen kannst. Und zwar in deinem Fall nicht zu irgendeiner zukünftigen Version deines Selbst, sondern zu der Version deines Selbst, die in einer glücklichen Beziehung mit einem Mann lebt, die frei, aber voller gegenseitigem Vertrauen ist. Die Version deines Selbst, die nicht daran zweifelt, dass sie lieben kann, sondern es einfach tut, weil es ein ganz natürlicher Teil des Lebens ist!" Dann höre ich auf zu sprechen, weil ich, ob Einbildung oder nicht, eine Präsenz in unserem Raum wahrnehmen kann. Olivia legt sanft ihre Hand auf ihren Brustkorb: „Ich kann dieses „künftige Ich" von mir gerade wahrnehmen. Da kommt so eine ganz warme und herzliche Zuversicht auf, die, so fühlt es sich an, irgendwie in mich hineinfließt. Und damit ein „Wissen", dass ich aufhören kann, den Mann zu suchen, mit dem ich genau so eine Beziehung führe, wie ich sie mir immer schon wünsche. Dass es einfach so sein wird. Weil er, genau wie damals Stefan, einfach irgendwann, wenn ich gar nicht damit rechne, vor mir steht!" Olivia wirkt sehr klar, fast so, als würde sie beginnen, in sich zu ruhen. „Na, dann frag' doch mal deine wunderbare künftige Version deines Selbst, ob du mit ihr ab jetzt online bleiben darfst, so wie du gerade online mit der Neunzehnjährigen bist. Und ob du dir bei ihr Hilfe, Trost und Rat holen darfst, wenn du mal gerade nicht weiter weißt?" „Na, logo!", antwortet Olivia. „Das geht super. Sie sagt sogar, dass sie der Neunzehnjährigen auch helfen wird und ihr schon mal die Bilder von ihrem wirklich schönen Leben „bluetooth" als Tagtraum „rüberspielen" wird, damit sie noch mehr Hoffnung schöpft und schnell wieder auf die Beine kommt! Ach, Tanja, ich danke dir, ich bin jetzt ganz beseelt und irgendwie in so eine Zuversicht und in Selbstvertrauen eingebettet. Das fühlt sich ganz rund und wohlig an!" „Gerne, Olivia, doch dank' dir vor allem selbst, dass du diesen Schritt in eine ganz andere Art des „Heile-Werdens" zugelassen hast. Und mach' dir bewusst, dass du diejenige bist, die heute die Weichen dafür gestellt hat, dass du nun in Fahrtrichtung deines wunderbaren Selbst in der Zukunft unterwegs bist. Es ist fast ein bisschen so, als würde dich dein Selbst aus der Zukunft, das du heute „angewählt hast" ganz automatisch wie ein Magnet in seine Richtung ziehen. Wenn du darauf vertraust und „bluetooth", wie du es nennst, mit ihr in Kontakt bleibst, dann wird alles gut laufen, und du brauchst bald gar nicht mehr zu mir zu kommen!" Olivia schaut mir in die Augen, und wir beiden grinsen uns an wie zwei Frauen, die wie zwei Undercoveragentinnen an einer heilsamen Verschwörung arbeiten. „Nee, ich komm' schon wieder, da kannste ganz sicher sein, ich brauch' da auf jeden Fall noch ein bisschen mehr Input und vor allem jemanden, mit dem ich meine Eindrücke und Erfahrungen mit dieser neuen Weltsicht teilen und diskutieren kann. So ein bisschen wie bei dem Film „Men in Black", nur dass wir gemeinsam keine Monster jagen. Sondern unsere verschiedenen „Selbste" in allen möglichen Zeiten sichtbar machen und mit ihnen in Kontakt treten, um gesund und glücklich zu werden. Aber der Auftrag ist doch irgendwie derselbe: die Welt und damit unsere eigene Welt zu schützen, vor Unheil zu bewahren und so gesund wie möglich zu machen und zu halten!"

„Na, dann pass' mal auf, dass du nicht zu viel „Blitzdingsen" musst, wenn du anderen von deinen Erfahrungen jenseits der Zeit berichtest!", antworte ich zum Abschluss und ziehe meine Sonnenbrille auf, die neben mir auf dem kleinen Tischchen liegt.[1]

---

[1] *Men in Black ist eine US-amerikanische Science-Fiction-Komödie mit zur Zeit drei Teilen aus den Jahren 1997, 2002, 2012. Das Thema des Films basiert auf*

Verschwörungstheorien und Agenten in schwarzen Anzügen, die im Dienste amerikanischer Regierungsbehörden Aliens jagen. So tauchen jede Menge Außerirdische auf, die die Menschen natürlich stark zu verunsichern drohen. Deshalb verfügen alle Agenten in diesem Film über ein kleines Gerät, einen sogenannten Neutralisator, der, wenn er aufblitzt (= „Blitzdingsen") bei allen Beteiligten die Erinnerung an Aliens und weitere „unnatürliche Erscheinungen" auslöscht, außer: wenn man – wie alle Agenten natürlich – eine spezielle Sonnenbrille trägt, durch die das sogenannte „Blitzdingsen" keine Wirkung entfaltet und somit die Erinnerung bleibt.

-> *Übersicht über die Patches, auf die in diesem Text verwiesen wurde:* **Keine**

-> *Von hier aus weiterführende Patches:*
Patch 30: *Paradigmenwechsel: keine Philosophie, dafür lieber ein gangbarer Weg*
Patch 36: *Was glaubst du eigentlich, wer du bist?*

PATCH 36

Was glaubst du eigentlich, wer du bist?

Wie bereits in der Einleitung erwähnt, hat mich diese Frage schon ziemlich früh in meiner Kindheit beschäftigt. Zunächst weniger aus philosophischen Gründen, sondern der Tatsache folgend, dass sich meine Mutter, wann immer ich etwas angestellt hatte, mit der Frage: „Tanja, was glaubst du eigentlich, wer du bist?", Luft machte.

Ziemlich nervig war das. Doch hat sie mir mit dieser Frage auch ein immenses Geschenk gemacht. Denn manchmal lag ich abends in meinem Bett und überlegte, wie ich herausfinden kann, wer oder was ich wirklich bin oder sein könnte.

Ich glaube, zu dieser Zeit war das Wort Avatar noch nicht in der Umgangssprache verankert und schon gar nicht in meiner, denn ich war zu dieser Zeit ca. fünf Jahre alt. Aber ich wäre dankbar gewesen, wenn mir jemand dieses Wort zu dieser Zeit genannt und erklärt hätte, denn ich hatte irgendwie so eine Art Ahnung, so ein tiefes Gefühl, für das ich zu dieser Zeit eben einfach keine Worte hatte. Ich glaube das Wort Avatar wäre meiner Empfindung damals sehr nah gekommen.

Auf jeden Fall war mir irgendwie klar, dass meine Eltern nicht wirklich mein Ursprung und meine wahre Herkunft sein konnten. Und so wollte ich in Erfahrung bringen, woher ich wirklich komme, bevor ich in den Bauch meiner Mutter „gehe" um dort als Menschling heranzuwachsen. Also habe ich mich als Kind immer wieder gefragt, wo die Erde (eigentlich meinte ich wohl den Kosmos, aber als Kind nimmt man das nicht so genau) eigentlich zu Ende ist, weil ich mir dachte, dass ich irgendwie von da herkommen müsste. In meinen Träumen war dieses „irgendwo" meist ein wunderschönes Kornfeld, über dem die Sonne unterging. In den Nächten, in denen ich in meinen Träumen also „am Ende der Welt (Kosmos)" war, fühlte ich mich auf eine mir tief vertraute, alte aber dennoch irgendwie neue Art geborgen und aufgehoben. Damit mich jetzt niemand falsch versteht, ich bin damals an die ganze Sache natürlich extrem kindlich herangegangen. Aber dadurch auch so unverkrampft und offen, wie es mir in den späteren Jahren meiner Jugend und lange Zeit meines Erwachsenseins nicht mehr möglich war.

Ich habe mich in dieser Zeit oft auch gefragt, ob ich in Wahrheit vielleicht das einzige menschliche Wesen auf diesem Planenten bin, das hier „per Zufall", quasi als „kosmischer Witz", auf die Erde gepurzelt ist. Doch über eines war ich mir vollauf bewusst. Wenn es wirklich ein „kosmischer Witz" sein sollte, der zur Folge hatte, dass ich als Menschenkind auf die Erde gekommen war, dann war dieser auf jeden Fall von Liebe getragen. Denn schließlich, auch da war ich mir hundertprozentig sicher, gab es da noch „andere, freundliche Wesen" um mich herum, die ich weder sehen noch hören konnte. Also hatte ich so ein Konzept wie „Geisteltern" oder „göttliche Wesen, die voller Liebe für mich sorgen", wie immer sie auch aussahen. Denn irgendwie konnte ich sie immer spüren.

Oft habe ich mich auf die Lauer gelegt und gehofft, „die anderen Wesen" irgendwie wahrnehmen zu können. Ich wollte unbedingt hinter die Welt „meiner Wahrnehmung" schauen können. In meiner kindlichen Vorstellung war es so, dass die Wände in unserem Haus, die unseren Räumen die Form und Struktur gaben, auf keinen Fall den Wänden der „Wohnungen der anderen Wesen" entsprechen konnten. Und so war ich mir sicher, dass auf irgendeiner anderen Ebene, die sich meiner Wahrnehmung entzog, an der gleichen Stelle wie ich, die „anderen" lebten. Also war ich in ihren Räumen zu Hause und sie in meinen. Sie gingen durch meine Wände und ich durch ihre.

Das einzige, das mir fehlte, so weit dachte ich auch als Kind, war das Sinnesorgan, um sie klar und eindeutig wahrnehmen/sehen/hören etc. zu können. Ich glaube, aus diesem Grund habe ich meine Intuition kontinuierlich geschärft. Ich habe unentwegt trainiert, mich in die Dinge, in „die Luft um mich herum", einzufühlen, um deren Essenz und verborgene Wahrheit zu erspüren. Ich gebe zu, ein bisschen „ver-rückt" klingt das Ganze schon, aber es zeigt doch umso mehr, dass wir als Kinder mit den essenziellen, spirituellen und feinstofflichsten Fragen ganz natürlich umgehen. Wahrscheinlich, weil wir noch so nah an der Quelle unseres Ursprungs sind, und weil uns die Ratio des Lebens noch nicht alles hat vergessen lassen, das wir als Ur-Wissen mitbringen.

Dann kam die Zeit, in der ich mich nachts mit den Sternen unterhielt. Sie waren wie liebevolle Freunde. Oft saß ich einfach auf dem Boden und schaute in den Himmel. Stundenlang. Und dann träumte ich immer wieder „Filmsequenzen", die sich am nächsten Tag oder ein paar Tage später in meinem Leben auf der Erde genauso zutrugen. Da ich das dann schon wusste, konnte ich mich besser darauf vorbereiten. Natürlich führte das zu einigen, für andere Menschen verblüffenden Erlebnissen, und ich merkte, dass ich einigen Leuten um mich herum ziemlich suspekt wurde.

Als ich dann Jahre später in einem buddhistischen Buch las: „Wenn ein Mensch stirbt, dann stirbt eine ganze Welt", war ich tief berührt. Ich kam sofort wieder in Kontakt mit meinen kindlichen Erinnerungen, von denen ich eben erzählt habe: Denn ich war damals zumindest der Nabel meiner Welt. Aber ist es wirklich so? Sind wir unsere Welt? Sind wir gefangen in unserer Welt? Oder anders ausgedrückt, in unserem Film? Und ist es so, dass, wenn wir diesen Planeten stofflich verlassen und unseren Körper quasi wie ein Schauspielerkostüm wieder ablegen, der Film einfach wie mit der Fernbedienung des TVs ausgeschaltet wird? Ist das Sterben? Die Lampen gehen aus, Ende, das war's?

Tatsache ist doch, dass wir, zumindest als Mensch, täglich sterben und täglich neu geboren werden. Denn, wo bitte sind wir, wenn wir nachts tief und traumlos schlafen? Und auch auf einer anderen Ebene sterben wir ständig und werden ständig wieder neu geboren: auf der ganz stofflichen Ebene unseres Körpers. Unser Körper erneuert sich, rein rechnerisch, ca. alle sieben Jahre vollständig. Denn er baut zwischen zehn und fünfzig Millionen Körperzellen pro Sekunde ab und ersetzt sie durch neue. Durchschnittlich sind die Zellen eines Fünfzigjährigen nicht etwa fünfzig, sondern nur zehn Jahre alt. Allerdings gibt es bei der Zellproduktion eine große Spanne, denn manche Gewebe regenerieren sich sehr schnell, andere bleiben ein Leben lang erhalten. So bildet der Mensch pro Jahr genügend neue Leberzellen, dass es für achtzehn ganze Organe reicht. Auch statisch wirkende Gebilde wie unsere Knochen baut der Körper ständig ab und wieder auf.[1]

Der Ayurvedische Arzt und Lehrer Dr. Deepak Chopra erklärt diesen Zusammenhang anhand des Bildes des Meeres und seiner Wellen. Während das Meer das Grundlegende ist, sind die Wellen nur eine von dessen unendlich vielen flüchtigen Erscheinungsformen.

Also: Verwechsle nicht die Wellen mit dem Meer.

Wenn wir ein schönes Urlaubsfoto vom Meer machen, dann sehen wir nur eine momentane Ausformung, nämlich den Ausschnitt seiner aktuellen Wellenstruktur. So, wie es uns seine Form, also seine „Version von sich", zu dem Zeitpunkt, an dem unsere Kamera „klick!" macht, präsentiert.

In dem Moment, in dem wir diesen Zustand einfangen, ist er aber schon längst wieder vorbei. Auch wenn die Form, also die Welle, vergeht, besteht das Meer und damit das Potenzial zu weiteren, unendlich vielen Ausformungen weiter. Wenn wir uns also ein Foto von uns selbst anschauen, das sieben Jahre alt oder älter ist, dann stellt sich doch die Frage: Wer ist das da auf dem Foto? Bin ich das? Oder nur eine Version von mir? Und wo ist das, was mich wirklich ausmacht, jenseits von Raum und Zeit? Mein Potenzial, meine Essenz?

Wenn man sich von dieser Seite der Frage: „Was glaube ich eigentlich, wer ich bin?", annähert, dann wird auch verständlich, warum sich bspw. Indianer nicht gerne fotografieren lassen. Sie sagen, dass sich in dem Bild ihre eigene Seele/ihr(e) Energie (-muster) befinden und sie diese nicht einfach irgendwem auf der Welt achtlos überlassen können, ohne selbst darauf aufzupassen. Ein liebevoller Gedanke, gut für sich und die eigene Essenz zu sorgen. Allerdings stellt sich ja die Frage, ob ein Portrait auf einem Foto jemals „Selbst" genannt werden kann. So friert doch ein Foto maximal eine Version unseres Selbst ein, die genaugenommen in dem Moment, in dem das Bild entstanden ist, schon wieder überholt ist.

Wer sind wir also? Sind wir unsere Körper? Oder sind wir der, der denkt? Oder der, der wahrnimmt? Oder was macht uns aus? Sind wir reines Bewusstsein? Reine Energie? Sind wir bewusste Energiewesen jenseits der „Attrappe Mensch"? Und können wir mit diesem Bewusstsein uns selbst und unseren Lebensfilm, also unsere Welt, täglich neu (mit-) kreieren? Denn Kreation geschieht ja sowieso in jedem Moment. Nichts ist fix, alles ist stets im Wandel. Stellt sich also „nur noch" die Frage, welche Rolle ein jeder von uns dabei spielt. Und welchen Unterschied könnte es machen, nicht nur als Ich, sondern gar als beste Version meines Selbst auf das Leben und die Welt, meine Welt, Einfluss zu nehmen?

-> Übersicht über die Patches, auf die in diesem Text verwiesen wurde: **keine**

-> Von hier aus weiterführende Patches:
Patch 19: Jeder Mensch ist eine Zelle im Weltenkörper
Patch 24: Was genau ist Geistige Welt? Und ist sie heilig?
Patch 38: Die beste Version meines Selbst ist kein Zustand, sondern ein Prozess: eine (R)Evolution des Bewusstseins.

[1] Vgl. dazu „Regenerationswunder Mensch: So alt ist der Körper wirklich" in Spiegel Online: http://www.focus.de/gesundheit/gesundleben/antiaging/forschung/regenerationswunder-mensch_aid_51928.html.

PATCH 37

St. Germain – lachend erwachen

Ich liebe St. Germain. Ja, ich weiß, das klingt ein bisschen verrückt. Zumal auch er – wie Metatron (-> **Patch 9: Metatron**) – kein Mensch aus Fleisch und Blut ist, sondern ein Wesen aus der Welt des Geistigen. Allerdings ist meine „Beziehung" zu St. Germain eine ganz andere als die zu Metatron. Denn St. Germain empfinde ich als einen gemütlichen, tiefsinnigen und zuweilen herrlich „schrägen" Freund, der sich so manchen Abend „neben mich setzt und mit mir ein virtuelles, gemütliches Gläschen Wein trinkt". Die Begegnungen mit ihm sind von einer Leichtigkeit und von einem flirrenden Witz getragen, wenn wir über das Leben plaudern. Doch jedes Mal, wenn er wieder „gegangen" ist, stellte ich fest, dass wir tief ins Philosophieren gekommen sind und ich sehr viel von ihm gelernt habe. Und das, ohne mich von ihm jemals belehrt zu fühlen.

Zwischen ihm, Metatron und mir ist vor einigen Jahren eine sehr professionelle und produktive Zusammenarbeit entstanden. Gemeinsam diskutieren und entwickeln wir als Team immer wieder therapeutische Ansätze und Treatments für den Umgang mit den Herausforderungen, die die aktuelle Zeit- und Energiequalität an uns Menschen hier auf der Erde stellt.

Diese neuen Ansätze sind geeignet, um unter den aktuellen Bedingungen wirksame, nachhaltige Heilprozesse anzustoßen, die über den Tellerrand „hinausgehen". Sprich, nicht nur in uns selbst wirken, sondern auch von uns aus weiter in andere Systeme und Ebenen heilsam hineinfließen. St. Germain und Metatron haben mir beide beigebracht, dass Heilung aus rein egoistischen Gründen nur schlecht funktioniert, da wir bei jedem Heilprozess etwas für das kollektive Bewusstsein (er-)lösen und klären können und sollen. Unsere eigene Heilkraft potenziert sich also, wenn wir in unserem persönlichen Heilprozess nicht nur etwas für uns selbst, sondern in diesem Zusammenhang gleichzeitig auch etwas für andere tun. Ich bin für diese Erkenntnisse und die Zusammenarbeit mit diesen beiden Wesenheiten sehr dankbar!

In unserem Dreierteam wirkt Metatron immer sehr ausgleichend und weise, den Blick auf die universellen Gesetze und in den Kosmos gerichtet, aber auch mit messerscharfem Fokus auf Wahrhaftigkeit. St. Germain diskutiert und agiert dagegen etwas irdischer, alchemistischer und oft auch hitziger. Wenn ich es einmal so ausdrücken darf: Metatron und St. Germain verfügen jeweils über eine unterschiedliche Energiequalität, die im Zusammenspiel Welten verändern kann.

Auch wenn St. Germain sich mir gegenüber nie so betitelt, wird er als sogenannter aufgestiegener Meister bezeichnet. Das bedeutet letztendlich nichts anderes, als dass er mehrfach inkarniert war und in seiner spirituellen Entwicklung seinen „Job" als Mensch erfüllt hat.

Nun steht er uns als Wesenheit aus dem Raum des Geistigen mit seinem unglaublichen Humor und Esprit immer wieder gerne und sehr, sehr hilfreich zur Seite. Die Zusammenarbeit mit ihm ist mir eine große Freude und ein Riesenspaß, da ich St. Germain als eine der sinnlichsten und lebensfrohesten Wesenheiten empfinde: Er liebt das Leben, die Menschen, besonders die Frauen ;-), die erotischen und prallen Genüsse, Kunst, Musik und sprüht nur so vor Ideen und Wortwitz. Für ihn gibt es – als „alter Alchemist und Transformator" – selten ein Problem, vielmehr Lösungen, auf die wir noch nicht gekommen sind, oder die wir noch nicht freigelegt oder sichtbar gemacht haben. Kreativität und Magie, das sind seine Steckenpferde.

Da St. Germain findet, dass Namedropping „out" ist, werde ich hier nicht versuchen, so wie in der Literatur oft geschehen, jede seiner einzelnen Inkarnationen aufzuarbeiten. Wichtig ist, dass er mehrfach als Alchemist, Magier und Gründer von Mysterienschulen inkarniert war. Seine bisher „offiziell" letzte Inkarnation war die als Graf von St. Germain (ca. 1696 – 1784), wobei ich von ihm erfahren habe, dass er in physischer Form auch danach mehrfach Stippvisiten auf unserer Erde gemacht und sich unters Volk gemischt hat – und sich wahrscheinlich nach wie vor mischt.

Auf jeden Fall ermöglicht die flirrende Energie St. Germains fast immer, die momentane Situation aus einem anderen Blickwinkel zu betrachten. Was einen bis eben bedrückt hat, darüber kann man plötzlich lachen. Er beherrscht die Klaviatur zwischen Materie und Feinstofflichkeit und zeigt immer wieder aufs Neue, dass es keine dauerhaften Zustände gibt, sondern alles dem ständigen Wandel unterzogen ist und Leid nur geschieht, wenn „wir Menschen versuchen, dem Leben die Bremse reinzuhauen!" (Original-Ton St. Germain ;-))

Bei St. Germain ist nie alles verloren und immer viel zu gewinnen, auch wenn dies oft nur um den Preis (und die Gnade) des Loslassens möglich ist. So zeigt St. Germain immer wieder, dass alles (mindestens) zwei Seiten hat und wir uns dafür entscheiden müssen, welche der beiden (vielen) wir als unsere Realität auswählen und anerkennen. Er zeigt uns auf – teilweise komische, aber immer – sehr freundschaftliche Weise unseren freien Willen, den wir oft nicht zu nutzen wissen, hilft uns dabei, Blockaden im Grob- und Feinstofflichen aufzuspüren und zu lösen – zu transformieren. Ich empfinde St. Germain in vielen Channelings, gerade auch für Männer in Liebesfragen und Fragen des männlichen Ausdrucks, als ein großes Geschenk und einen, wenn man es mal so ausdrücken darf: feinstofflichen, extrem cleveren und aufbauenden Kumpel!

St. Germain hilft uns auf wundervolle Weise, Schamgrenzen zu überschreiten, Sinnlichkeit zu (er-)leben und unser wahres Wesen zu verstehen.

-> *Übersicht über die Patches, auf die in diesem Text verwiesen wurde:*
   Patch 9: *Metatron – kraftvoller Begleiter auf dem Weg zum Selbst*

-> *Von hier aus weiterführende Patches:*
   Patch 6: *The day after – der Tag an dem es*
   kein Geld mehr gibt
   Patch 22: *Schmerztabletten unterdrücken*
   nicht nur Schmerzen
   Patch 24: *Was genau ist Geistige Welt? Und ist sie heilig?*

PATCH 38

**Die beste Version meines Selbst
ist kein Zustand, sondern ein Prozess:
eine (R)Evolution des Bewusstseins**

Da alle meine Einzelsessions und spirituellen Veranstaltungen vom Konzept der besten Version des Selbst getragen werden, kommt es in 99% aller Fälle irgendwann zu folgender Frage: „Sag' mal, Tanja, du lebst doch bereits die beste Version deines Selbst, oder? Wie fühlt sich das an?"

Auch wenn es in den Sessions nicht um mich, sondern natürlich um meine Klienten geht und ich mein Privatleben und alles Persönliche weitestgehend heraushalte, bin ich für diese Frage, wann immer sie gestellt wird, dankbar. Denn sie gibt mir die Chance, aufzuzeigen, dass die beste Version des Selbst kein Zustand, sondern ein Prozess ist. Eine Evolution des Bewusstseins, die jeden Tag von Neuem beginnt und wahrscheinlich mit unserem Tod noch lange nicht abgeschlossen ist. Und auf dieser Reise sitzen wir alle in einem Boot.

Deshalb möchte ich diese Frage auch in diesem Buch beantworten:

„Ja, ich lebe die beste Version meines Selbst, und nein, ich lebe sie auch nicht. Denn ich bin, wie viele andere Menschen auch, mitten in meiner Entwicklung, bin am Aufwachen, am bewusst werden und bewusster werden ...! Doch der Schlüssel zur besten Version meines Selbst ist mein Commitment dazu, an mir zu arbeiten, mich zu erkennen, mir darüber bewusst zu werden, wer oder was ich bin und wer oder was ich auch nicht bin, auch wenn ich das komplette Bild sicherlich, auch als Medium, für mich selbst nicht immer erkennen kann. Doch ich bin mir heute auch, mehr als jemals zuvor, meiner Identität bewusst. Wenn mich also heute jemand danach fragen würde, wer ich wirklich bin, dann würde ich sagen: Ich bin ein Seelenanteil meines höheren Selbst. Und ich bin wie ein Radio, das unsichtbare Frequenzen auffängt, transformiert, teilweise auch klärt und heilt und für andere in Form von Worten und Handlungen sichtbar macht. Ich schaue dabei, soweit es mir möglich ist, hinter den Schein unseres Seins. Und ich versuche, auf die mir bestmögliche Art, andere auf diesem Weg zu begleiten, damit sie erkennen, dass unsere Lebensrealität nur eine Art Spiel ist. Eine „Lebens-Show", in der das, was wirklich zählt und relevant ist, meist hinter den Kulissen unserer Scheinwelt passiert. Deshalb interessiert mich bei aller Empathie für meine Klienten nie so sehr, was auf der Showbühne unseres Lebens inszeniert wird und scheinbar real ist. Vielmehr versuche ich gemeinsam mit ihnen herauszufinden, welche Dynamiken dahinter aktiv sind und uns teilweise in Rollen und Erfahrungen führen, die wir uns auf den ersten Blick kaum erklären können."

Und so gibt es für mich zwei Ebenen, die unmittelbar die beste Version unseres Selbst ausmachen und tragen:

1. *Die Ebene des Bewusst-SEIN-s = das Sein*
2. *Die Ebene der äußerlichen Er-SCHEIN-ung = der Schein*

Auf der Ebene des Bewusstseins findet dessen Evolution statt, zu der ich mich bekenne und die meinem Erkenntnisweg die Richtung gibt.

Und auf diesem Erkenntnisweg wandele ich nun als kleiner Erdling. Als die heutige Ausgabe bzw. Version meines Selbst, die von der bestmöglichen mehr oder weniger weit entfernt sein mag. Also, wenn man so will, als ein Prototyp oder eine „Testversion" der wahrhaftigen Version meines Selbst. Aber nein, noch ist es eben nicht die wahrhaftige bzw. beste Version meines Selbst, sonst wäre ich wahrscheinlich schon vollkommen erleuchtet. ;-)

Und, ob erleuchtet oder nicht, das ist mir, ehrlich gesagt, auch ziemlich schnuppe, denn was für mich zählt, das ist meine Motivation, täglich „besser", und damit meine ich: bewusster, liebevoller und wahrhaftiger, zu sein als am Tag zuvor. Das ist nicht immer ganz unanstrengend.

Denn manchmal hat sich meine Entwicklung so angefühlt, als ob ich die Rolltreppe nach unten genommen hätte, um nach oben zu kommen. Also musste ich gegen deren Fahrtrichtung laufen und durfte alles, nur nicht stehenbleiben. Ich musste mich bewegen, und zwar teilweise auf ziemlich unbequeme Art und Weise. Zu Zeitpunkten, die mir nicht in dem Kram gepasst haben, und teilweise mit Themen konfrontiert, auf die ich nicht die geringste Lust hatte.

Aber ich finde, dass es sich lohnt. Denn wenn man oben ankommt, ist es immer wieder eine Befreiung. Wie auf dem Gipfel eines Berges zu stehen. Ich musste mich nur in diese Prozesse hineinfallen lassen. Nicht nur meiner Logik folgen, sondern auch meiner Intuition und damit dem, was der Weg gerade vorgibt.

Also keine Pumps anziehen an Tagen, an denen Felsenklettern angesagt ist, und dafür aber auch die Bergstiefel in die Ecke schmeißen, wenn es sich gerade ergibt, dass man einige Tage Rast machen kann, um die Füße im klaren Gebirgswasser baumeln zu lassen. Erholung und Spaß sind immer inklusive! Das Theaterstück unseres Lebens ist ja kein Arbeitslager, sondern Drama und Komödie in einem, und manchmal einfach auch ziemlich leichte Muse oder Realsatire. Humor ist auf jeden Fall immer willkommen. Ohne Witz und Humor würde ich mich dem Weg der Evolution meines Bewusstseins nicht stellen wollen.

Diesen Weg zu gehen macht, wenn ich zurückschaue, für mich sehr viel Sinn. Einige Dinge in meinem Leben sind dadurch einfacher geworden. Aufgeräumter. Mehr im Fluss. Ich fühle mich in den Fluss des Lebens zutiefst eingebunden und mehr als gut aufgehoben. Blockaden lösen sich. Auch wenn ab und zu neue dazu kommen, aber es sind immer wieder Aufgaben, die mich wachsen lassen und die mir dienen, meine Energie jeden Tag klarer und kraftvoller zu machen und letztendlich zu erhöhen.

Mein Leben hat hier auf diesem Planeten unter anderem dann einen Sinn, wenn ich dazu beitragen kann, dass sich meine Energie und auch die Energie einiger anderer „Erdlinge" klärt, dass sich meine Energie und die anderer Menschlinge erhöht, dass sich diese kraftvolle Energie wie in konzentrischen Kreisen ausbreitet, und andere einlädt, ebenfalls sich selbst und ihre Energien zu klären.

Du musst die Veränderung sein,
die du in der Welt sehen willst.
M. Gandhi

Bildlich ausgedrückt: Ich möchte als reine Essenz nach meinem physischen Tod auf diesen blauen Planeten „zurückschauen" können und eine Spur des Lichtes und der Liebe hinterlassen haben, die sich täglich weiter ausbreitet und potenziert. So, wie es viele andere Menschen auf der Welt auch machen. Ich möchte sozusagen als Radiosender des Lichts und der Liebe mit dafür sorgen, dass Friede einkehrt. In uns Menschen, im Innen, im Außen, auf der Erde und im Kosmos.

Und welche Rolle spielt nun die zweite Ebene, die der äußerlichen Er-SCHEIN-ung (= der Schein), bei der Evolution des Bewusstseins?

Wie bereits erwähnt, ist das Leben für mich wie ein Film oder ein Theaterstück, bei dem wir als menschliche Wesen in unterschiedlichen Körpern und Kostümen stecken und „nur" eine Rolle spielen. Und so spielen wir Kabale und Liebe und den Tod eines Handlungsreisenden und was das Leben noch so alles hergibt. Wir werden herausgefordert und fordern uns gegenseitig heraus (-> **Patch 20:** Konfliktdynamik).

Wir lieben und wir hassen uns. Vereinigen und entzweien uns. Das ist natürlich spannend und unterhaltsam zugleich, und so ist es auch nur menschlich, dass wir uns auf dieser Ebene der Theaterbühne und des Scheins ganz schön „verheddern" und zuweilen auch hängenbleiben, statt einmal „Backstage" hinter die Kulissen zu schauen, um zu erkennen, warum sich diese Dramen und Spektakel um unerfüllte Sehnsüchte, Scham, Scheitern und die Suche nach Erfüllung und Erfolg in unserem Leben gerade so abspielen, wie sie es tun. Dabei geht es in der Evolution des Bewusstseins ja genau darum: diese „Warums" dahinter nicht nur zu erkennen, sondern sie auch zu heilen und zu (er)lösen. Denn diese „Warums" sind meist unsere Blessuren aus der Vergangenheit, sogar aus anderen Leben, unsere Ängste und Emotionen, die uns daran hindern, ganz wir selbst zu werden, unser ganzes Potenzial zu entfalten, unsere Berufung zu erkennen, sprich: denn Sinn unseres Lebens. Es sind diese „Warums", die uns daran hindern, liebevolle, vertrauensvolle Beziehungen zu anderen zu leben. Uns wirklich auf andere Menschen einzulassen und unser Herz für sie zu öffnen.

Dieser Prozess der „Backstage-Heilung", also auf einer tieferen Ebene hinter dem Schein unseres Seins, ist der Kern der Evolution unseres Bewusstseins. Dies zu erkennen, das macht uns heil und lässt uns wachsen, hilft uns, wir selbst zu werden. Nur „Backstage" können wir erkennen, was wirklich zählt (-> **Patch 8:** Was wirklich zählt!): unsere Bestimmung und unsere Berufung zu erkennen und uns für liebevolle, tiefe Partnerschaften voller gegenseitigem Vertrauen zu öffnen.

Doch ganze Industrien leben davon, dass wir uns auf dieser Ebene des äußeren Scheins festhaken: die Modebranche, die Autoindustrie, die Menschen potenter und wohlhabender erscheinen lässt, als sie es sind, der Kult um Jugend und Schönheit etc. pp. „Immer jut aussehen", wie eine Freundin von mir gerne mit einem Augenzwinkern zu sagen pflegt! ;-) Damit kann man schon einen Haufen Lebenszeit verbringen, ohne sich dem zu stellen, um das es wirklich geht. Also ist diese zweite Ebene des äußeren Scheins in ihrer Wirkung nicht zu unterschätzen, weil sie uns in vielen Fällen effizient davon abhält, die beste Version unseres Selbst zu entwickeln. Denn diese Ebene gaukelt uns vor, dass wir dann glücklich und erfolgreich sind, wenn wir im Außen gut dastehen.

Nun bin ich selbst kein Mode-Asket, und auch ich mag ab und zu mal eine Shopping-Tour. Doch die ausschließliche Kultivierung dieser zweiten Ebene des äußeren Scheins führt dazu, dass manche Eltern, wie ich neulich in einer amerikanischen Talkshow gehört habe, ihren Töchtern zum 10. Geburtstag einen Gutschein im Wert von 10.000 Dollar für die ersten beiden Schönheitsoperationen schenken. Auf die Frage, ob sie dieses Geld nicht lieber für die Ausbildung ihres Kindes zurücklegen wollen, antworten sie: „Wissen Sie, mal ganz ehrlich, wenn Sie heute eine Umfrage machen, was wichtiger ist, um im Leben weiter zu kommen und Erfolg zu haben, Bildung oder gutes Aussehen, dann werden sich doch die meisten für gutes Aussehen entscheiden, oder?"

Ist das nicht grausam? Welche Chance hat so ein 10-jähriges Kind, sich selbst als Geschenk an das Leben zu erkennen, seine Gaben zu entdecken und zu kultivieren? Stattdessen lernt es, dass es ungenügend ist, nicht perfekt, und dass es nicht zählt, wer es ist, sondern nur was es im Außen darstellt (-> **Patch 10:** Leuchtende Erde). Und so wird gewaltsam an ihm herumgeschnippelt, bis es in das Bild der Eltern passt, und es hofft, damit von ihnen und der Welt geliebt zu werden. Was für eine Verschwendung und was für ein Missbrauch. Und was für eine empfindliche Verletzung der besten Version des eigenen Selbst.

Klar: „My body is my temple", und der will gehegt und gepflegt werden, und er eignet sich sicherlich auch sehr gut, um sich mal im Designeroutfit zu präsentieren und ein nettes Handtäschchen in der Ellenbeuge zu tragen. Doch: „My body is my temple, but: I'm not my body!"

Diese Erkenntnis gehört für mich in die Evolution des Bewusstseins unbedingt mit hinein. Natürlich sollten wir unseren Körper so liebevoll wie möglich und mit großem Respekt behandeln, denn er gehört noch nicht einmal uns. Ich zumindest habe mir meinen, den ich in diesem Leben zur Verfügung gestellt bekommen habe, nur mal für ein paar Jahre von Mutter Erde ausgeliehen. ;-) Unsere Körper weisen ja nicht aus Zufall etwa den gleichen Anteil von Wasser auf wie unser wunderschöner blauer Planet, oder? Alles, das unseren Körper ausmacht, das sind Bausteine, die wir uns von der Erde und der sie umgebenden Atmosphäre geborgt haben und die wir hier lassen, wenn wir diese wieder verlassen. Wir sind also im wahrsten Sinne des Wortes Kinder von Mutter Erde. Mit dem einzigen Unterschied, dass die Erde bestehen bleibt, auch wenn einige von uns schon lange wieder gegangen sind. Also:

Nimm das Leben nicht ganz so persönlich! :-)

-> *Übersicht über die Patches, auf die in diesem Text verwiesen wurde:*
  Patch 8: *Was wirklich zählt! Aller guten Dinge sind 3*
  Patch 10: *Star, that's what we call you!*
  – Ihr macht die Erde zum leuchtenden Stern
  Patch 20: *Gleich knallt's!*
  – Verstimmungsfaktor ungelöster Konflikt

-> *Von hier aus weiterführende Patches:*
  Patch 23: *Glück hat eine große Strahlkraft*
  Patch 36: *Was glaubst du eigentlich, wer du bist?*

PATCH 39

Von der Kampfsprache zur Heilsprache

Wer kennt das nicht: Da gibt es so eine unangenehme Angelegenheit, die man schon so lange mit sich herumträgt, die belastend ist, die man gern endlich einmal ansprechen und klären würde. Naja, aber der Zeitpunkt ist gerade schlecht, und der andere würde es bestimmt auch falsch verstehen ... Ach, und sooo schlimm ist es dann auch wieder nicht, als dass man es nicht noch ein paar Wochen aushalten könnte.

Wäre es nicht phantastisch, in genau so einem Moment einen simplen und funktionierenden Fahrplan zu haben, um gefahrenfrei Probleme, eigene Wünsche, Bedürfnisse oder auch Konflikte auf entspannte Weise mit genau den Menschen besprechen und klären zu können, die es angeht? Egal, ob es sich dabei um den eigenen Chef, den Beziehungspartner, das eigene Kind oder einen Freund handelt? Und wäre es nicht phantastisch, sich jederzeit zu trauen, vielleicht auch ungewöhnliche Anliegen auszusprechen, ohne Gefahr zu laufen, dass man missverstanden wird? Ohne Streit, ohne Aggressionen, sondern einfach nur offen und ehrlich?

Ja, ich weiß, das klingt zu schön um wahr zu sein. Doch genau das ermöglicht die Methode, die ich im Folgenden vorstellen möchte. Denn sie funktioniert selbst noch in richtig akuten Krisen. Sogar dann, wenn wir glauben, mit dem Rücken zur Wand zu stehen, weil uns nicht nur die Lösungsideen ausgehen, sondern auch gleich noch die Puste. Ein Klient hat genau so eine Situation einmal auf einer meiner Veranstaltungen beschrieben: „Weißt du, Tanja, immerhin kapiere ich inzwischen, wann ich an dem Punkt bin, an dem ich mich in einen Streit hineinziehen lasse. An diesem Punkt werde ich, wie du es vorhin genannt hast, reaktiv (-> **Patch 27:** Reaktivität). Ich fange an, mich zu rechtfertigen, oder ich gehe zum Gegenangriff über. Aber das bringt ja nichts. Also habe ich vor ein paar Tagen bei einem Streit mit meiner Freundin genau in diesem Moment das Gespräch abgebrochen. Ich habe innerlich bis zehn gezählt und bin dann einfach aus dem Zimmer gegangen. Ist bestimmt nicht toll gelaufen, aber mir ist, ehrlich gesagt, nichts Schlaueres eingefallen. Ich dachte mir: Besser, ich verschwinde, als es noch schlimmer zu machen. Tine gefiel das überhaupt nicht. Weil ich mich in ihren Augen einfach verdrückt habe. Aber was kann ich denn in so einer Situation machen oder sagen, damit es nicht noch schlimmer wird? Wie kommt man aus so einer Sackgasse wieder heraus? Und kann man in so einem Moment überhaupt noch eine Lösung herbeiführen? Von einem Konsens (-> **Patch 26:** Kompromiss versus Konsens) einmal ganz zu schweigen!"

Mit diesen Fragen hatte mein Klient das Problemfeld exakt abgesteckt. Und was sein praktisches Verhalten anbelangt, so war es sicherlich besser gewesen, aus der Situation herauszugehen, als sie komplett eskalieren zu lassen. Doch wie es der Kommunikationsforscher Paul Watzlawick so treffend auf dem Punkt bringt:

Man kann nicht nicht kommunizieren!
_{Paul Watzlawick 1967}

Das Zimmer zu verlassen und den Mund zu halten, das ist eben auch eine Ansage. Selbst wenn man damit gute Absichten verfolgt, so kann dieses Verhalten leicht als Ignoranz, als Desinteresse oder als verletzend wahrgenommen werden. Kontaktabbruch ist daher immer nur dann das Mittel der Wahl, wenn es wirklich keine Alternative mehr gibt.

Aber was wäre eine Alternative? Gibt es eine Methode zur Lösung solcher Konflikte, die idealerweise sogar zu einem Konsens führt? Gibt es einen Fahrplan, der wirklich so simpel ist, dass ich ihm in einer Situation, in der ich bereits aufgeregt bin, noch folgen kann? Ja, den gibt es. Denn der Fahrplan aus dem Konflikt in die Lösung besteht aus nur vier Stationen.

Fahrplan aus dem Konflikt in die Lösung:

1. *Situation (Kamera-Check)*
2. *Gefühl (Ich-Botschaft)*
3. *Bedürfnis*
4. *Wunsch/Lösung(sangebot)*

Hier die Stationen im Einzelnen:

1. Situation (Kamera-Check)
Zunächst geht es darum, die zu klärende Situation bzw. das Anliegen innerhalb eines Konfliktes *objektiv* zu beschreiben. Kommen wir noch einmal auf die Streitsituation meines Klienten von eben zurück. Wenn wir seine Freundin Tine bitten würden, uns diese Situation einmal aus ihrer Sicht zu beschreiben, dann könnte sich das in etwa so anhören: „Mitten im Gespräch hat er auf einmal die linke Augenbraue so arrogant hochgezogen, wie er das immer macht, wenn er sauer wird. Und dann ist er stumm und eiskalt geworden wie ein Fisch und ist mit einem super aggressiven Gesichtsausdruck einfach aus dem Zimmer gegangen."

Aus Tines Sicht erscheint diese Beschreibung sicherlich authentisch und ehrlich. Aber ist diese Beschreibung objektiv und hilfreich, um den Konflikt zu klären?

Schauen wir uns die gleiche Situation einmal aus der Perspektive einer Kamera an, die aufzeichnet, was sich in der Situation abgespielt hat: Eine Frau und ein Mann in einem Zimmer, die sich laut unterhalten. Dann zieht der Mann seine linke Augenbraue hoch, nicht arrogant, und auch nicht so, wie er das immer tut, denn eine Kamera kann das nicht beurteilen. Eine Kamera kann nur objektiv abbilden, was sich wirklich zuträgt. Ohne jede Wertung, ohne jede Beurteilung: Fakten! ... Dann schweigt der Mann. (Er wird weder kalt, denn auch das kann die Kamera nicht beurteilen, noch ist ein stummer Fisch zu sehen.) Das nächste, das die Kamera aufzeichnet, ist die Tatsache, dass er aus dem Zimmer geht. Ob sein Gesichtsausdruck dabei aggressiv ist, kann die Kamera auch nicht interpretieren. Sie kann einzig und allein aufzeichnen, dass seine Mimik z.B. unbewegt ist. Punkt. Deshalb ist der erste Schritt beim Ausstieg aus einem Konflikt und somit aus der Kampfsprache eine möglichst genaue, wertfreie und objektive Beschreibung der Situation bzw. Sache, um die es geht. Damit nehme ich dem anderen den Wind aus den Segeln. Ich nehme ihm die Notwendigkeit, sich sofort wieder verteidigen zu müssen und z.B. zu antworten: „Ja, ja, arrogant und eiskalt. Weißt du, wie arrogant du dich benommen hast, Tine? Du hast doch ...!" Vorwurf, Angriff, Anschuldigung ... Stopp!

Deshalb heißt die erste Station: Kamera-Check.

2. Gefühl (Ich-Botschaft)
Trotz Kamera-Check könnte Tine nun doch wieder in die Kampfsprache zurückfallen, indem sie nun ihrer Wut, die ja immer noch da ist, zum Beispiel auf folgende Art Luft macht: „Du Idiot! Ich habe es so satt, dass unsere Streits immer nach demselben Schema ablaufen. Du hast doch nicht mal in Ansätzen verstanden, worum es mir geht, oder?!"

Sicherlich ist zweierlei an dieser Stelle nachvollziehbar. Tines noch unaufgelöste Wut und ihre Grundintention, zu klären, ob ihr Freund wirklich verstanden hat, worum es ihr geht. Doch die Art, wie sie das zum Ausdruck bringt, sorgt dafür, dass auf den anderen Beschuldigen und Behauptungen einprasseln und sie sich weiter in ihre Wut hineinsteigert. Deshalb sorgt Schritt zwei in Form einer Ich-Botschaft für Ehrlichkeit und Transparenz, ohne den Konfliktpartner (erneut) in die Verteidigung zu treiben (-> **Patch 27:** Reaktivität). Eine Ich-Botschaft wie: „Dein Verhalten macht mich traurig und wütend." Oder: „In meiner Wahrnehmung wirst Du dann kalt und aggressiv, und das macht die Sache für mich noch schlimmer."

Das Wertvolle an einer solchen Ich-Botschaft bzw. an der Beschreibung der eigenen Wahrnehmung ist, dass niemand darüber diskutieren kann, ob sie richtig oder falsch ist. Denn das weiß ja nun einmal nur ich selbst.

Über eine Ich-Botschaft lässt sich nicht verhandeln. Eine Ich-Botschaft sagt auch nicht: „So ist es – und basta!" Sie offenbart einfach meine Sicht der Dinge, meine Wahrnehmung, meine Wahrheit und meine Gefühle, und sie lässt dem anderen das Recht auf seine eigene und vielleicht völlig andere Wahrnehmung, seine Wahrheit und seine Gefühle. Somit kann jeder sich sehr klar und selbstbewusst offenbaren und trotzdem bei sich bleiben, ohne dass ein Kontaktabbruch oder eine erneute Verletzung stattfindet. Nach der Devise: Selbst-Bestimmung statt Verstimmung (-> **Patch 34:** Innere Sicherheit/Selbstbestimmung).

Beim Sprechen über die eigenen Gefühle kann es leicht einmal passieren, dass eine Träne fließt, oder die Stimme lauter wird. Doch ist das ein Drama? Ich finde nicht. Über die eigenen Gefühle zu sprechen, das ist kein Zeichen von Schwäche, sondern ein Zeichen von Souveränität. Nicht gleichzusetzen mit dem Verhalten einer Heulsuse, die sich verstockt in die Schmollecke zurückzieht und beleidigt auf eine Entschuldigung wartet.

Mit einer Ich-Botschaft tue ich genau das Gegenteil. Ich suche das Gespräch und gehe proaktiv in den Kontakt zu meinem Konfliktpartner, um eine gemeinsame Klärung und damit Lösung herbeizuführen.

3. Bedürfnis

Der dritte Schritt untermauert die Ich-Botschaft, indem ich mit meinem Konfliktpartner darüber spreche, warum mir die zu klärende Situation wichtig ist, und welches meiner Bedürfnisse (wie z.B. das Bedürfnis nach Offenheit, nach Harmonie, nach Nähe, nach Ordnung, nach Hilfe, nach Unterstützung, nach Ehrlichkeit, etc.) ich in dieser Situation berücksichtigt wissen möchte. Hier geht es also (noch) nicht um die konkrete Handlung, die ich mir von meinem Konfliktpartner wünsche, sondern zunächst „nur" um die Schilderung dessen, was mir wichtig, wertvoll und notwendig erscheint. Zum Beispiel: „Ich habe das Bedürfnis, mit dir eine gute Beziehung zu führen, dir zu vertrauen, dir nah zu sein und dich wissen zu lassen, was mit mir los ist, auch wenn es dabei um ein unangenehmes Thema geht."

4. Wunsch/Lösung(sangebot)

Nun wird es sehr konkret, denn jedes Bedürfnis zieht mindestens einen konkreten Wunsch nach sich. Deshalb finde ich diesen vierten Schritt so phantastisch. Denn er fordert von mir Klarheit ein, den anderen konkret wissen zu lassen, was ich mir von ihm wünsche, anstatt ihn zur Hellseherei zu verdammen. So bringt die im Grunde magische Annahme: „Mein Partner muss doch von sich aus wissen, was ich brauche", so manche Beziehung in echte Schwierigkeiten. Denn wie soll der andere wissen, was ich brauche, wenn ich selbst kaum dazu in der Lage bin, meine Wünsche klar zu formulieren?

Tines klärende und damit heilsame Formulierung könnte sich hier so anhören: „Ich brauche in Zukunft in einer solchen Situation bitte eine offene und ehrliche Ansage von dir, wie z.B.: ‚Tine, ich brauch' grade eine Pause. Lass' uns das nachher oder morgen weiter besprechen. Ich weiß gerade nicht weiter.' Und dann wünsche ich mir, dass du dann auch wirklich in den nächsten Stunden oder Tagen den Faden wieder aufnimmst und ich dir nicht hinterlaufen muss. Was meinst du dazu? Wie siehst du das?"

Hier also nochmals die vier Schritte des erfolgreichen Konfliktmanagements in der Übersicht, zusammen mit Beispielen für jeweils konstruktive Verhaltensweisen:

Die 4 Schritte des erfolgreichen Konfliktmanagements[1]

1. Situation *(Kamera-Check):*
Wenn ich sehe/höre, *dass du mitten in einem Streit das Zimmer verlässt, ohne etwas zu sagen,*

2. Gefühl *(Ich-Botschaft):*
dann fühle ich mich *allein gelassen*
oder
dann macht mich das *traurig und wütend,*
oder
dann wirst du **in meiner Wahrnehmung** *kalt und aggressiv, und das macht für mich die Sache noch schlimmer,*

3. Bedürfnis
weil ich das Bedürfnis habe, *mit dir eine gute Beziehung zu führen. Und dir zu vertrauen, dir nah zu sein und dich wissen zu lassen, was mit mir los ist, auch wenn es dabei um ein unangenehmes Thema geht.*

**4. Wunsch/Lösung:
Deshalb bitte ich dich (brauche ich/wünsche ich mir ...):** *Verlasse nicht einfach wortlos den Raum, sondern sag' mir: „Tine, ich brauche gerade eine Pause, lass' uns das nachher oder morgen weiter besprechen. Ich weiß gerade nicht weiter." Und dann wünsch' ich mir, dass du dann auch wirklich in den nächsten Stunden den Faden wieder aufnimmst und ich dir nicht hinterlaufen muss.* **Was meinst du dazu? Wie siehst du das?**

Und wie geht es ab hier weiter?

Sehr simpel, denn nun kann Tines Freund über genau die gleichen 4 Schritte antworten:

1. „Wenn ich deinen Vorschlag höre, dann finde ich ihn ganz gut, weiß aber noch nicht, ob ich das genau so hinbekomme.

2. Ich fühle mich im Moment ziemlich überfordert von unserer Situation, und mir gehen deshalb manchmal die Gäule durch.

3. Denn auch ich habe das massive Bedürfnis, dass wir unsere ganzen Streitpunkte wirklich einmal klären. Für mich sind es viele, die sich da aufgestaut haben.

4. Deshalb lass' uns das erstmal ausprobieren. Mein Wunsch wäre es, so eine Art Codewort mit dir auszumachen, das wir „gefahrenfrei" aussprechen können, wenn einer von uns beiden einfach mal ein Päuschen in so einem Streit oder intensiven Gespräch braucht. Wie findest du diese Idee fürs Erste?"

Jetzt kann Tine wieder bei Schritt 1 einsteigen, und so weiter und so fort.

Sicherlich braucht diese Form des Konfliktgesprächs ein wenig Übung, und es ist für den Anfang hilfreich, sich vorbereitend aufzuschreiben, was man in jedem der 4 Schritte auf welche Weise sagen möchte. Konkrete Formulierungen sind hier hilfreich. Oder man spielt diese 4 Schritte für das eine oder andere mögliche Szenario vorab schon einmal „trocken" im Kopf durch.

Was die Situation zwischen Tine und ihrem Freund sehr realistisch zeigt: Bei einem größeren Konflikt ist es meist nötig, das Lösungsgespräch in mehreren Etappen zu führen. Es geht hier nicht um Tempo, sondern um (gegenseitiges) Verstehen, um das Heilen von Blockaden und Verletzungen und um eine tragfähige nachhaltige Lösung, im besten Fall um die Herbeiführung einen Konsens (-> **Patch 26:** Kompromiss versus Konsens).

-> *Übersicht über die Patches, auf die in diesem Text verwiesen wurde:*
Patch 26: *Kompromiss versus Konsens*
  – Übereinstimmung statt Verstimmung
Patch 27: *Was „ziehen" wir uns da eigentlich „rein"?*
  – Konfliktenergie und der Ausstieg aus der Reaktivität

-> *Von hier aus weiterführende Patches:*
Patch 8: *Was wirklich zählt! Aller guten Dinge sind 3*
Patch 17: *Giftige Gedanken – ein Experiment*
Patch 20: *Gleich knallt's!*
  – Verstimmungsfaktor ungelöster Konflikt
Patch 21: *Von roten und grünen Knöpfen*
  – Bewusstsein beginnt mit Körperbewusstsein
Patch 25: *Die Haltung des friedvollen Kriegers*
und der Abschied vom einsamen Sieg
Patch 33: *Von der äußeren zur inneren Sicherheit, Teil I – Wie die Macht eines Teilchens ein ganzen System verändert: Chaos und Neuausrichtung*

[1] *Die vier Schritte des erfolgreichen Konfliktmanagements stammen aus dem Ansatz der Gewaltfreien Kommunikation nach Marshall B. Rosenberg (Rosenberg 2003).*

Literaturliste

Adorno, T.W. (2003) [1951]: „Minima Moralia. Reflexionen aus dem beschädigten Leben." Gesammelte Schriften, Band 4. Suhrkamp Taschenbuch Wissenschaft 1704, Berlin/Frankfurt/M

Berendt, J.-E. (2005): „Nada Brahma: Die Welt ist Klang". Rororo, Reinbek

Chopra, D. (2003): „Magical Mind, Magical Body: Mastering the Mind/ Body Connection for Perfect Health and Total Well-Being."
Audio CD. Simon & Schuster Audio, Nightingale-Conant, IL, USA

Dilts, R. (1990): „Changing Belief Systems with NLP". Meta Publications, CA., USA

Emoto, M. (2010): „Wasser und die Kraft des Gebets". Koha, Burgrain

Ende, M. (1973): „Momo". Thienemann Verlag, Stuttgart

Focus Online (2013): „Regenerationswunder Mensch: So alt ist der Körper wirklich". http://www.focus.de/gesundheit/gesundleben/antiaging/forschung/regenerationswunder-mensch_aid_51928.html (Letzter Zugriff am 17.11.2016)

Fowler, J.H. und N.A. Christakis (2008): „Dynamic spread of happiness in a large social network: longitudinal analysis over 20 years in the Framingham Heart Study". British Medical Journal 337, no. a2338: 1-9, London, UK

Gladwell, M. (2005): „Blink – Die Macht des Moments". Campus, Frankfurt/M

Laitman, M. (2007): „Quantum Kabbala: Neue Physik und kabbalistische Spiritualität". Allegria, Berlin

Narayanasvami Aiyar, K. (trans.) (2012) [1914]: „Nādabindu-Upanishad of Rgveda. In: Thirty Minor Upanishads". Ulan Press

Rosenberg, M.B. (2003): „Gewaltfreie Kommunikation - Aufrichtig und einfühlsam miteinander sprechen". Jungfermannsche, Paderborn

Sivananda, S. (2008): „Die Kraft der Gedanken". Mangalam Books, Lautersheim

Watzlawick, P., Beavin, J.H., Jackson, D.D. (1969): „Menschliche Kommunikation". Huber,Bern/Stuttgart/Wien (Original 1967: „One cannot not communicate", W.W. Norton, New York)

Danksagung

Wie die Buddhisten sagen, gibt es Freunde und Trainer im Leben eines Menschen. In diesem Sinne möchte ich euch, meinen Freunden – und ganz vorneweg meinem Mann Christian, ohne den dieses Buch nie entstanden wäre – von Herzen für die liebevolle Unterstützung und für all das, was ich mit euch bis jetzt auf diesem Planeten erleben und lernen durfte, danken. Ich bedanke mich aber auch aufrichtig bei all meinen Trainern, die mir manchmal in der Rolle scheinbarer Widersacher oder Herausforderer begegnet sind und mich vor verblüffende und teilweise sehr ungewöhnliche Situationen gestellt haben. Auch ihr habt mich sehr viel weiter gebracht.

Aus tiefem Herzen danke ich meinen geschätzten Begleitern und Mentoren aus der Geistigen Welt und den Ebenen des reinen Bewusstseins, ganz besonders Metatron und St. Germain, die großen Einfluss auf dieses Buch genommen haben. Und meiner engen Freundin, der Autorin Elisabeth Karsten, die, gemeinsam mit meinem Mann, geholfen hat, die Gestalt dieses Buches aus der Taufe zu heben.

Ein großer Dank gilt auch meinen vielen Klienten, mit denen ich durch zahlreiche intensive und zum Teil bewusstseinserweiternde Prozesse gegangen bin. (Danke für euer Vertrauen!) Gemeinsam haben wir viel gelacht, haben uns verblüffen lassen, verstanden, gelernt, gestaunt und teilweise bahnbrechende Erfahrungen gemacht, von denen einige, natürlich in veränderter Form und unter Wahrung aller Persönlichkeitsrechte, in dieses Buch einfließen.

Ein ganz besonderer Dank gilt meinem Lektor Mr. Wu, für seine hingebungsvolle, professionelle, humorvolle und immer wieder aufbauende Begleitung und die vielen guten, tiefgründigen Diskussionen. Meiner wunderbaren und vielseitig begabten Freundin Helen Schmidt danke ich für die große Unterstützung bei allen Marketingaktivitäten und die Gestaltung der Homepage für dieses Buch (www.beste-version-deines-selbst.de). Danke auch an Tao, insbesondere Sarah Freier und Kirsten Dreimann, für ihre professionelle Unterstützung. Und natürlich an Frau Mi, die mir viele Tage beim Schreiben auf eigenwillige aber zauberhafte Weise Gesellschaft geleistet hat. Zu guter Letzt: Danke an meine Lehrer, Ausbilder und an die Autoren, deren Ansätze, Methoden und deren Gedankengut mich so oft weitergebracht und inspiriert haben.

Für die Gegenwart und Zukunft danke ich den Lesern dieses Buches, die sich auf den Weg „Zur besten Version des Selbst" einlassen und so dazu beitragen können, dass sich eine sanfte und liebevolle (R)Evolution des Bewusstseins sukzessive und wohlwollend in unserer inneren und in der äußeren Welt ausbreitet.

Tanja Schade-Strohm
Berlin 2017

Biografie

Tanja Schade-Strohm ist eine Vermittlerin zwischen den Welten. Als Inhaberin ihrer Praxis für Psychotherapie und Medium für die Ebenen des reinen Bewusstseins begleitet Tanja seit über zwanzig Jahren Menschen in ihre Berufung und zu ihrem wahren Selbst. Sie hat in New York und Asien gelebt und beschäftigt sich intensiv mit östlicher Philosophie und ganzheitlichen Energie- und Heilmethoden. Heute ist ihr Lebensmittelpunkt, gemeinsam mit ihrem Ehemann, Berlin.

www.tanja-schade-strohm.de